大阪 兵庫
おさんぽマッ

阪と兵庫には、神社庁に登録さ
4400社以上の神社があります。
書ではそのなかから
朱印と御利益の凄い神社を厳選
ップを見ながら、近くの神社から
朱印めぐりをスタートしてみませんか!

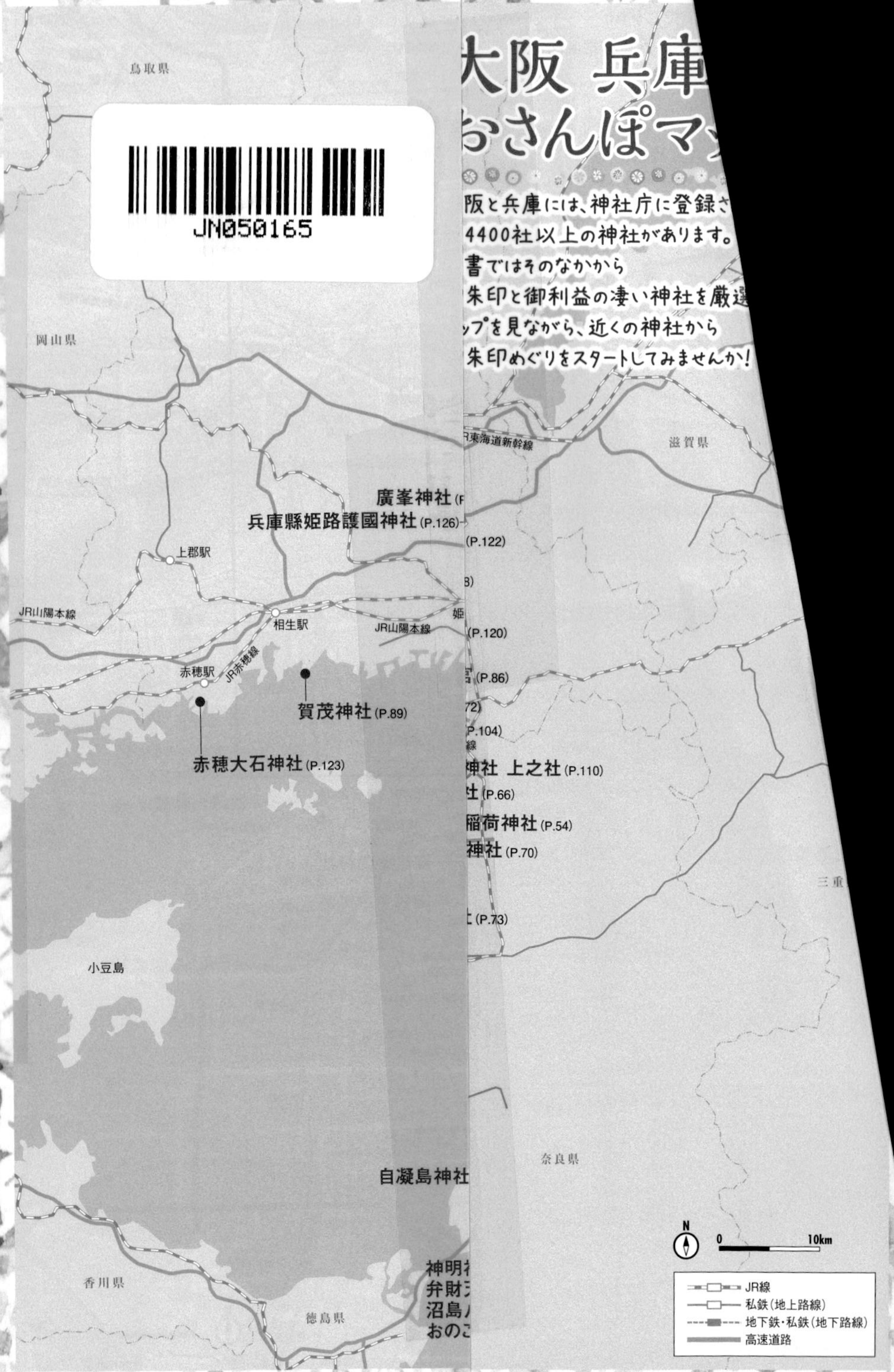

神社
ップ
れているだけで
神戸北野天満神社(P.57)
JR山陽新幹線
神戸布引ロープウェイ
ハーブ園山麓駅
新神戸駅
一宮神社(P.124)
神社(P.100)
地下鉄西神・山手線
二宮神社(P.76)
生田神社(P.56)
楽園
阪急神戸線
JR神戸線
県庁前駅
三宮駅
神戸三宮駅
三ノ宮駅
三宮駅
元町駅
神戸三宮駅
阪神本線
神高速線
ポートライナー
地下鉄海岸線
みなと元町駅
旧居留地・大丸前駅
三宮・花時計駅
神戸市役所
磯上公園
K神社
(37)
阪神高速神戸線
東遊園地公園
貿易センター駅
メリケン波止場
みなとのもり公園
神社(P.59)
0
500m
神戸市拡大図
大阪市
尼崎駅
大物駅
出来
ユニバー
スタジ
ジャパ
ポート
ポートタウン西駅
敬天神社御旅社(P.121)
阪急京都線・神戸線・宝塚線
中崎町駅
JR野江駅
大阪梅田駅
天満駅
桜ノ宮駅
扇町駅
JR大阪環状線
大阪駅
梅田駅
露天神社(お初天神)(P.48)
JR神戸線
西梅田駅
東梅田駅
堀川戎神社(P.51)
京阪本線
西梅田駅
南森町駅
大阪天満宮駅
福島駅
北新地駅
福島駅
大阪天満宮(P.116)
京橋駅
野田駅
大江橋駅
大阪梅田駅
新福島駅
なにわ橋駅
大阪城北詰駅
阪神駅
京阪中之島線
渡辺橋駅
中之島駅
肥後橋駅
淀屋橋駅
大阪ビジネスパーク駅
北浜駅
野田駅
玉川駅
天満橋駅
大阪城公園
神社(P.98)
御霊神社(P.71)
大阪メトロ御堂筋線
少彦名神社(P.105)
大阪城公園駅
靭公園
JR大阪環状線
豊國神社(P.117)
谷町四丁目駅
本町駅
堺筋本町駅
阿波座駅
坐摩神社(P.132)
大阪メトロ中央線
森ノ宮駅
大阪メトロ四つ橋線
大阪メトロ谷町線
サムハラ神社(P.48)
難波神社(P.52)
玉造稲荷神社(P.83)
阪神なんば線
西大橋駅
長堀橋駅
大阪メトロ長堀鶴見緑地線
九条駅
西長堀駅
松屋町駅
谷町六丁目駅
四ツ橋駅
心斎橋駅
大阪メトロ堺筋線
玉造駅
ドーム前千代崎駅
ドーム前駅
三光神社(P.96)
弁天町駅
高津宮(P.85)
桜川駅
なんば駅
日本橋駅
大阪メトロ千日前線
汐見橋駅
谷町九丁目駅
JR難波駅
大阪難波駅
近鉄日本橋駅
大正駅
大阪上本町駅
鶴橋駅
近鉄大阪線・奈良線
なんば駅
難波八阪神社(P.87)
JR関西本線
今宮戎神社(P.53)
芦原町駅
廣田神社(P.108)
桃谷駅
敷津松之宮 大国主神社(P.52)
四天王寺前夕陽ケ丘駅
JR大阪環状線
大国町駅
木津川駅
今宮戎駅
南海本線
恵美須町駅
四天王寺
今宮駅
南海汐見橋線
堀越神社(P.74)
新今宮駅
天王寺公園
新今宮駅前駅
寺田町駅
天王寺駅
動物園前駅
0
1km
阪堺電軌阪堺線
天王寺駅前駅
津守駅
萩ノ茶屋駅
今池駅
大阪阿倍野橋駅
大阪市中心部拡大図

集めるごとに
運気アップ！

御朱印でめぐる大阪兵庫の神社

改訂版

週末開運さんぽ

御朱印、頂けますか？
のひと言からはじまる幸せ

もともと、お寺で納経をしたときに、
その証として授与していた御朱印。
今では参拝の証として、
気軽に頂けるようになり、
最近では女性を中心に
集める人が増えています。

集めてみたいけれど
なんだかハードルが高そうで
踏み出すのをためらっていませんか？

大切なのは感謝の気持ちとマナー。
（マナーは本書で詳しくお伝えします！）

生國魂神社（大阪府）

この本と御朱印帳を
持って出かければ
もっと楽しくなる!
もっと幸せになる!!

本書では、御朱印がすばらしい、
御利益が凄い、と評判の高い
大阪と兵庫の神社を約4400社のなかから
徹底リサーチし、厳選しました。
取材を通じて、すばらしい神社と
御朱印にたくさん出合いました。
結婚や出会い、金運、仕事運……。
参拝や御朱印集めがきっかけで
幸せになった方の話を神社の皆さんから
たくさん教えてもらいました。
初めてでも
「御朱印、頂けますか?」と
勇気を出して、ひと言を。
きっと神様と御朱印が、幸せを
運んでくれることでしょう。

本書の楽しみ方

御朱印集めが楽しくなる情報と運気アップの秘訣を詰め込みました。初めての方は第一章から、ツウの方は第三章から読むのがおすすめ。もちろん御朱印をぱらぱら眺めるのも◎です。

目次 御朱印でめぐる大阪 兵庫の神社 週末開運さんぽ　改訂版

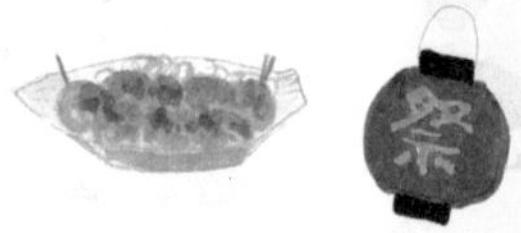

第三章　御利益別！　今行きたい神社

Part1 総合運

Part2 縁結び

第一章　まずはここから！　神社の御朱印入門

第二章　週末御朱印トリップ

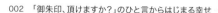

Part6 レア御利益

COLUMN

本書をご利用になる皆さんへ

※本書に掲載の神社はすべて写真・御朱印の掲載など許可を頂いています。掲載許可を頂けなかった神社は掲載していません。

※掲載の神社のなかには神職が少なく、日によっては対応が難しい神社や留守の神社、書き置きで対応している神社などもあります。あらかじめご了承ください。

※本書のデータはすべて2024年3月現在のものです。参拝時間、各料金、交通機関の時刻、お祭りの日程などは時間の経過により変更されることもあります。また、アクセスやモデルプランなどにある所要時間はあくまで目安としてお考えください。

※第三章でご紹介している「みんなのクチコミ！」は、読者の皆さんからの投稿を編集部にて抜粋しております。クチコミの内容を優先するため、ご投稿者のお名前などを省略させていただいておりますのでご了承ください。

※神社名・神様の名称・施設名などは各神社で使用している名称に準じています。

Part3 金運

Part4 美容◆健康

Part5 仕事◆学業

気負わずマイペースで思いがけない出会いが御朱印旅のいいところ

レポーターやナレーターとして神社仏閣の魅力を発信する一方、プライベートでも参拝が趣味だという泉ゆうこさん。さすがの美声と軽快な語り口、輝く瞳が魅力的です。御朱印めぐりや参拝の楽しさ、これから御朱印集めを始めようと考えている人へのアドバイスなど、本音で語っていただきました。

泉《いずみ》ゆうこさん

1977年、大阪府生まれ。ラジオ・テレビ・司会・ナレーションなど関西を中心に活躍中。幼い頃から神社が遊び場だったが、仕事を通して神社仏閣の魅力を再認識し、参拝や旅が趣味となる。これまで旅番組や神社仏閣関連の催しの司会など数多く担当。らくがき好きでイラスト付き旅日記や旅情報の挿絵を描くこともある。
公式HP　https://izumiyuko.com

撮影地：伊和志津神社

ご縁とノリで始めた御朱印めぐりの旅

父が西国三十三所巡礼をしていたので、付き添いで一緒に行ったりはしていたのですが、自分が御朱印を集めるのは結構先のこと、年を重ねて時間に余裕ができてから、老後の趣味かなと思っていました。ところが、2008年に「神仏霊場会」という関西にある150のお寺と神社が加盟して巡拝をしてもらおうという会が発足。その立ち上げメンバーのひとりに、仕事で知り合ってすごくかわいがってもらっていた比叡山延暦寺のお坊さんがいらっしゃったんです。だから、私も最初はノリで「そんなことしはるんですか、私もやります」みたいな感じで手を挙げました。楽しそうだと思って。それが、御朱印めぐりを始めたきっかけです。

御朱印も神社参拝も感動の源はすべて「人」

参拝の魅力は、人とのご縁。お世話になった方との出会いがなかったら御朱印集めもしていなかったと思いますし、そもそも神社は人が受け継いできたものですよね。総代さんとか氏子さんとか地域の人が支えてきたものがずっと今に続いているという、そこに感動します。

地元の方は、地域の神社を自分の庭のように思っています。よそから来た人がいたら「ようきはったな～」みたいな（笑）。神社はみんなのものであり、自分のものでもあるという気持ちになります。全国に8万社以上あるなかで、どこの神社にも親しみをもてるというのはすごいことですよね。

神仏霊場会の参加霊場一覧。御朱印を頂いた寺社にマーカーを引いています

ひとり旅が好きで、旅先に神社があったら「いい旅になりますように」と必ず手を合わせます。でも御朱印帳を持っていくのを忘れることも。そのときは、同時に「あ、これはまた来るんやな」と思います。持っていかずに後悔した旅先のほうがよく覚えているんです。ご縁と感じて、「もう1回行かなあかん」って思うんですよ。甲子園でエラーした人みたいなもんですよね（笑）。御朱印めぐりがなければ一生行かなかっただろうなという場所もあって、そういうところにつないでくれるのも御朱印旅の魅力だと思います。

大阪と兵庫の神社で印象に残っているのは、がん封じで有名な大阪の石切さん（石切劔箭神社）や、大阪人のパワーが集まっているような大阪天満宮、兵庫にある黒田官兵衛ゆかりの廣峯神社など。参拝前に歴史を調べてから行くとおもしろいと思います。神社についてある程度の予習をして、参拝して答え合わせをするんです。

御朱印めぐりは自由！ 自分のペースでOK

御朱印を始めようかと考えている人は、やりたい反面、少し面倒くさいんじゃないかとためらう部分もあると思うんですが、行く先々で必ず頂かないといけないわけじゃないし、決まりもない。何も気にせず御朱印帳を買うところから始めて、気がついたらもらうくらいの感じでいいんです。

以前、御朱印を知らない知人と出かけたときに、たまたま自分が持っていた御朱印帳を渡して「それあげるから、とりあえず1ページ目やってみたらええやん」って言ったら、「すごくおもしろいね」って喜んでくれました。グループで出かけるときに、お菓子とか手みやげをあげる感覚で御朱印帳をプレゼントして「一緒に行かへん？」って誘うのもあり。最初に気負わないのがいちばんかなって思います。

泉さんのMy御朱印はこちら！

＼ 自分で作った御朱印帳 ／

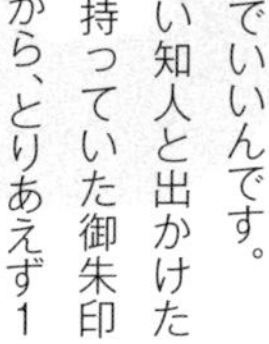

製本家・中尾あむさんのワークショップで制作。御朱印帳を自作するなら、まずワークショップに参加するのがおすすめ。最初にレクチャーしてもらうと2回目以降も作りやすいです

本のアトリエ AMU
URL https://atelieramu.jimdo.com

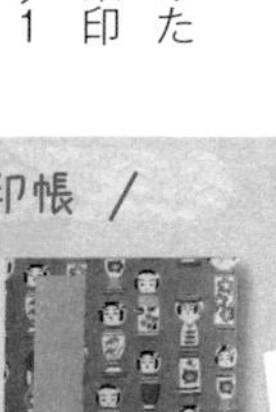

御朱印帳キットの厚紙に100円ショップで購入したシールを貼っています。最初は着物の生地を使おうと思っていましたが、普通と違うものにしようと考え、このようなデザインになりました

自分でつくる御朱印帳キット【イー・ファクトリー】
URL https://diy-gosyuinbook.com

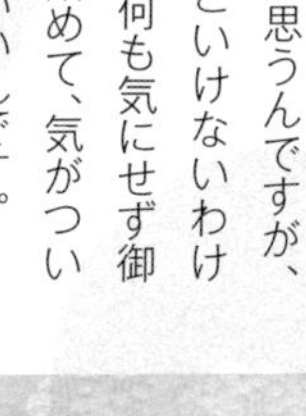

行くと元気になるという大阪天満宮（P.116）の御朱印

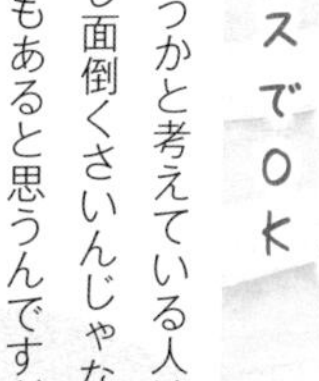

神仏霊場会の「参拝朱印帳」。2009年から集めた御朱印の数は150。ゆっくり15年かけて満願しました

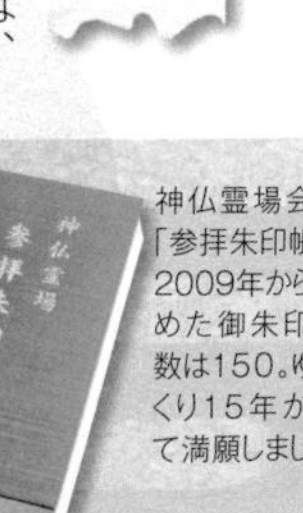

一番人気の椿柄！

色鮮やかな御朱印を集めるために用意した御朱印帳。呉服神社（P.133）でも扱っています

2024年版

大阪兵庫 神社のお祭り&限定御朱印カレンダー

大阪と兵庫の神社で催されるおもなお祭りや神事の開催日と
限定御朱印が頂ける期間がひと目でわかるカレンダーです。
こちらで紹介しているのはほんの一部。
詳細は神社にお問い合わせください。

1月

1/1　歳旦祭
(阿部野神社／P.68)

1/1　元春祭 神楽奉納
(天之宮神社／P.79)

1/1～10　新年万灯祭
(兵庫縣姫路護國神社／P.126)

1/9～1/11　十日えびす
(西宮神社／P.50)

**1/9～1/11
十日戎**
(堀川戎神社
／P.51)

1/9～11　十日戎
(舞子六神社／P.77)

1/9～11　十日えびす大祭
(尼崎えびす神社／P.95)

1/9～11　宝之市大祭（十日戎）
(野田 恵美須神社／P.98)

1/9～11　えびす大祭
(宝塚神社／P.99)

1/9～11　豊中えびす祭
(服部天神宮／P.135)

1/14　大阪とんど祭り
(千里天神（上新田天神社）／P.120)

1/18～19　厄除大祭
(六甲八幡神社／P.114)

**1/18～20　厄神厄除け大祭
(1/20は古財布小物入れ感謝供養祭)**
(走水神社／P.137)

1月第3日曜　綱引神事
(難波八阪神社／P.87)

1月最後の日曜　学神祭
(鹿嶋神社／P.118)

2月

2/3　節分祭（厄除とんど焼き）
(松帆神社／P.60)

2/3　節分祭
(伴林氏神社／P.73)

2/3　節分祭
(信太森神社／P.86)

2/3　節分祭
(伊和志津神社／P.89)

**2/3
古式追儺式**
(長田神社
／P.94)

2/3　節分祭
(鹿嶋神社／P.118)

2月節分当日　鎮魂祭
(坐摩神社／P.132)

2月最初の午の日　初午大祭
(瓢簞山稲荷神社／P.54)

2月最初の午の日　初午大祭
(松尾稲荷神社／P.59)

2/8　星祭　限定御朱印あり
(星田妙見宮／P.86)

2/12　例大祭
(四條畷神社／P.72)

**2/11
春季例大祭**
(由良湊神社
／P.78)

2/11　建国祭
(兵庫縣姫路護國神社／P.126)

**2月中旬～3月上旬
てんま天神梅まつり**
(大阪天満宮／P.116)

2/24～25　梅花祭
(須磨 綱敷天満宮／P.126)

3月

**3/8　例大祭 神楽奉納
(舞楽 蘭陵王)**
(天之宮神社
／P.79)

3/17　祈年祭
(住吉大社／P.46)

3/23　春祭（祈年祭）
(松帆神社／P.60)

春分の日　春分祭
(枚岡神社／P.66)

春分の日　春日稲荷祭（初干祭）
(辛國神社／P.107)

3/25　例祭（菜花祭）
(大阪天満宮／P.116)

3/27　春祭
(宝塚神社／P.99)

3月下旬　初午祭
(開口神社／P.119)

五節句って何?

「節句」の「節」とは季節の変わり目のこと。季節の変わり目に邪気を祓う目的があり、神社でも節句に関する行事が行われています。節句は1/7の「七草の節句」、3/3の「桃の節句」、5/5の「端午の節句」、7/7の「七夕の節句」、9/9の「重陽の節句」があります。

限定御朱印

**季節や次ごとに変わる
限定御朱印**

伊和志津神社→P.18、89
姫嶋神社→P.18、49
自凝島神社→P.19、61
阿部野神社→P.19、68
舞子六神社→P.20、77
須磨 綱敷天満宮→P.21、126

4月

4/5　春季大祭
（四條畷神社／P.72）

4月第1日曜　つつじ祭
（廣田神社／P.50）

4月第1日曜　桜まつり
（阿部野神社／P.68）

4/10 ～ 11　春季例大祭
（一宮神社／P.124）

4/13　御田植神事
（杭全神社／P.54）

4/15　生田祭例祭
並びに氏子奉幣祭
（生田神社／P.56）

4月第2土曜　春の例大祭
（諭鶴羽神社／P.92）

4月第2日曜　春季例大祭
（柿本神社／P.75）

4月第2日曜
春の義士祭
（赤穂大石神社
／P.123）

限定御朱印あり

4月第2日曜　清和源氏まつり
懐古行列
（多田神社／P.125）

4月第3土曜　花摘祭
（大鳥大社／P.133）

4/22
例祭（献花祭）
（坐摩神社
／P.132）

4/24　春祭
（伊和志津神社／P.89）

4/25　春季大祭
（神戸北野天満神社／P.57）

4月吉日　龍神祭
（星田妙見宮／P.86）

限定御朱印あり

5月

5/2　春季例大祭
（兵庫縣姫路護國神社／P.126）

5/3　北野国際まつり
（神戸北野天満神社／P.57）

5/3　春大祭
（自凝島神社／P.61）

5/3 ～ 4　春祭り
（沼島八幡神社／P.62）

5/4　神幸式
（二宮神社／P.76）

5/4 ～ 5　例大祭
（本住吉神社／P.91）

5/4 ～ 5　まくら祭り
（日根神社／P.129）

5/5　例祭
（二宮神社／P.76）

5/5　春季例祭
（千里天神（上新田天神社）／P.120）

5/20　春季例大祭
（大阪護國神社／P.69）

5/21　尉姥祭
（高砂神社／P.112）

5/25　楠公祭
（湊川神社／P.67）

5月第4土・日曜　例大祭
（三石神社／P.91）

6月

6/1　氷まつり（例大祭）
（氷室神社／P.59）

6/1 ～ 7　中風除け大祭
（三光神社／P.96）

6/8　菖蒲神事（あやめ祭）
（難波神社／P.52）

6/14　御田植神事
（住吉大社／P.46）

6/14　御輿屋（おこしや）祭
（西宮神社／P.50）

6/30　夏越の大祓
（瓢簞山稲荷神社／P.54）

6/30　夏越大祓
（伴林氏神社／P.73）

6/30　夏越大祓
（伊和志津神社／P.89）

6/30　夏越大祓
（水堂須佐男神社／P.90）

6/30　夏越大祓
（坐摩神社／P.132）

6/30　夏越大祓
（多田神社／P.125）

夏越《なごし》の祓

日々の暮らしのなかでたまってしまった穢れや過ちを祓い、心身を清める神事です。多くの神社で6月末と12月末の年2回行います。清く正しく本来あるべき姿に戻り、新たな気持ちで半年を過ごしましょう。

※2024年3月時点の情報です。お祭りの日程や限定御朱印の授与日は変更・中止となることもありますので、最新情報をご確認ください。

7月

7/6 ~ 7　七夕祭り
（星田妙見宮／ P.86）

限定御朱印あり

7/7　七夕祭
（安倍晴明神社／ P.131）

7/7 ~ 13　祇園祭
（髙砂神社／ P.112）

7/9 ~ 10　夏祭
（尼崎えびす神社／ P.95）

7/13 ~ 20
夏祭
（祇園まつり）
（祇園神社／
P.111）

7/13　六宮祭
（六宮神社／ P.139）

7/16 ~ 17　夏祭
（例大祭）
（御霊神社／ P.71）
※休日の場合は変更あり

7/16 ~ 17　夏祭
（桑津天神社／ P.119）

7/17 ~ 18　大祭（夏祭）
（高津宮／ P.85）

7/17 ~ 18　夏祭
（三石神社／ P.91）

7/17 ~ 18　夏まつり（例大祭）
（瓢簞山稲荷神社／ P.54）

7/19 ~ 20　夏祭
（野田 恵美須神社／ P.98）

7/20 ~ 21　氷室祭（夏祭）
（難波神社／ P.52）

7/21　大祓釜鳴・茅ノ輪くぐり神事
（松尾稲荷神社／ P.59）

7/21 ~ 22　夏祭
（阿部野神社／ P.68）

7月第3日曜　夏祭
（堀越神社／ P.74）

7/23　星降り祭　限定御朱印あり
（星田妙見宮／ P.86）

7/24 ~ 25　天神祭
（大阪天満宮／ P.116）

7/24 ~ 25　天神祭
（須磨 綱敷天満宮／ P.126）

7/25　天神大祭（例祭）
（走水神社／ P.137）

7/27　夏祭
（宝塚神社／ P.99）

7/27 ~ 28　夏季氏子大祭
（阿倍王子神社／ P.106）

7/28　夏祭
（伊和志津神社／ P.89）

7月最終日曜　夏越の祭り
（由良湊神社／ P.78）

7月末　夏祭り
（舞子六神社／ P.77）

7/30 ~ 8/1　住吉祭
（住吉大社／ P.46）

7/31 ~ 8/1　大祭（夏祭）
（田蓑神社／ P.97）

8月

8/1　夏季大祭
（恩智神社／ P.70）

8/6　ござがえ祭り（夏祭）
（松帆神社／ P.60）

8/15　英霊感謝祭
（兵庫縣姫路護國神社／ P.126）

8/18　太閤祭
（豊國神社／ P.117）

8/23 ~ 27　萬燈会
（多田神社／ P.125）

8/24　がんがら火祭り
（愛宕神社／ P.128）

8/25　足の守護祈願大祭
（服部天神宮／ P.135）

9月

9/12、直近の金・土曜　八朔祭
（開口神社／ P.119）

9/12　例祭
（五宮神社／ P.139）

9/20　秋季大祭並びに氏子奉幣祭
（生田神社／ P.56）

9/20　例大祭
（泉州磐船神社／ P.134）

9/21 ~ 23　例祭 西宮まつり
（西宮神社／ P.50）

9月第3日曜
秋季大祭・敬老祭
（二宮神社／ P.76）

秋分の日　秋分祭
（枚岡神社／ P.66）

9/23　祖霊祭
（星田妙見宮／ P.86）

9/26　晴明大祭
（安倍晴明神社／ P.131）

１２月

12/7　火焚祭
（御霊神社／ P.71）

12月第２日曜　一願祭
（鹿嶋神社／ P.118）

12/14　義士祭
（赤穂大石神社／ P.123）

限定御朱印あり

12/23　注連掛神事
（枚岡神社／ P.66）

12/25　納天神祭
（神戸北野天満神社／ P.57）

12/25　納め天神
（須磨 綱敷天満宮／ P.126）

12/31　師走大祓式
（生田神社／ P.56）

12/31　大祓式
（神戸北野天満神社／ P.57）

12/31　歳越大祓
（伴林氏神社／ P.73）

12/31　大祓式
（宝塚神社／ P.99）

12/31　年越しの祓

多くの神社では形代（かたしろ／人の形をした紙）で体をなで、息を吹きかけて体の穢れや罪を移したり、大祓詞（おおはらえのことば）を唱えたり、境内に作られた茅や藁の輪をくぐり、心身を清めます。

１１月

11/2　秋季例大祭
（兵庫縣姫路護國神社／ P.126）

11月第１日曜　真田まつり
（三光神社／ P.96）

11月上旬　扇祭
（開口神社／ P.119）

11/15　火焚祭
※休日の場合は変更あり
（難波神社／ P.52）

11/20　誓文祭
（西宮神社／ P.50）

11/21 ～ 23　弁天祭
（厳島神社例大祭）
（厳島神社（淡路島弁財天）／ P.63）

11/22 ～ 23　神農祭（例大祭）
（少彦名神社／ P.105）

11/23　新嘗祭
（住吉大社／ P.46）

11/24　御供所神事
（恩智神社／ P.70）

11/25　新嘗祭
（須磨 綱敷天満宮／ P.126）

11/25 ～ 26　秋季例祭
（恩智神社／ P.70）

新嘗祭《にいなめさい》

天皇がその年の収穫を神に感謝する宮中行事のひとつです。天皇が即位後に初めて行う新嘗祭を大嘗祭（だいじょうさい）といい、その中心儀式が 2019 年 11 月 14 ～ 15 日に行われました。新嘗祭は全国の神社でも行われていて、神社によっては一般の人も参加することができます。

１０月

10/1　秋祭
（氷室神社／ P.59）

10/5　秋季大祭
（四條畷神社／ P.72）

10/8 ～ 9　八宮祭
（八宮神社／ P.139）

10月第１日曜　例祭
（松帆神社／ P.60）

10/9　例大祭
（伴林氏神社／ P.73）

10月10日　献茶祭
（玉造稲荷神社／ P.83）

10/10 ～ 11　秋季例大祭
（高砂神社／ P.112）

10月第２日曜　秋季例祭
（千里天神（上新田天神社）／ P.120）

10/14 ～ 15　秋季例大祭
（阿倍王子神社／ P.106）

10/16 ～ 17　例祭（秋祭）
（田蓑神社／ P.97）

10/16 ～ 17　秋祭
（桑津天神社／ P.119）

10/17　秋祭奉幣祭 例大祭
（御霊神社／ P.71）

10/18　秋祭（例祭）
（宝塚神社／ P.99）

10月第３土・日曜
秋季大祭
（一宮神社／ P.124）

10/20　秋季例大祭
（大阪護國神社／ P.69）

10/21　例祭
（難波神社／ P.52）

10/24　例大祭
（伊和志津神社／ P.89）

10/25　例大祭
（服部天神宮／ P.135）

10/27　例大祭
（多田神社／ P.125）

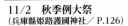

大阪 兵庫 神社 INDEX

本書に掲載している大阪 兵庫の神社を府県市区町別五十音順でリストアップ。
御朱印さんぽの参考にしてみてください。御朱印を頂いたら□にチェック✓しましょう！

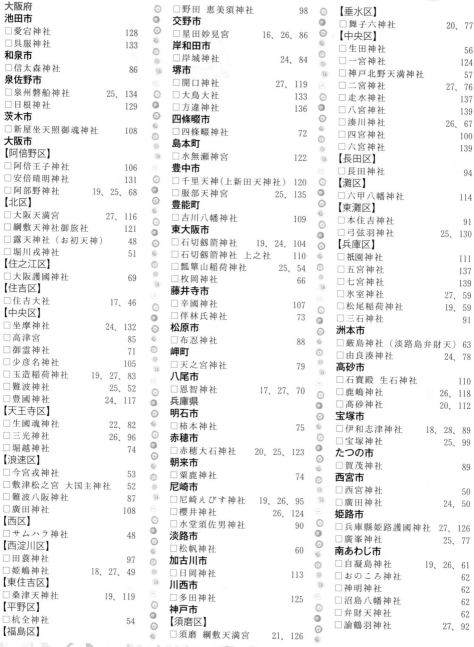

第一章

まずはここから！
神社の御朱印入門

御朱印の見方から頂き方のマナーまで、御朱印デビューする前に知っておきたい基本をレクチャー。基礎知識を知っているだけで御朱印めぐりがだんぜん楽しくなります。

御朱印ってナニ？

御朱印は、もともとお経を納めた証に寺院で頂いていたもの。
それがいつしか、神社でも、参拝によって神様とのご縁が結ばれた証として
頂けるようになりました。ですから、単なる参拝記念のスタンプではありません。

？ 御朱印の本来の役割って

御朱印はもともと、自分で書き写したお経を寺院に納め、その証に頂くものでした。寺院で「納経印」ともいわれているのはこのためです。いつしか、納経しなくても参拝の証として寺社で頂けるようになりました。お寺で始まった御朱印ですが、江戸時代にはすでに神社でも出されていたといわれています。

？ 神社で御朱印を頂くってどういうこと

神社で御朱印を頂ける場所はお守りやお札の授与所がほとんどです。書いてくださるのは神職の方々。御祭神の名前や神社名が墨書され、神社の紋などの印が押されます。

神社で御朱印を頂くというのはその神社の神様との絆が結ばれたといえるでしょう。決して記念スタンプではありません。ていねいに扱いましょう。

？ 世界でひとつの御朱印との出合いを楽しみましょう

御朱印は基本的に印刷物ではありません。神職の皆さんがていねいに手書きしてくださる、世界にひとつのもの。ですから、墨書には書き手の個性が表れます。そのため、本書に掲載した御朱印と同じものが頂けるとは限りません。同じ神社でも書き手によって、頂くたびに墨書や印の押し方が違うからです。印も季節によって変わったり、新しいものに作り替えることもあります。御朱印自体が頂けなくなることさえあるのです。二度と同じ御朱印は頂けない、それが御朱印集めの楽しみでもあります。

神社の御朱印の見方

白い紙に鮮やかな朱の印と黒々とした墨書が絶妙なバランスで配置されている御朱印。まさにアートを見ているような美しさがあります。では、いったい、墨書には何が書かれ、印は何を意味しているのでしょう。御朱印をもっと深く知るために墨書や印の見方をご紹介します。

御朱印帳を持ち歩くときは袋に入れて

神社によっては神社オリジナルの御朱印帳と御朱印帳袋を頒布している所があります。御朱印帳袋は御朱印帳を汚れから守ってくれ、ひとつあると御朱印帳を持ち歩くときに便利です。

住吉大社(P.46)で授与されるお揃いの御朱印帳と御朱印帳袋。色はブルーもあります

社名の押し印

神社名の印です。印の書体は篆刻(てんこく)という独特の書体が多いのですが、なかには宮司自らが考案したオリジナルの書体の印もあります。

奉拝

奉拝とは「つつしんで参拝させていただきました」という意味です。参拝と書かれることも。

神紋

神社には古くから伝わる紋があります。これを神紋あるいは社紋といいます。神紋の代わりに祭神のお使いを表す印や境内に咲く花の印、お祭りの様子を表した印などが押されることもあります。

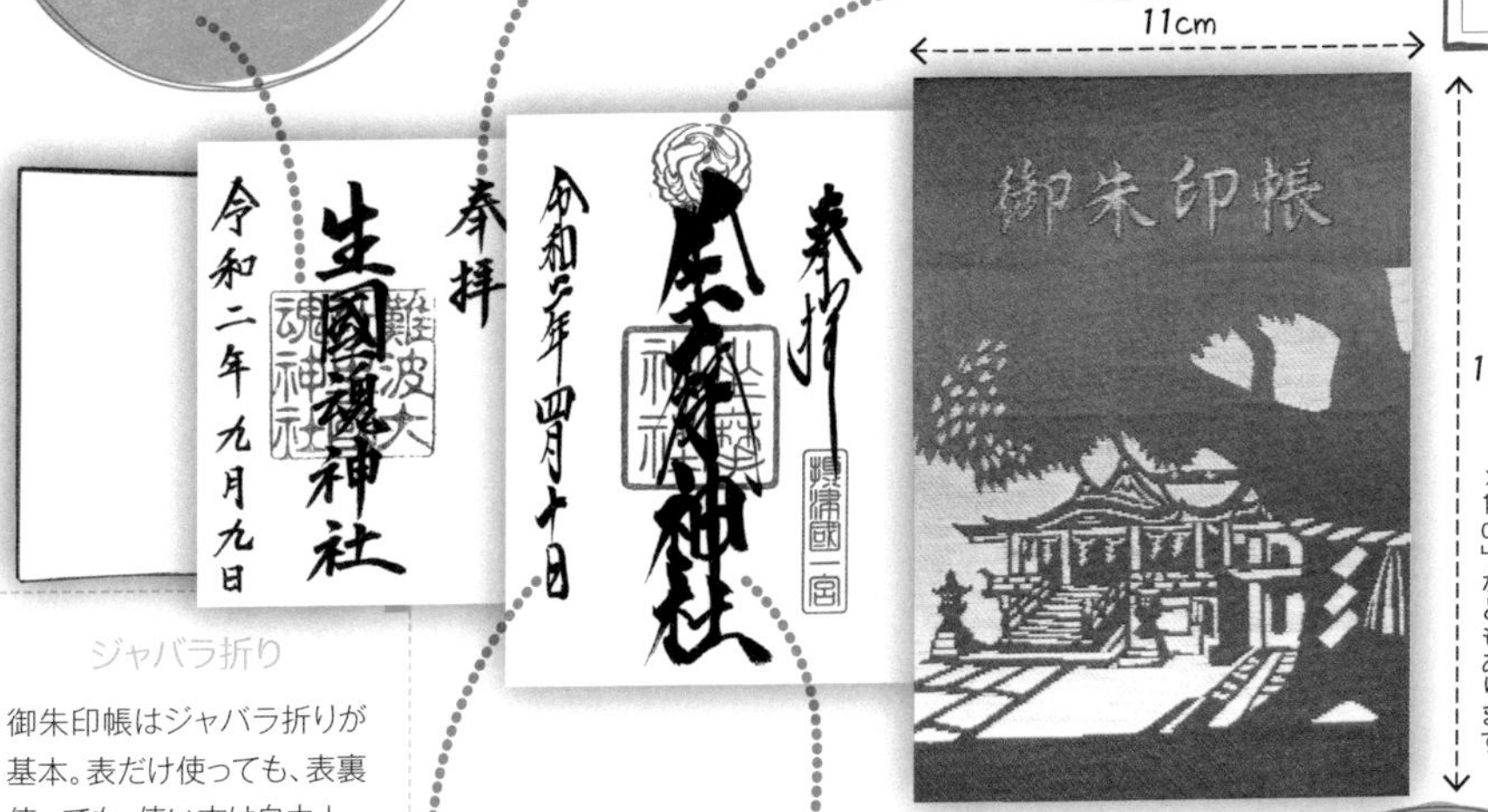

御朱印帳のサイズは「約16㎝×11㎝」が一般的で、ひと回り大きな「約18㎝×12㎝」などもあります

ジャバラ折り

御朱印帳はジャバラ折りが基本。表だけ使っても、表裏使っても、使い方は自由!

参拝した日にち

何年たっても、御朱印を見れば自分がいつ参拝したのか、すぐわかります。同時に日付を見るとその日の行動も思い出せるので、旅の記録にもなるでしょう。

社名など

中央には朱印の上に神社名が墨書されることが多く、社名のほかに御祭神の名前を書く場合もあります。また、朱印だけで神社名の墨書がない御朱印もあります。八百万神だけあって、史実の人名やおとぎ話の登場人物の名前が書かれることも。

表紙

神社ではオリジナルの御朱印帳を作っている所が多くあります。表紙には、社殿、境内、神紋や祭礼、御神木、花、紅葉など、その神社を象徴するシンボルがデザインされていることが多いです。

個性がキラリ 御朱印ギャラリー

御朱印は参拝の証であるだけではなく、祭神とのご縁を結んでくれるものです。
墨書や印に各神社の個性が現れた御朱印の数々を一挙にご紹介します。

色彩豊かなカラフル御朱印

和歌:藤原俊成『新古今和歌集』

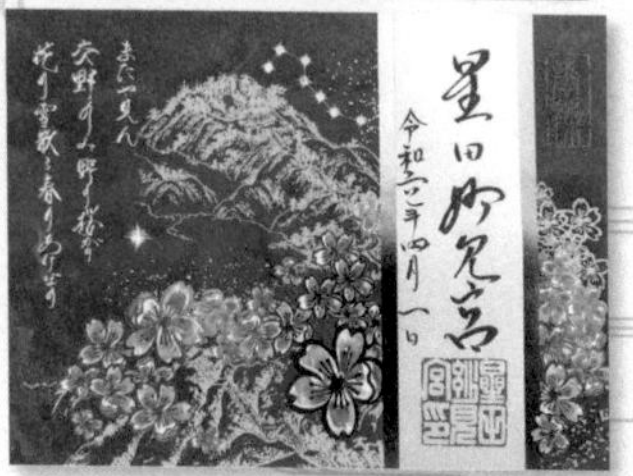

墨書/星田妙見宮　白書/和歌　印/奉拝、星田妙見宮　●地元交野の歴史と伝統を御朱印で表現。妙見宮の参道沿いにはソメイヨシノをはじめとする約400本の桜が咲き誇ります。3~4月末までの限定御朱印

和歌:在原業平『伊勢物語』(七夕)

墨書/星田妙見宮　銀書/和歌　印/奉拝、星田妙見宮　●当地周辺は古くより交野が原と呼ばれ、平安貴族たちの狩猟地として栄えました。御朱印には狩りを楽しむ様子が描かれています。5~6月末までの限定御朱印

和歌:紀有常『伊勢物語』(七夕)

墨書/星田妙見宮　金書/和歌　印/奉拝、星田妙見宮　●大きな川が流れ、多くの野鳥が生息していた交野が原。平安貴族により交野ケ原で詠まれた七夕ゆかりの和歌に込められた物語を描いています。7~9月末までの限定御朱印

和歌:実方朝臣『新古今和歌集』

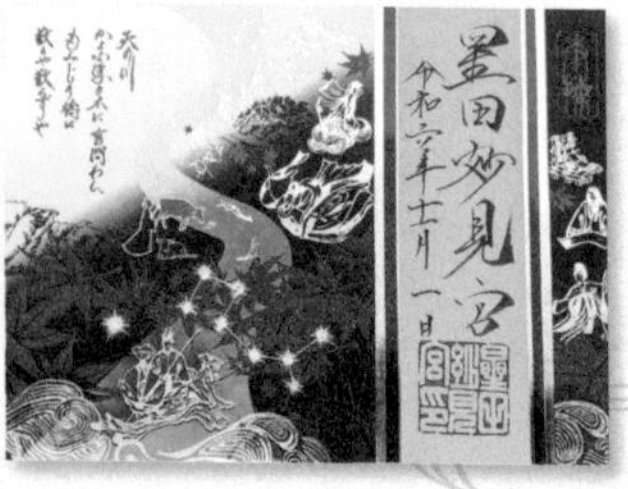

墨書/星田妙見宮　赤書/和歌　印/奉拝、星田妙見宮　●10~12月末日までの限定御朱印。紅葉の時期になると100本以上の紅葉が境内を赤く染めます。七夕伝承と紅葉をデザインした御朱印です

冬限定御朱印(龍神)

墨書/星田妙見宮　青書/豊正龍王、豊玉龍王　印/奉拝、星田妙見宮　●末社の豊正龍王、豊玉龍王社でお祀りする龍神様をデザイン。星田妙見宮はかつて龍降院とも呼ばれた時代がありました。1月下旬~2月末日まで授与

星田妙見宮 P.86

祭典時限定御朱印のほか、神社の縁起に由来する御朱印が頂けます。桜と紅葉の名所としても知られ、その美しさを映したような季節限定御朱印は必見。御朱印はすべて書き置きです(見開き御朱印各1200円、片面御朱印各500円)

星御朱印

金書/星田妙見宮　印/奉拝、星田妙見宮　青印/玄武(妙見様のご神使)
●妙見様は諸星、方位方角を支配する尊い星神とされ、人の星(運命)を司る神様と伝えられています

星振り祭限定御朱印

青書/星降り祭　印/奉拝、星田妙見宮
●神社の創建に由来する弘法大師の降星伝承をデザイン。7月23日の星降り祭のみ授与。ピンク字の文章は神社の縁起書に記載されている文章です

住吉大社で頂ける御朱印

住吉大社 P.46

本社のほか、摂社や末社のさまざまな御朱印が頂けます。「住吉大社」「神光照海」「楠珺社《なんくんしゃ》」以外の御朱印を授与できるのは例祭日や初辰日（「初辰まいり」について→P.47）に限られていますので、事前に日にちの確認を。なお、御朱印は楠珺社を除いて本社受付で頂けます（各500円、刺繍入各1000円）

[共通]墨書／奉拝、神社（摂社、末社）名　印／神社（摂社、末社）名

住吉神社の総本社

住吉大社

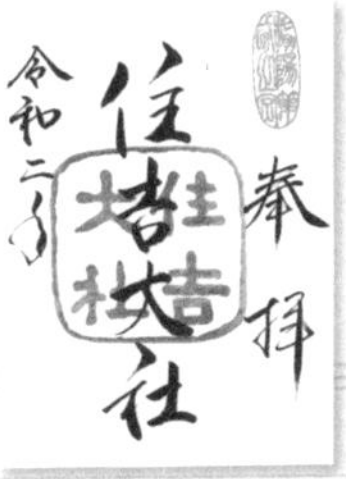

受付日：毎日

神が放つ光を意味

神光照海《みひかりうみをてらす》

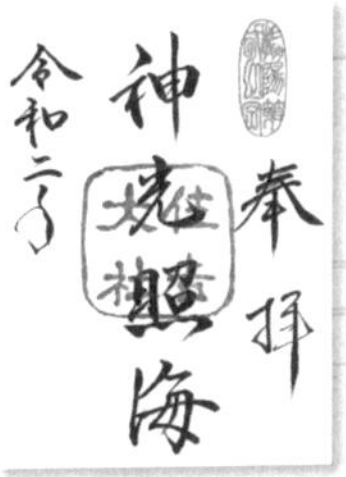

受付日：毎日

摂社で最も社格が高い

大海《だいかい》神社

受付日：10月13日

海や空の安全を守る

船玉神社

受付日：10月21日

武勇を誇る神様を祀る

若宮八幡宮

受付日：1月12日

縁結び祈願ならこちら

侍者社《おもとしゃ》

受付日：3月5日

子授けと資金調達！

種貸社《たねかししゃ》

受付日：4月9日、初辰日

家内安全&人招き

楠珺社

受付日：毎日

芸能&美容の女神様

浅澤社《あさざわしゃ》

受付日：5月17日、初辰日

収穫・集金に御利益

大歳社《おおとししゃ》

受付日：10月9日、初辰日

卯の日・辰の日限定御朱印

卯の日詣り

墨書／卯の日詣り、縁　印／五七桐紋、ウサギに縁・結　●本殿前に並ぶオスとメスの神縁卯（しんえんうさぎ）をなでて縁結びを祈願しましょう

辰の日詣り

墨書／辰の日詣り、結　印／五七桐紋、龍に縁・結　●本殿前の神龍にお参りしたあとは、拝殿前の神龍が持つ神璽（たま）をなでて開運と幸せを祈って

恩智神社 P.70

卯（＝ウサギ）と辰（＝龍）は、恩智神社で祀る神様のお使いであることから、卯の日と辰の日には限定御朱印を授与。ウサギは良縁などの御利益が、龍は幸せな人生へ導く御利益があります。朱印の色は月によって替わります（各500円）

期間や行事ごとに異なる御朱印

伊和志津神社 P.89

手塚キャラクターとコラボレーションした「期間限定特別コラボ朱印」。3ヵ月ごとに切り替わり、なくなり次第、頒布が終了となります。手塚キャラクターたちが花を奉納しに行くかわいらしいデザインです（各800円）©株式会社手塚プロダクション

墨書／奉拝　●レオほか、頒布期間は令和6年1～3月

墨書／奉拝　●ブラック・ジャックほか、頒布期間は令和6年4~6月

墨書／奉拝　●ユニコほか、頒布期間は令和6年7～9月

墨書／奉拝　●アトムほか、頒布期間は令和6年10～12月

姫嶋神社 P.49

「虹色の光」の当たった女性が生んだ「赤い玉」が女神に姿を変えたという神話が御朱印のモチーフ。「虹印」は「虹色の光」を、季節の御朱印は虹の色である「赤、橙、黄、緑、青」を表現（各500円）

赤玉印

墨書／奉拝、姫嶋神社　印／御幣、獅子舞、大鳥居、神紋、社紋、鈴、大太鼓、姫嶋神社
●赤い印は、姫嶋神社において特別なものである「赤い玉」を表現しています

虹印

墨書／朔日詣、姫嶋神社　印／注連縄、獅子舞、神紋、姫嶋神社、社紋、灯籠　●毎月1日限定、紙のみでの授与です。「やりなおし」の文字が押印されます

3～5月

墨書／奉拝、姫嶋神社　印／御幣、獅子舞、大鳥居、神紋、社紋、鈴、大太鼓、姫嶋神社
●新緑を思わせる緑の印

6～8月

墨書／奉拝、姫嶋神社　印／御幣、獅子舞、大鳥居、神紋、社紋、鈴、大太鼓、姫嶋神社　●太陽のような黄の印

9～11月

墨書／奉拝、姫嶋神社　印／御幣、獅子舞、大鳥居、神紋、社紋、鈴、大太鼓、姫嶋神社　●橙の印から紅葉を想起

12～2月

墨書／奉拝、姫嶋神社　印／御幣、獅子舞、大鳥居、神紋、社紋、鈴、大太鼓、姫嶋神社
●冬の凛とした空気漂う青の印

桑津天神社 P.119

祭礼ごとに約10種の限定御朱印があります。書き置き（500円）

秋祭

墨書／桑津、天神社　印／鳳凰紋、摂津久わつ、桑津天神社、干支（戌）　●10月斎行の秋祭宵宮、秋祭本宮に合わせて頂ける御朱印

石切劔箭神社 P.104

授与日限定の特別な御朱印です（500円）。正月限定御朱印なども

御神馬特製朱印

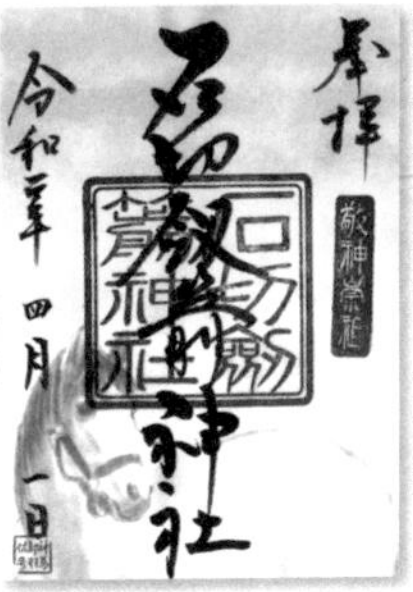

墨書／奉拝、石切劔箭神社　印／敬神崇祖、石切劔箭神社　●毎月の祭礼日（1・8・15・22日）と土・日曜、祝日に頂けます。書き置きです

尼崎えびす神社 P.95

1月9～11日のみ授与していただける十日えびす限定御朱印（1000円）

十日えびす

墨書／十日えびす　印／摂州本戎宮尼崎　●干支と十日えびすのほのぼのとしたデザイン。このほか祭事ごとに限定御朱印があります

玉造稲荷神社 P.83

例年1月1～15日に頂ける勾玉干支朱印。書き置きです（300円）

印／初詣、玉造稲荷神社、干支　●「初詣」の印が金色で押される正月らしい御朱印。干支の印は毎年替わります

正月

松尾稲荷神社 P.59

「一粒萬倍」が金字になった毎月1日限定の御朱印です（300円）

金書／一粒萬倍　印／和合狐、松尾稲荷神社、ビリケン様、BILLIKEN LUCKY GOD　●稲荷大神の御神徳を表す言葉が金色に輝き、より御利益を頂けそう

毎月1日限定

阿部野神社 P.68

毎月変わる阿部野神社（左）と末社の旗上稲荷社（右）の特別御朱印です（各800円）

[左]金書／奉拝、阿部野神社　印／笹竜胆紋、阿部野神社
[右]墨書／奉拝、旗上稲荷社　印／阿部野神社、鳥居、旗上稲荷社、キツネ　※どちらもトレーシングペーパー付き

自凝島神社 P.61

月替わりの限定御朱印。季節を感じる背景画が評判。数量限定、書き置き（500円）

墨書／奉拝、日本発祥の地、自凝島神社　印／自凝島神社印

迫力満点！　見開きで頂ける御朱印

赤穂大石神社

P.123

正月、4月第2日曜の春の義士祭、12月14日の義士祭限定の御朱印です。いずれも赤穂浪士や赤穂浪士に扮した女性の印象的なイラストが描かれています（各800円～）

正月

墨書／大石神社　印／大願成就、播州赤穂、大石神社　●大石内蔵助のイラスト入り

春の義士祭

墨書／大石神社　印／大願成就、播州赤穂、大石神社　●女性が主役の祭りで授与

義士祭

墨書／義士祭　印／大願成就、左二つ巴紋、違い鷹の羽紋、大石神社

月替わり

墨書／昇龍　印／高砂神社、甲辰、向き合う龍　●西陣織の限定御朱印。令和6年（甲辰）の干支のもの（毎年替わります）

二十四節気

墨書／高砂神社、奉拝、二十四節気参り　朱書／えにしの宮　金書／縁　銀書／夏至　印／高砂神社、木瓜紋

高砂神社

P.112

月替わりの限定御朱印（左）と、春分・夏至・秋分・冬至など二十四節気の当日のみ頒布される御朱印（右）です。流れるような筆致が美しく、季節ごとに神社へ足を運びたくなります（各800円）

舞子六神社

P.77

力強い墨書と色鮮やかな印の融合が美しい御朱印。祭事ごとの特別御朱印もあるため、最新情報は公式サイトをチェック！　書き手不在の場合は書き置きとなります（端午の節句と月替わり各1000円、朔日参り1500円）

文字御朱印

金書／椿　墨書／まいこむのみや　印／舞子六神社、幕舎と鳥居、丸と六角　●令和6年如月の御朱印。金文字で書かれた椿の文字が鮮やか。御朱印は毎月替わります

切絵御朱印

白書／くにうみの神話へいざなう大橋は神と人御縁を結ぶ架け橋なり　●令和6年睦月の御朱印。明石海峡大橋、太陽、瀬戸内海、BE KOBE、舞子六神社の切り柄が繊細で、色使いがひときわ目立ちます。3カ月に1度替わります

コトバ御朱印

墨書／敬愛、大切な人を想う、まいこむのみや　印／ハート、小熊、舞子六神社　●令和6年如月の御朱印。子供にも大人気のかわいらしいデザイン。御朱印は毎月替わります

須磨 綱敷天満宮

P.126

神社で祀る菅原道真公や縁起物をテーマに、まるで絵本のようにかわいらしい絵が描かれた御朱印。全5種類の見開き御朱印は郵送でも対応可能、記念品付きです（各1000円 ※1回の発送につき発送手数料300円）

[共通]墨書／奉拝　印／綱敷天満宮

合格

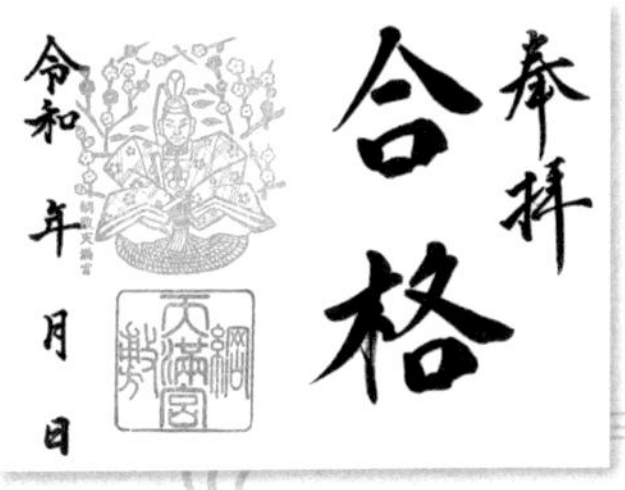

開運招き猫

人生の波に乗る ～すべてが実を結ぶ～

紅葉とうそどり

御本殿朱塗竣工記念

＼毎年テーマが変わります／

須磨 綱敷天満宮の「月替わり御朱印」

2024年「海の生き物」須磨氏一ワールドオープン記念の御朱印。1年のテーマや印の内容は神職の方々が話し合って決めているとか

[共通]墨書／奉拝　印／綱敷天満宮

1月

狛犬になったタツノオトシゴ

2月

お詣りするアシカ

3月

鳥居をくぐるウミガメ

4月

幸運の波に乗るシャチ

5月

福鈴に集まるカクレクマノミ

6月

茅の輪くぐりをするイルカ

7月

お神輿をかつぐペンギン

8月

ウソドリと出合ったクラゲ

9月

お月見ウサギとサメ

10月

必勝を祈願するタコ

11月

豊作を祝うニシキアナゴ

12月

輝かしい神様に寄り添うアザラシ

コンプリートまで60年！　感動の干支朱印

生國魂神社　P.82

毎年1月の初詣期間限定でその年の「干支朱印」を頂けます。60年の歳月をかけてひとめぐりするという特別な御朱印の一部を特別掲載します。今から始めてもすべて頂けるのは60年後！　価値のある御朱印です。

［共通］墨書／奉拝　印／干支朱印

そもそも「干支」とは？

干支は「十干十二支《じっかんじゅうにし》」の略。十干は古代中国の思想から作られた甲や乙など10種類の要素を指します。十干と十二支で60通りの組み合わせができ、年に当てはめると60年になります。満60歳を還暦と称するのは、61年目に「生まれた年の干支に還《かえ》る（＝戻る）」ことに由来します。

平成18年 丙戌歳

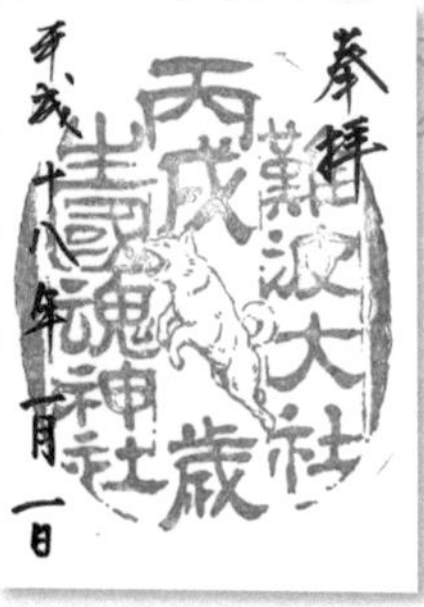

平成19年 丁亥歳

平成20年 戊子歳

平成21年 己丑歳

平成22年 庚寅歳

平成23年 辛卯歳

平成24年 壬辰歳

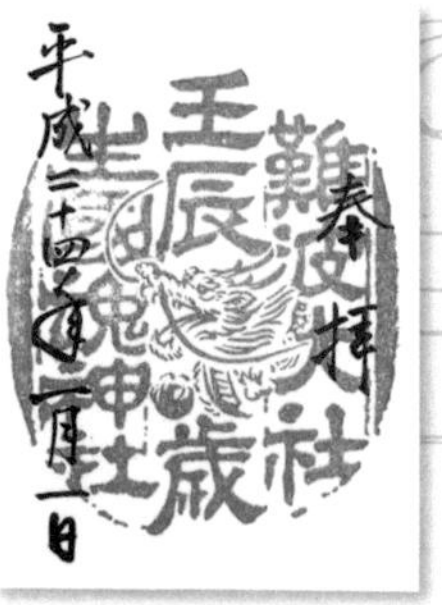

平成25年 癸巳歳

平成26年 甲午歳

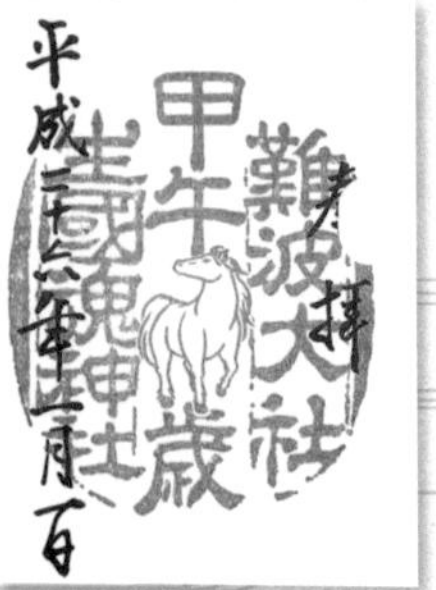

平成27年 乙未歳

平成28年 丙申歳

平成29年 丁酉歳

ファースト御朱印帳をゲットしよう!

御朱印を頂きにさっそく神社へ！
その前にちょっと待って。
肝心の御朱印帳を持っていますか？
まずは１冊、用意しましょう。

1 あなたにとって、御朱印帳は思い入れのある特別なもの

御朱印はあなたと神様とのご縁を結ぶ大事なもの。きちんと御朱印帳を用意して、御朱印を頂くのがマナーです。御朱印帳はユニークでかわいい表紙のものがいっぱいあるので、御朱印帳を集めることも楽しいでしょう。御朱印帳が御朱印でいっぱいになって、何冊にもなっていくと、神様とのご縁がどんどん深まっていくようでとてもうれしいものです。御朱印には日付が書いてありますから、御朱印帳を開くと、参拝した日の光景を鮮明に思い出すこともできるでしょう。

2 御朱印帳は、神社はもちろん文具店やネットでも入手できます

どこで御朱印帳を入手すればよいのかを考えると、まず、思い浮かぶのは神社。本書で紹介している神社の多くは、お守りなどを頒布している授与所で御朱印帳も頂くことができます。ファースト御朱印と同時に、その神社の御朱印帳を入手するとよい記念になりますね。神社以外で御朱印帳を入手できるのは、和紙などを扱っている大きな文房具店やインターネット通販。自分が行きたい神社に御朱印帳がないようなら、こうした取扱店であらかじめ入手しておきましょう。近年は御朱印帳を手作りするのも人気です。

3 御朱印帳を手に入れたらまず名前、連絡先を書き入れます

御朱印帳を入手したら、自分の名前、連絡先を記入しましょう。神社によっては参拝前に御朱印帳を預け、参拝の間に御朱印を書いていただき、参拝後に御朱印帳を返してもらうところがあります。混雑しているとき、同じような表紙の御朱印帳があると、自分のものと間違えてほかの人のものを持ち帰ってしまう……なんてことも。そうならないよう裏に住所・氏名を記入する欄があれば記入しましょう。記入欄がなければ表紙の白紙部分に「御朱印帳」と記入し、その下などに小さく氏名を書き入れておきます。

4 カバーを付けたり専用の入れ物を作ったり、大切に保管

御朱印帳は持ち歩いていると表紙が擦り切れてきたり、汚れがついたりすることがしばしばあります。御朱印帳をいつまでもきれいに保つためにカバーや袋を用意することをおすすめします。御朱印帳にはあらかじめビニールのカバーが付いているものや神社によっては御朱印帳の表紙とお揃いの柄の御朱印帳専用の袋を用意しているところがあります。何もない場合にはかわいい布で御朱印帳を入れる袋を手作りしたり、カバーを付けたりしてはいかがでしょう。

わたしにピッタリ♥の
御朱印帳って
どんな御朱印帳
なのかな?

第一章

おもに祭神や御神徳、縁起物、社殿などにまつわるモチーフを取り入れた、神社オリジナルの御朱印帳。格調高く重厚感のあるもの、キュートなデザインのものなど、各社の個性とこだわりが随所に表れています。

社殿や縁起物がモチーフのカッコイイ御朱印帳

岸城神社 P.84

だんじりで有名な岸和田祭発祥の社にちなんで、図柄は勇壮なだんじり。岸和田城も描かれています（1500円、御朱印含む）

豊國神社 P.117

裏表紙は豊臣秀吉公の兜。勝負につながる縁起物の植物である馬蘭（ばれん＝菖蒲）がモチーフになっています（2000円）

廣田神社 P.50

表紙は本殿、裏表紙には十六八重表菊のなかに社紋の四つ菱を配した、シンプルで気品漂うデザイン（2000円）

石切劔箭神社 P.104

神社名の「劔」は剣の異体字、「箭」は矢のこと。静かに横たわる剣が神秘の力を感じさせます（1500円、御朱印含む）

見開きでデザインされた御朱印帳

由良湊神社 P.78

祭神の祓い清めの御神徳を描いています。御朱印帳を求めて遠方から足を運ぶ人もいるとか（1500円、御朱印含む）

坐摩神社 P.132

神功皇后が松枝に白鷺の群がるところに坐摩神を奉斎されたという神社創祀にまつわる縁起を表現（1500円）

神社で入手できる御朱印帳1

難波神社 P.52
切り絵を取り入れた表紙は、社紋のアヤメをイメージした紫色（1000円）

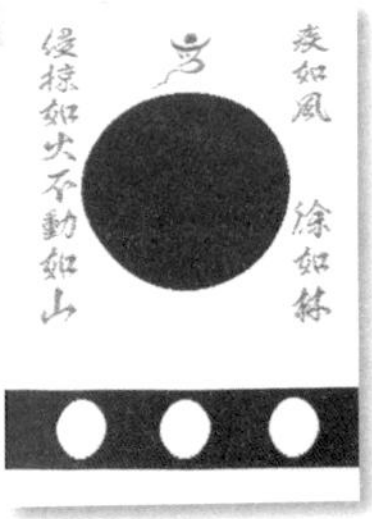

阿部野神社 P.68
祭神の北畠親房公作と伝わる軍旗をデザインしています（2000円）

弓弦羽神社 P.130
金糸で刺繍した、矢に乗るヤタガラスがかっこいい！（2000円）

泉州磐船神社 P.134
上品なブルーを基調に雲や飛行機をあしらっています（1500円）

服部天神宮 P.135
天神様が好まれたという梅の花がモチーフ（2000円、御朱印含む）

赤穂大石神社 P.123
どちらも四十七士の討ち入りの様子を表したファン垂涎の御朱印帳。赤いほうはやや大きめサイズなので、書き置き用にするなど使い分けにも便利（各1500円）

廣峯神社 P.77
光沢が美しい鬼ちりめんの生地を使用。牛頭天王の姿が表紙に描かれた左側の御朱印帳が廣峯神社、右側の2種類は2019年に境内に建立された官兵衛神社のオリジナルです。摂社の恵美須神社の御朱印帳もあります（各5000円）

珍しい！　木製の御朱印帳

表

裏

瓢箪山稲荷神社 P.54
裏表の表紙に白木を使用。瓢箪山、神狐、社紋を配し、どこか親しみを感じさせるデザインです。裏表紙は「福」の字とヒョウタンの烙印を押しています（2000円）

宝塚神社 P.99
シンプルながら風格の漂う御朱印帳。表紙は本物の木を使用しているため、一つひとつ模様や色が異なります。木の香りや経年変化も楽しんで（2000円、御朱印含む）

裏表紙にも注目したい御朱印帳

星田妙見宮　P.86

今から約1200年前、弘法大師が秘法を唱えると天上から七曜の星（北斗七星）が降ったという降星伝承をデザインしています（1800円）

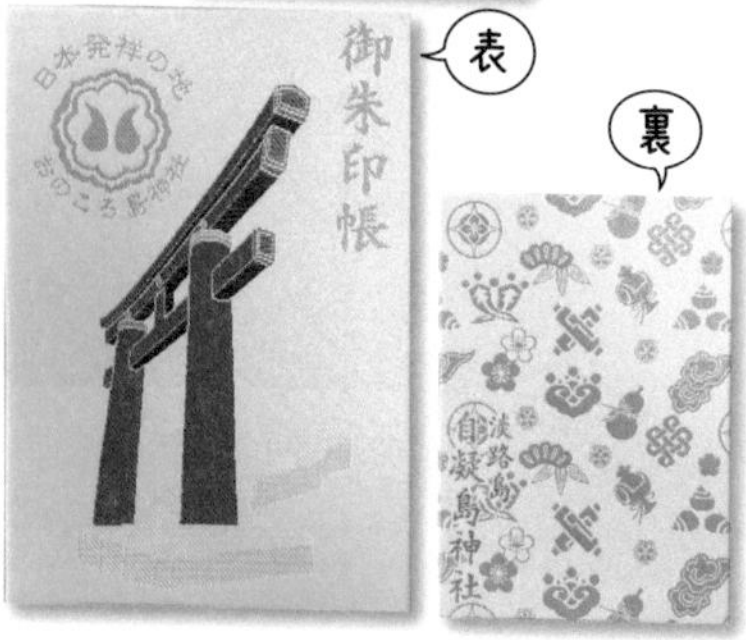

自凝島神社　P.61

表面は日本三大鳥居のひとつに数えられるといわれる神社のシンボル・大鳥居と淡路島が描かれています。裏面には打ち出の小槌や松竹などの縁起物が勢揃い（2000円）

櫻井神社　P.124

尼崎城址に鎮座する神社のため、尼崎城天守とシャチホコが裏表に。桜の花の社紋が全面にちりばめられたかわいらしいデザインです。ピンクのほか紫も（2000円、御朱印含む）

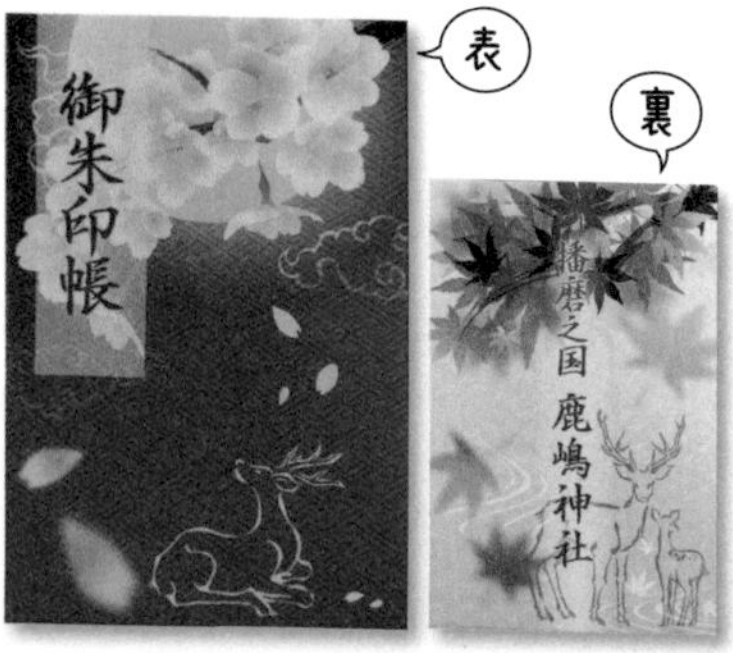

鹿嶋神社　P.118

四季折々の自然を楽しめる鹿嶋神社。御朱印帳には参拝者に特に人気の高い桜と紅葉、そして鹿が登場。例年の桜の見頃は3月下旬～4月上旬、紅葉の見頃は11月中旬です（1500円）

三光神社　P.96

赤備えをイメージした鮮やかな赤色が目を引きます。表紙には真田家の家紋である六文銭、裏表紙は真田幸村公と幸村公が造ったといわれる真田の抜け穴を影絵風にデザイン（1700円）

湊川神社　P.67

神社が祀る楠木正成公の佩刀（はいとう）と伝わる「小竜景光」をイメージ。さわやかな浅葱色で正成公の誠実廉直さを、天に登る龍と金色の菊水で力強さを表現しています（1500円）

尼崎えびす神社　P.95

「龍とえびす」の御朱印帳。色はラベンダーと青の2色。ほかにも数量限定で、新しいデザインが続々と登場します（2000円）

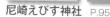

神社で入手できる御朱印帳2

集めたくなる！　キュート&ユニークな御朱印帳

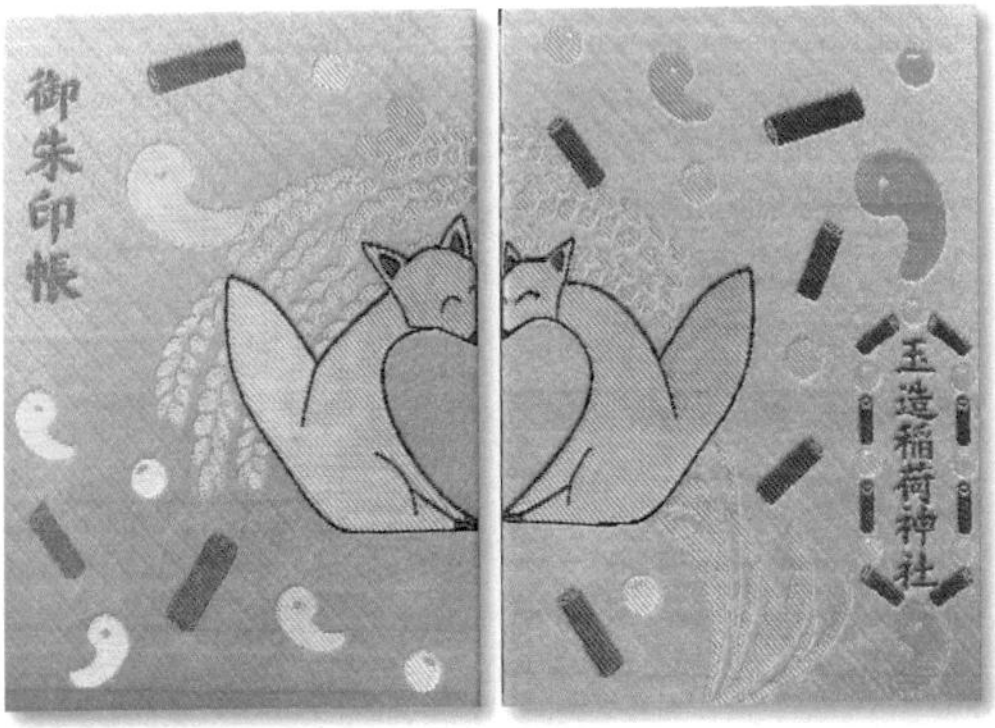

玉造稲荷神社　P.83

表面は雄キツネ、裏面は雌キツネ。「そら色」の表紙と「さくら色」の裏表紙を合わせて撮影する夫婦やカップルが多いとか（各1500円）

表紙と裏表紙を合わせると恋キツネに♥

表

裏

恩智神社　P.70

上品な白地に神様のお使いであるウサギと龍が描かれています（2000円）

二宮神社　P.76

5色の優しい色合いに不思議と心引かれる一冊（1500円）

姫嶋神社　P.49

神社の象徴である赤玉に社紋などをデザイン。カバー付き（2000円）

大阪天満宮　P.116

祭神の菅原道真公にちなんだ梅を織り込んだ華やかなデザイン（1500円）

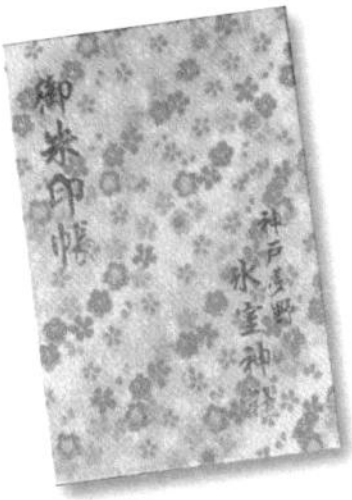

兵庫縣姫路護國神社　P.126

霞の中に咲く桜が印象的。淡いブルーの御朱印帳もあります（1500円）

氷室神社　P.59

ちりめんの布全体に桜の柄が入ったかわいらしい御朱印帳（1200円）

開口神社　P.119

社紋の三つ茄子と扇がモチーフ。境内には扇塚があり、年に一度芸能や習い事の上達を願う扇祭が行われます（各1500円）

3色あります！

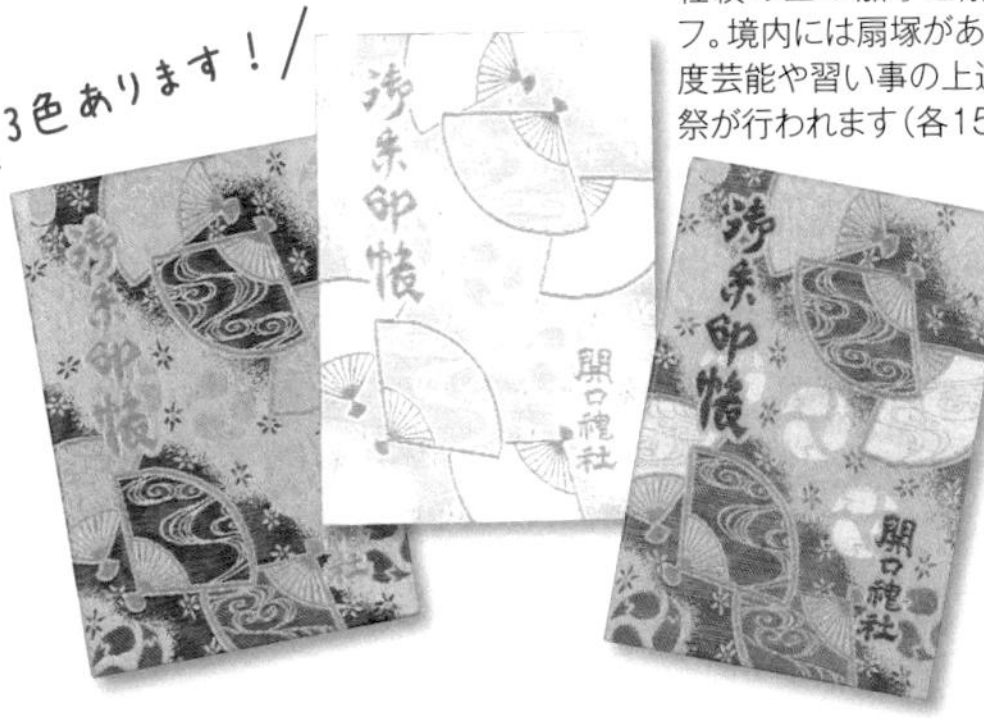

おそろいの御朱印帳袋も！

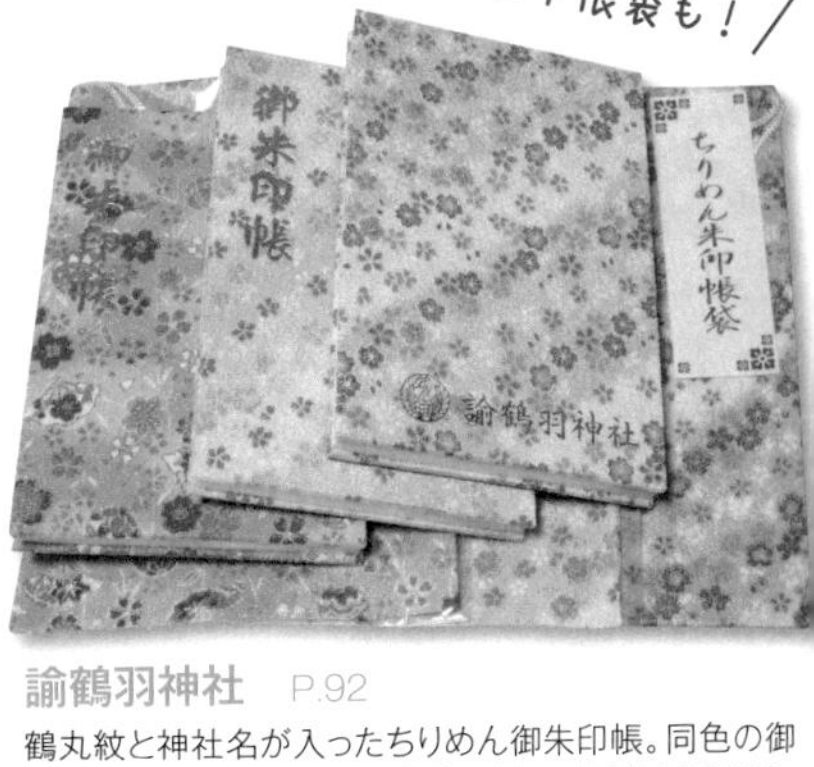

諭鶴羽神社　P.92

鶴丸紋と神社名が入ったちりめん御朱印帳。同色の御朱印帳袋に入れて大切に保管しましょう（各1500円、御朱印含む。御朱印帳袋各800円）

目指すのは、五感に訴える場所作り

神社への参拝を日常の一部に。御朱印をきっかけに神社や地域の魅力に触れて

宝塚歌劇団のおひざ元である宝塚駅から阪急電車に乗ってふた駅。閑静な住宅街にたたずむ伊和志津神社は、四季を感じる美しい御朱印を頂けることで注目を集めています。次々と新しい取り組みを行う宮司・木田隼人さんに、神社や御朱印の魅力についてうかがいました。

伊和志津神社の詳しい紹介はP.89へ

参拝者は地元っ子から宝塚音楽学校受験生まで

「朝は『行ってらっしゃい』、帰宅時は『お帰りなさい』という、自分の庭のような場所だと思ってもらえたらうれしい」と語ってくださったのは、健康的に日焼けした顔と白い歯がすてきな宮司の木田さん。その言葉どおり、神社には通勤途中や仕事終わり、散歩のついでに毎日参拝される方がたくさんいらっしゃるそうです。境内には幼稚園があり、午後になると降園した園児たちが緑あふれる境内を元気に走り回ります。

その一方、季節限定の御朱印を求めて、県外から訪れる観光客の姿も。また、宝塚大劇場にほど近い立地から、宝塚音楽学校の受験生がほぼ毎年試験前に合格祈願のご祈祷に訪れるほか、宝塚歌劇団の関係者、現役の方もお参りされるとか。洗練された雰囲気の観光神社のようで、地元の方に愛される昔ながらの神社でもあるという二面性が神社の魅力のひとつです。

幼少期の長い海外生活で日本のよいところを再認識

境内の見どころは、3月末から4月にかけて見頃を迎える一本桜や、写真映えすると評判の花手水、大鳥居の近くにある縁結びの木。花手水の花は季節によって変わり、取材時は色とりどりのダリアが。

「宝塚市は、ダリアの出荷量が全国の4分の1を占めます。皆さんに宝塚の花ですよということを印象付けられるように」という思いからダリアをお供えしているそう。宝塚愛にあふれる木田さんは宝塚ひと筋なのかと思いきや、意外な答えが返ってきました。

「伊和志津神社は母方の神社で、父は商社マン。海外生活が長かったんです。1歳から5歳までメキシコ、小学5年生の終わり頃まではパラグアイ、東京も何年かいました。それからぼ～っとしている間に神様に呼ばれたのか神職の道へ。20年近く前のことです」

神職になるための学校は厳しい反面、作法や知識を身に付けることができ、神道の魅力やその世界に染まっていったそうです。

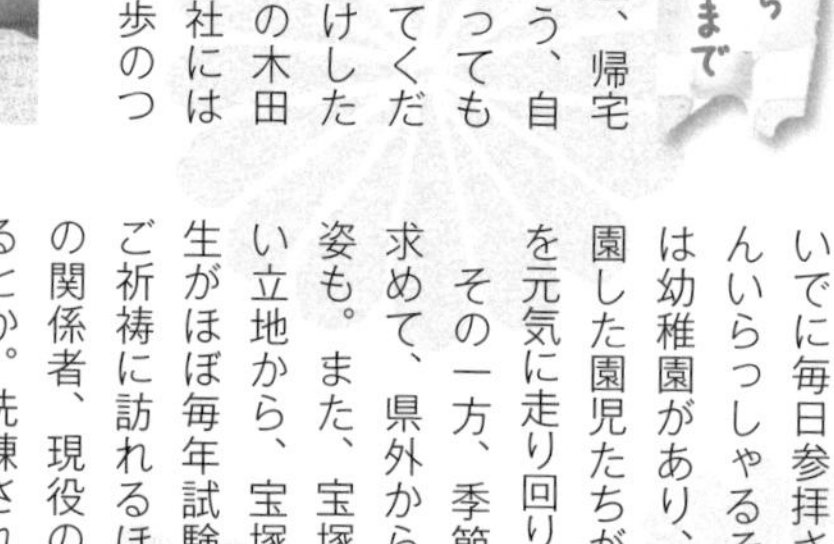

カラフルな季節の花々で彩られた手水舎がお出迎え。見ているだけで心が和みます　※季節によってはない場合もあります

「海外に行っていると日本の文化はいいなぁと思うんです。日本ではいろいろな『節目』を大切にしますが、海外はそうじゃない。ご飯を食べるときもいただきますとは言わないですから。そういった日本人の慣習一つひとつが、実は神道の要素をもっているんですよ」

神社や町の魅力を発信する企画を次々と計画！

神社では季節に合わせた御朱印や、ほかの神社ではあまり見ない誕生日を祝う御朱印を頂けます。

手塚治虫先生より奉納された直筆の原画。社宝のため通常は非公開ですが、毎年10月24日に斎行される秋季例大祭で本殿内にて一般公開されます

第一章

「カラフルな御朱印を始めたのは令和元年くらい。多くの方にうちへお参りいただきたいということで企画しました。地元以外の方にも神社のある逆瀬川や宝塚の魅力を知ってほしいです。微力ながら、ひとつの広告塔になれたら」

御朱印の反響は「めちゃくちゃ大きい」そう。「皆さん〝かわいい〟と言って、何度もお参りくださいます。御朱印のデザインは、神職や巫女さん、書の先生に意見をもらいます。いろいろな人のアイデアがないとよいものはできませんので」

御朱印帳にきれいに貼れるよう、書き置きの御朱印の裏面をシールにするアイデアは、巫女さんの意見をヒントに。参拝者のことを考えてアイデアを出し合います。

「季節によって体感する気温や植物の表情が変化するように、神社の顔も変わります。四季折々に参拝し、その証として御朱印を頂いてもらえるとうれしいです」

最近では「神社が地域の中心となって町の魅力を発信したい」という考えから、兵庫県内の神社をめぐる御朱印イベント「兵庫スサノオ四社巡り」を企画するなど、精力的に活動されています。「神社や御朱印の新しい魅力を伝えられる企画ができたら」とのことなので、今後の展開からますます目が離せませんね。

御朱印をきっかけに神様や人とのご縁を結ぶ

「五感に訴えるものを神社で感じてほしい」と、御朱印に挟むしおりにほのかな香りをまとわせる、特別な行事の際は境内に心静まるBGMを流すなど、さまざまな取り組みをされています。

「御朱印めぐりは神社さん中心に行かれると思うんですけど、その周りに川があったり自然があったりするので、神社はもちろん地域を見てもらってさまざまなものを感じていただければ。神社へ行った帰りに立ち寄ったお店がおいしかったとなればそこで新しいご縁が生まれますし。そういう意味で御朱印はいいものですよね。参拝の証であり、神様や人とのご縁を結ぶものだと思います」

「特別なときじゃなくても、気軽に神社に来てもらいたい」と木田さんはおっしゃいます。

「神社は日常の一部であってほしいんです。節目の日に限らず、気持ちをリセットしたいときなどにどうぞ訪ねてきてください。正直になって神様と向き合えば、すべてに感謝して明日に向かう、そんな力を与えてくださいます」

パワーをもらえる限定御朱印と授与品

神社で頂ける授与品の一部をご紹介。
いつも身に付けて
神様の加護にあずかりましょう

カードタイプの「仕事守」（各1000円）。2種から選べます

ほかではあまり見られない、誕生日祝いの御朱印。見開きサイズで、参拝当日の日付、もしくは参拝月の吉日で頂けます。

デビュー前に教えて!

もっと知りたい御朱印Q&A

御朱印に関するマナーから素朴なギモン、御朱印帳の保管場所、御朱印帳を忘れたときのことまで、デビューの前に知っておきたいことがいろいろあるはず。御朱印の本を制作して15年以上の編集部がお答えします。

Q この本で紹介している神社でしか御朱印は頂けませんか?

A 神職常駐の神社ならたいてい頂けます

本書に掲載している神社以外でも、神職が常駐しているところなら頂けます。ただし、なかには神職がいても御朱印を頒布していない神社もあります。社務所に問い合わせてください。

Q ひとつの神社に複数御朱印があるのはなぜですか?

A 複数の神様をお祀りしているからです

主祭神のほかに、主祭神と関係が深い神様など、さまざまな神様を境内にお祀りしている神社では主祭神以外の御朱印を頒布するところもあります。いずれにせよ、参拝を済ませてから、授与所で希望の御朱印を伝えて、頂きましょう。

Q 御朱印を頂く際に納める初穂料(お金)はどのくらいですか? また、おつりは頂けますか?

A 300～500円。小銭を用意しておきましょう

ほとんどの神社では300～500円ですが、限定御朱印など特別な御朱印ではそれ以上納める場合もあります。おつりは頂けます。とはいえ、1万円札や5000円札を出すのはマナー違反。あらかじめ小銭を用意しておきましょう。「お気持ちで」という場合も300～500円を目安にしましょう。

Q ジャバラ式の御朱印帳ではページの表裏に書いてもらうことはできますか?

A 裏にも書いていただけます

墨書や印などが裏写りしないような厚い紙が使用されているものなら裏にも書いていただけます。

御朱印、頂けますか?

撮影地：伊和志津神社

Q 御朱印帳の保管場所は、やはり神棚ですか？

A 本棚でも大丈夫です

神棚がベストですが、大切に扱うのであれば保管場所に決まりはありません。本棚、机の上など、常識の範囲でどこでも大丈夫です。ただし、お札だけは神棚に祀ってください。

Q 御朱印帳を忘れたら？

A 書き置きの紙を頂きます

たいていの神社にはすでに御朱印を押してある書き置きの紙があります。そちらを頂き、あとで御朱印帳に貼りましょう。ノートやメモ帳には書いていただけません。

Q 御朱印を頂くと御利益がありますか？

A 神様を身近に感じられます

神様とのご縁ができたと思ってください。御朱印帳を通し、神様を身近に感じ、それが心の平穏につながれば、それは御利益といえるかもしれません。

Q 御朱印はいつでも頂けますか？すぐ書いていただけますか？

A 9:00〜16:00の授与が多いです

授与時間は9:00〜16:00の神社が多いです。本書では各神社に御朱印授与時間を確認し、データ欄に明記しているので、参照してください。また、どちらの神社もすぐに授与できるよう心がけてくださいますが、混雑していると時間がかかることも。時間がない場合は、御朱印を頂く前に神職に確認しましょう。

Q 御朱印帳は神社と寺院では別々にしたほうがいいですか？

A 一緒にしてもかまいません

特に分ける必要はありませんが、気になる人は分けてもよいでしょう。たいていの御朱印には日付が入っていて、前回の参拝日や参拝の回数がすぐわかるため、気に入った神社専用の御朱印帳を作るのもおすすめです。

Q 御朱印を頂くときに守りたいマナーはありますか？

A 静かに待ちましょう

飲食しながら、大声でおしゃべりしながらなどは慎んだほうがよいでしょう。

Q 御朱印を頂いたあと、神職に話しかけても大丈夫ですか？

A 行列ができていなければ大丈夫です

行列ができているときなどは避けましょう。しかし、待っている人がいないときなどには、御朱印や神社のことなどをお尋ねすると答えてくださる神社もあります。

Q 御朱印ビギナーが気をつけたほうがいいことはありますか？

A 自分の御朱印帳かどうか確認を！

難しいことを考えずにまずは御朱印を頂いてください。ちょっと気をつけたいのは書いていただいたあと、戻ってきた御朱印帳をその場で必ず確認すること。他人の御朱印帳と間違えることがあるからです。後日ではすでに遅く、自分の御朱印帳が行方不明……ということもあるので気をつけましょう。

お作法講座

GOOD MANNERS

いざ！御朱印を頂きに

さまざまなお願いごとをかなえていただき、そして、御朱印を頂くためには、正しい参拝の方法、御朱印の頂き方をマスターしておきましょう。神様は一生懸命、祈願する人を応援してくれます。難しく考えずに、こちらに書いてある最低限のマナーさえおさえればOK!　それにきちんと参拝すると背筋が伸びて、気持ちもびしっとしますよ。ここでは身につけておきたいお作法を写真で解説します。

撮影地：伊和志津神社

1 鳥居をくぐる

POINT

神道のお辞儀は数種類あり、軽く頭をさげることを「揖(ゆう)」といいます。

鳥居は「神様の聖域」と「人間界」を分ける結界という役目を担っています。まずは、鳥居の前で一礼(揖)。これは神域に入る前のごあいさつです。鳥居がいくつもある場合には一の鳥居(最初の鳥居)で一礼を。真ん中より左にいれば左足から、右にいれば右足から進みます。帰りも「参拝させていただき、ありがとうございました」という気持ちで、振り返って一礼します。

2 参道を歩く

参道を歩いて社殿を目指しましょう。歩くときは神様の通り道である真ん中「正中」を避けましょう。神社によって右側か左側か歩く位置が決まっている場合があります。

3 手水舎で清める

古来、水は罪や穢れを洗い流し清めるとされてきました。ですから、参拝前に必ず手水舎へ行って、身を清めます。

〈柄杓がない場合〉

①まずは流水で両手を清めましょう。

②手で水を取り、口をすすぎ、両手をまた流水で清めます。

〈柄杓がある場合〉

①柄杓を右手で取り、まず左手を清め、次に柄杓を左手に持ち替えて右手を清めます。

②右手に柄杓を持ち、左手に水を受けて口をすすぎ、口をつけた左手をまた水で清めます。

③最後に柄杓を立て、残った水を柄杓の柄にかけて清め、もとに戻します。

※手水舎にお作法の案内板がある場合は、それに従って身を清めましょう。

POINT

新型コロナウイルスの影響で柄杓がない神社や柄杓が使えない神社が増えています！

4 お賽銭を入れる

参拝の前に、まずお賽銭を静かに投じましょう。金額に決まりはなく、「いくら払うか」よりも、「神様へ感謝の心を込めてお供えする」ことが大切です。

POINT
鈴があれば鈴を静かに鳴らします。鳴らすタイミングは、賽銭を投じてからという方が多いようです。

5 拝殿で拝礼

拝礼は二拝二拍手一拝と覚えましょう

2回お辞儀をします。これを二拝といいます。お辞儀の角度は90度、お辞儀が済んだら二拍手。二拍手はパンパンと2回手をたたく動作です。手を合わせ、感謝の気持ちを神様にささげ、祈願を伝えましょう。次にまたお辞儀。二拝二拍手一拝と覚えましょう。拝礼が済んだら静かに拝殿から離れます。

POINT

手をたたく際、一度揃えてから、右手を左手の第一関節くらいまでさげ、たたいたら戻します。

6 御朱印を頂く

POINT
御朱印を書いていただいている間は飲食や大声でのおしゃべりは慎み、静かに待ちましょう。受け渡しは両手で。

拝礼を済ませたら、いよいよ御朱印を頂きます。御朱印はお守りやお札などを授与している「授与所」や「社務所」、「御朱印受付」と表示してある場所で、「御朱印を頂けますか?」とひと言添えて頂きましょう。御朱印帳を出すときは、カバーを外したり、ひもでとじてあるものは開きやすいように緩めてから、挟んである紙などは外し、書いてほしいページを開いて渡します。御朱印代はほとんどの神社で300〜500円。できればおつりのないよう、小銭を用意しておきます。御朱印帳を返していただいたら、必ず自分のものか確認しましょう。最近は番号札を渡されて、番号で呼ぶ神社も多いです。

無事、御朱印を頂きました!

神社の基本

開運さんぽに行く前におさえておくべき！

そもそも神社ってどういうところ？ 祈願やお祓いって何？
そんな疑問に答えます。

協力：神田神社

神社の始まり

日本人は古代からあらゆる物に神が宿っていると考え、天変地異、人間の力ではどうにもならないような災害は神の戒めだと思っていました。ですから、自然のなかに神を見いだし、平穏無事を願いました。そのため、特に大きな山や岩、滝や木などに神の力を感じ、拝んでいた場所に社を建てたのが神社の始まりです。

神社とお寺の違いは？

大きな違いは、神社が祀っているのは日本古来の神様、お寺が祀っているのはインドから中国を経由して日本に伝わった仏様ということです。仏教が伝わったのは6世紀ですが、100年ほどたつと神様と仏様は一緒であるという神仏習合《しんぶつしゅうごう》という考えが生まれます。そして明治時代になり、神様と仏様を分ける神仏分離《しんぶつぶんり》令《れい》が出されました。一般的に神社は開運などの御利益をお願いに行くところ。お寺は救いを求めたり、心を静めに行くところといわれています。

神様

仏様

神社で祀られている神様って?

日本人は「日本という国は神が造り、神が治めてきた」と思ってきました。そこで神社では日本を造り治めた神々、風や雨、岩や木に宿る神々を祀っています。さらに菅原道真公や織田信長公など歴史上に大きな功績を残した人物も神としてあがめてきました。それは一生懸命生きたことに対するリスペクトからです。

神主さんってどういう人?

神社で働く人のこと。神社内の代表者を宮司《ぐうじ》といいます。位階は宮司、権宮司《ごんぐうじ》、禰宜《ねぎ》、権禰宜《ごんねぎ》、出仕《しゅっし》の順となっています。宮司から出仕まで神に奉職する人を神職と呼び、神職を補佐するのが巫女《みこ》です。神職になるには神道系の大学で所定の課程を修了するか、神社庁の養成講習会に参加するなどが必要ですが、巫女は特に資格は必要ありません。

神社という場所とは

神社は神様のパワーが満ちている場所です。一般的には、神社に参拝するのは神様に感謝し、神様からパワーをもらうため。そのためには自分の望みは何か、意思を神様に伝え、祈願することが大事です。感謝の気持ちを忘れず、一生懸命にお願いし、行動している人に神様は力を与えてくれるからです。また災難を除けるお祓いを受ける場所でもあります。

「お祓い」を受ける理由

穢れを落とすためです。「穢れ」は洋服などの汚れと同じと考えればよいでしょう。生きるためには食事をしますが、食事は動植物の命を奪い、頂くことです。いくら必要とはいえ、他者の命を奪うことはひとつの穢れです。穢れは災難を呼びます。その穢れを浄化するのがお祓いです。ときにはお祓いを受けて、生き方をリセットすることも必要です。

神社めぐりを
もっとディープに楽しむために

知っておきたい『古事記』と神様

日本を造った神様の興味深いエピソードが書かれているのが『古事記』です。『古事記』を読むと、神社に祀られている神様のことが深く理解できます。難しそうだけど、ポイントをおさえれば神社めぐりがより楽しくなること間違いなし！

『古事記』でわかる神様の履歴

『古事記』には神々がどのように誕生し、どんな力をもっているのかなど、さまざまなエピソードが紹介されています。つまり神様のプロフィールが記されているというわけです。神社の多くが『古事記』で登場する神々を御祭神として祀っています。ですから、『古事記』を読むとその神社の御祭神のことが、より深く理解できるようになるのです。

『古事記』は日本最古の歴史書

『古事記』という書名は、「古いことを記した書物」という意味。全3巻からなる日本最古の歴史書で、日本誕生に関する神話、神武天皇から推古天皇までの歴代天皇一代記などが記されています。皇室や豪族の間で語り継がれてきた話を太安万侶《おおのやすまろ》が文字に著し編纂、712（和銅5）年、元明天皇に献上しました。

御祭神を理解してから神社に参拝

神社の御利益は御祭神のプロフィールに大きく関係しています。例えば大《おお》国主命《くにぬしのみこと》は試練を乗り越えて恋人と結ばれたと『古事記』に書かれていることから、縁結びに強く、オオクニヌシを祀る島根県の出雲大社は日本一の良縁パワースポットといわれています。ですから、神社でお願いごとをするときには、御祭神について知っておくと、その神社はどんな御利益があるかがわかるようになるのです。

『古事記』に登場する神様のなかでも まずは5大神様は知っておこう

国生みの神様、太陽神、縁結びの神様……。
大勢いる神様のなかでも絶対、
知っておきたい最重要5大神様を紹介します。

神様PROFILE

1 日本を造った国生みの神
イザナギノミコト【伊邪那岐命】

神生み、国生みの男神。イザナミを妻とし、淡路島など数々の島を生み、日本列島を造りました。アマテラスやスサノオをはじめ、多くの神々の父親でもあります。妻が亡くなると黄泉《よみ》の国（死者の国）まで会いに行くという愛情の持ち主で、夫婦円満、子孫繁栄、長命、さらに厄除けにもパワーがあります。

御祭神の神社 ➡ 自凝島神社（→P.61）、阿倍王子神社（→P.106）など

2 多くの神々を生んだ女神
イザナミノミコト【伊邪那美命】

イザナギの妻として神や日本を生んだ女神。イザナギとともに日本最初の夫婦神です。火の神を出産したことによる火傷で亡くなり、黄泉の国へ旅立ちます。そこで黄泉津大神《よもつおおかみ》として黄泉の国を支配する女王となります。神や国、万物を生み出す強い生命力の持ち主なので、参拝者の心や体にエネルギーを与えてくれます。

御祭神の神社 ➡ 諭鶴羽神社（→P.92）、弓弦羽神社（→P.130）など

3 天上界を治め、太陽を司る最高神
アマテラスオオミカミ【天照大神】

イザナギの禊によって生まれた女神。天上界である高天原を治める太陽神で八百万の神々の最高位に位置し、皇室の祖神とされています。全国の神明神社はアマテラスが御祭神で、その総本宮が伊勢神宮 内宮です。自分自身の内面を磨きたいとき、未来を開きたいときなどに力を貸してくれます。

御祭神の神社 ➡ 三石神社（→P.91）など

4 乱暴者でも正義感が強い神
スサノオノミコト【須佐之男命】

アマテラスの弟。イザナギの禊によって誕生。父からは海を治めるように命じられますが、母のいる国に行きたいと反抗したため、追放されて放浪の身に。出雲に降り、ヤマタノオロチを退治して美しい妻を得ます。乱暴者ですが、正義感が強く、厄除け、縁結び、開運など多くの願いごとに応えてくれます。

御祭神の神社 ➡ 難波八阪神社（→P.87）、祇園神社（→P.111）など

5 優しくて恋多き、モテモテの神
オオクニヌシノミコト【大国主命】

スサノオの子孫です。ワニに毛をむしられた白ウサギを助けた神話『因幡の白ウサギ』で有名です。スサノオが与えた試練に耐え、人間界を治め、出雲の国造りを行いました。『古事記』によれば多くの女神と結ばれ「百八十」の神をもうけたとあり、良縁や子孫繁栄に御利益があるといわれています。

御祭神の神社 ➡ 西宮神社（→P.50）、氷室神社（→P.59）など

相関図

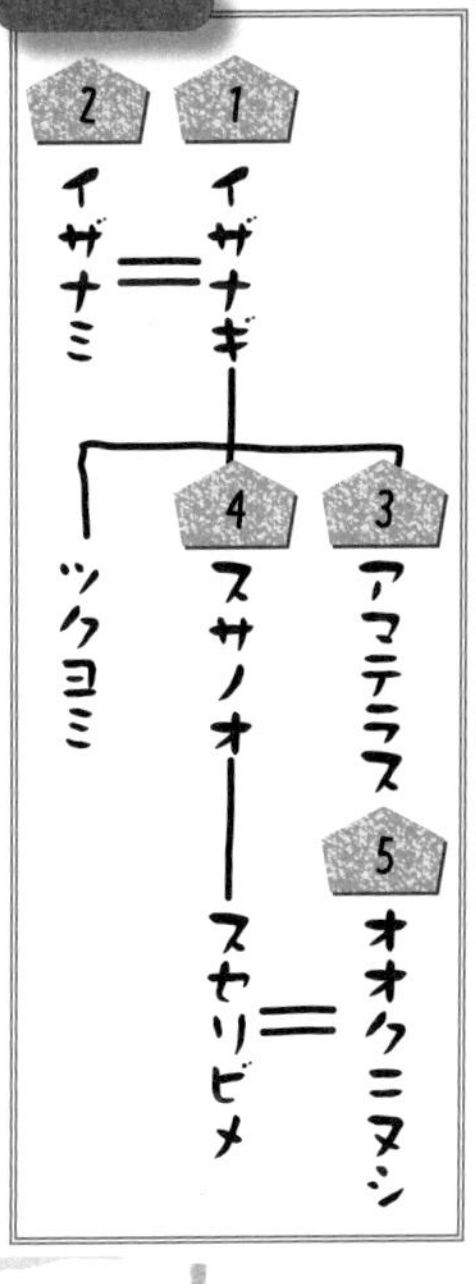

5大神様が主役。3つの神話

日本の神話で特に知っておきたい、3つの神話を『古事記』のなかからダイジェストでご紹介！

その1

日本列島とアマテラスの誕生

「国を完成させよ」と天上から命じられたイザナギとイザナミ夫婦は矛で海をかき回し、日本で最初にできた島・オノゴロ島を造ります。島に降り立ち、夫婦は島や多くの神々を生んでいき、日本列島が完成しました。ところが、イザナミは火の神を出産したときに亡くなり、黄泉の国（死者の国）へ行ってしまいます。妻を忘れられないイザナギは、妻を連れ戻しに黄泉の国に行ったものの、イザナミは屍と化した醜い姿になっていて、ビックリ！驚いて逃げる夫をイザナミは追いかけます。

壮絶な夫婦バトルの末、夫・イザナギは無事、黄泉の国から生還。イザナギは穢《けが》れを祓うため、禊を行います。この禊によって日本の神話で重要な神、アマテラスやスサノオ、ツクヨミが生まれたのでした。

Point!

多くの神様と日本列島を生んだことから、イザナミとイザナギの夫婦神は力強い生命力を与えてくれ、子孫繁栄や夫婦円満、厄除けの神様とされています。自凝島神社などに祀られています。

その2

最高神アマテラスと凶暴な神スサノオ

凶暴な性格で、父に反抗して追放されたスサノオは姉のアマテラスに会いに、神々がすむ天上界を訪ねます。天上界の最高神・アマテラスは「弟が攻めて来たのか」と疑いますが、スサノオは邪心がないことを証明。そこで姉は弟に滞在を許します。しかし、スサノオの変わらない行儀の悪さに、怒ったアマテラスは天岩戸《あまのいわと》に籠ってしまい、天上界に光がなくなってしまいました。困った神々はアマテラスを岩屋の外に出して、光を取り戻そうと連日会議。「岩屋の扉の前で大騒ぎすれば、アマテラスは様子をうかがうために外に出てくるのでは？」と考え、岩屋の外で神々の歌や踊りが始まりました。アマテラスが外をうかがおうと扉を少し開けた瞬間、力の神・天手力男神《あめのたぢからお》が扉を開き、アマテラスを引き出し世界に光が戻りました。この事件の原因でもあるスサノオは天上界からも追放されてしまいます。

その後、出雲の国に降り立ったスサノオは美しいクシナダヒメに出会います。ヒメは泣きながら、8つの頭と尾をもつ大蛇ヤマタノオロチに襲われていると訴えるのです。スサノオはオロチを退治。出雲に宮殿を建て、クシナダヒメを妻に迎え、仲よく暮らしました。

Point!

神々を治める絶対神・アマテラス。伊勢神宮をはじめ全国の神社に祀られ、人々の内面を磨いて成長させる御利益があります。スサノオは凶暴ながら愛する者のために闘うという一途さがあり、厄除け、縁結びのパワーがあります。

国造りと国譲り

オオクニヌシには八十神といわれる大勢の兄弟神がいて、いつもいじめられていました。兄弟神たちは因幡の国に住む美しい神・ヤガミヒメに求婚するため旅に出ます。オオクニヌシは彼らの荷物持ちとして同行。道中、毛皮を剥がされ八十神にいじめられた白ウサギを助けると、そのウサギは「ヒメはあなたを選ぶでしょう」と予言。そのとおりに結ばれます。怒った兄弟たちは、オオクニヌシを殺してしまいました。

しかし、オオクニヌシは母の力で麗しい男としてよみがえります。母が言うには「兄弟たちに滅ぼされる前に根の国に逃げなさい」。

逃亡先の根の国は死者の国のような場所で、出雲から移ったスサノオが住んでいました。そこでスサノオからさまざまな試練が課せられますが、スサノオの娘スセリビメにオオクニヌシは救われます。ふたりは苦難を乗り越えて結婚。根の国を出て、出雲の国を造りました。

さて、天上界ではアマテラスが地上界を平定しようとしていました。アマテラスは交渉役としてタケミカヅチを出雲に送り込みます。彼はオオクニヌシの息子と力比べをして、勝利。そこでオオクニヌシは国を譲ることになりました。その交換条件として出雲に壮大な社殿＝出雲大社が建てられ、オオクニヌシは出雲の神として祀られたのでした。

Point!

出雲大社に祀られているオオクニヌシは国を譲るなど協調性のある神様です。また女神にモテる神で出会いや縁を大切にしました。そこで人と人とを円満に結びつける縁結びの御利益があります。

出雲で
ひとふんばり

以上、駆け足でお送りしました!
パチ
パチ
パチ

この神様もおさえておきたい

神武天皇

**アマテラスの末裔が東征
国を治め初代天皇となる**

地上に降りたニニギノミコトはコノハナサクヤヒメと結婚。ふたりの曾孫であるカムヤマトイワレビコは地上界を統治するのに最適な場所を探すため、日向（今の宮崎県）を出て東に向かいます。熊野からは八咫烏《やたがらす》の案内で大和に入りました。反乱を鎮め、奈良の橿原の宮で即位。初代・神武天皇となったのです。

ニニギノミコト

**地上を支配すべく
天上界から降臨**

地上界の支配権を得たアマテラスは、天上から地上に統治者を送ることにしました。選ばれたのが、孫であるニニギノミコトです。彼は天岩戸事件で活躍した神々を引きつれて、高千穂嶺に降臨。この天孫降臨により、天上界と地上界が結びつき、アマテラスの末裔である天皇家が日本を治めていくことになりました。

あなたの悩みに応えてくれる神様がすぐわかる！

神様との縁結びチャート

どの神様をお参りしようかと迷ったら、このチャートを試してみて。

簡単な質問に答えていくだけで、今のあなたに必要なパワーを授けてくれる神様が見つかります。

どの神様も本書で紹介している神社に祀られている神様ばかり。

あなたに必要な神様が見つかったら、さっそくパワーを頂きにお参りに行きましょう。

YESは → に、NOは → に進んでください

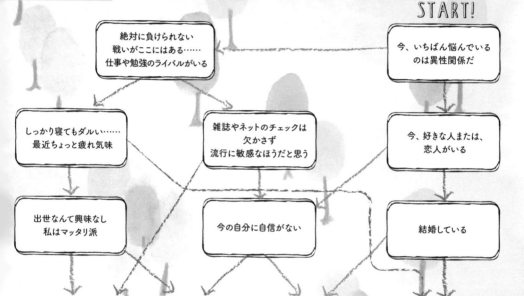

START!

今、いちばん悩んでいるのは異性関係だ

絶対に負けられない戦いがここにはある……仕事や勉強のライバルがいる

今、好きな人または、恋人がいる

しっかり寝てもダルい……最近ちょっと疲れ気味

雑誌やネットのチェックは欠かさず流行に敏感なほうだと思う

結婚している

出世なんて興味なし私はマッタリ派

今の自分に自信がない

反骨心と正義感の強い勝運、開運の神様

スサノオノミコト

どんな困難があっても、解決策を見つけて乗り越えていけて、時代の流れにも敏感でとても前向きな人のようです。でも、油断をすると思ってもみなかったような災難が襲ってきそう。スサノオノミコトは厄除けの御利益が絶大。あなたの周囲に潜む災難を遠ざけ、さらに自分を高め、キャリアアップしていけるパワーを頂きましょう。

自分磨きや未来を切り開くパワーをくれる女神

アマテラスオオミカミ

今の自分に自信がない人、ライバルはいるけれど現状維持で満足という人。ときには周囲やライバルに自分の存在をアピールすることも大切です。そこで、最高神とも呼ばれる女神のパワーを頂きましょう。ファッションセンスを磨いたり、趣味や教養を身につけたり、魅力アップの力や未来を切り開くパワーを授けてもらえます。

優しくて恋多きモテモテの神

オオクニヌシノミコト

縁結びでは最強のパワーがある神様。恋人との仲が進展しない、でも自分から行動する勇気がないという人には一歩前に進む力を授けてくれます。自分に自信のあるあなた。もしかして他人にとって少し怖い存在で孤立していませんか？仲間との協調性を身につけ、友人との良縁が結べるパワーを授けてもらいましょう。

夫婦円満と生命力をもたらす国を生んだ夫婦の神

イザナギノミコト イザナミノミコト

国を生んだ2柱の神様は愛する人のいる人に、将来、何が起きても、ふたりの仲が壊れることなく、年月を重ねるごとに絆が強くなっていく力を授けてくれます。ライバルがいるあなたはストレスで少し、お疲れ気味。そこで、神様から生命力強化のパワーを頂きましょう。重い疲れが軽くなるかもしれません。

行きつけ神社の見つけ方！

困難にぶつかったとき、気分が晴れないとき、そんなときに行きつけの神社があれば、すぐに参拝してパワーをもらえたり、心を落ち着かせたりすることができるでしょう。行きつけの神社を見つけるヒントをご紹介します

撮影地：伊和志津神社

まずは土地の守護神に参拝を

日本全国には8万社もの神社があり、そのなかから「行きつけ神社」を見つけるには、まず自分が住んでいる地域の氏神《うじがみ》・産土《うぶすな》神《がみ》をお祀りする神社を調べましょう。氏神・産土神とはその土地の守護神のことで、自分がその土地に住み始めてからずっと見守ってきてくれた神様といえます。

昔の人々は血縁関係で結ばれた集団をつくって暮らすのが普通でした。彼らが守護神としてあがめたのが氏神です。例えば藤原氏は春日権現、源氏は八幡神を氏神にしていました。

一方、産土神は血族に関係なく、その土地を守る神様として崇敬されてきました。ところが、徐々に氏神も地域の守り神となり、両社の区別は曖昧になりました。現在では氏神も産土神も、その土地の守護神と考えられ、両社を総称して氏神としています。氏神に対し、神社のある地域に住んでいる人々を氏子といい、氏子を代表して神社との連携を図る役職を「氏子総代」といいます。どこの神社が自分の住所の氏神かは神社本庁のウェブサイトで各都道府県の神社庁の連絡先を調べて、電話で問い合わせると、教えてくれます。

やはり氏神の御朱印は頂いておきたいものです。また、転居したら、最初に氏神にあいさつに行きましょう。

よくある「八幡」「稲荷」はどんな神社？

神社めぐりをしていると、○○稲荷や○○八幡など同じ名前の神社が多くあることに気がつきます。これらは同じ系列の神社で同じ祭神を祀り、同じ御利益が頂けます。ですから、チャージしたいパワーによって参拝するべき神社が社名でわかるというわけです。ここでは本書に掲載している神社に関連する信仰の一部を紹介します。

八幡信仰

京都の石清水八幡宮に代表される八幡神社は、武家の守護神として各地に祀られています。代表的な御利益は勝運。スポーツや勝負ごとだけでなく病気に打ち克つ力や弱気に勝つ力も頂けます。

稲荷信仰

祭神はウカノミタマノカミ。本来は稲の成長を見守る穀物、農業の神ですが、現在は商売繁盛や出世運の御利益でも信仰されています。営業成績アップや招福の祈願にはお稲荷さんへ行くとよいでしょう。

愛宕神社

全国に約900社あり、火伏せや防火に霊験があります。総本社は京都の愛宕神社で、大阪では池田市の愛宕神社（→P.128）が有名。3歳までに参拝すると一生火事に遭わないといわれています。

住吉神社

総本社は大阪の住吉大社（→P.46）。穢れや災厄を祓う住吉大神を祀っています。日頃降り積もった“よくないもの”を祓い、新たな一歩を踏み出せるよう後押ししてくださいます。

祇園信仰

牛頭大王および素戔嗚尊に対する神仏習合の信仰のこと。京都の八坂神社もしくは兵庫の廣峯神社（→P.77）を総本社としています。祇園祭は疫病を除けるために行われるお祭りです。

天神信仰

学問の神様とされる菅原道真公をお祀りする神社で、学業成就・合格祈願の参拝者で天神社や天満宮はにぎわいます。入試だけではなく、資格試験や昇進試験の合格祈願にも応えてくれます。

☆神社本庁ウェブサイトは
http://www.jinjahoncho.or.jp

キーワードで知る神社

神社を参拝すると聞き慣れない言葉を耳にすることがあります。
そこで、わかりにくい「神社ワード」をピックアップし、解説。
これを知れば、神社めぐりがもっと楽しくなるはず。

【荒魂《あらたま》と和魂《にぎたま》】

神様がもつふたつの霊魂

荒魂は神様の荒々しい霊魂、和魂は穏やかな霊魂のことをいいます。どちらも神道における考え方で、三重県の伊勢神宮など、それぞれを祀るお宮が存在する神社もあります。

【御神木】

神域にある神聖な木

神社のシンボルであったり、神様が降臨する際の依代《よりしろ》(目印)であったり、神域にある特定の樹木や杜を、御神木と呼んでいます。御神木に注連縄《しめなわ》を張る神社もあります。

【勧請《かんじょう》・分霊】

別の土地の神様をお迎えします

離れた土地に鎮座している神様を分霊(御祭神の霊を分けて、ほかの神社に祀ること)し、社殿に迎え、奉ること。勧請はもとは仏教用語から来た言葉です。かつて分霊を勧請するときには神馬《しんめ》の背中に御神体をのせ、移動していたといわれます。

【大麻《おおぬさ》(大幣)】

祈祷などで使われるお祓いの道具

榊の枝や棒に紙垂《しで》(和紙でできた飾りのようなもの)、麻をくくりつけたものが一般的。この大麻を振ってお祓いをします。ちなみに伊勢神宮では御神札を「神宮大麻《じんぐうたいま》」といいます。

【宮司《ぐうじ》・権宮司《ごんぐうじ》】

栄えある神社のトップポジション

宮司は祈祷から神事まで幅広く従事する神社の代表のことをいいます。また権宮司はナンバー2のことで、一部の神社で宮司と禰宜の間に置かれているポジションになります。

【斎王《さいおう》】

神様に仕える未婚の内親王や女王

伊勢神宮などに奉仕する未婚の内親王または女王のこと。斎王の「斎」は、潔斎《けっさい》(神事などの前に心身を清めること)して神様に仕えるという意味です。京都の初夏を彩る「葵祭」の主役「斎王代《さいおうだい》」は、名前のとおり斎王の代理として神事を務めます。

【御祭神《ごさいじん》・御神体《ごしんたい》】

祀られている神様と神様の居場所

御祭神は神社にお祀りされている神様のこと。神社によっては複数の神様をお祀りしていて、主として祀られる神様を「主祭神」ともいいます。御神体は、神様が降臨するときに、よりどころとなる依代(目印)のようなもの。御神体そのものは神様ではありません。

【お札・お守り】

どちらも祈願を込めて祈祷されたもの

お札は神社で祈祷された紙や木、金属板のことです。災厄を除けるとされています。お守りはお札を小さくし、袋などに入れて、持ち歩けるようにしたものです。どちらも1年に一度は新しいものに替えるとよいとされています。

【神宮《じんぐう》】

皇室とゆかりのある由緒ある神社

神宮とは、皇室のご先祖や歴代の天皇を御祭神とし、古代から皇室と深いつながりをもつ特定の神社の社号です。なかでも「神宮」といった場合は、伊勢の神宮を指します。「伊勢神宮」は通称で、正式名称は「神宮」です。

【崇敬神社《すうけいじんじゃ》】

地域にとらわれず個人で崇敬する神社

全国の神社は伊勢神宮を別格として、大きくは崇敬神社と氏神神社に分けることができます。地縁などと関係なく、個人で信仰する神社を崇敬神社といい、人生のさまざまな節目などに参拝する人も。地域の氏神様と両方信仰しても問題はありません。

【神紋《しんもん》・社紋《しゃもん》】

神社で用いられている紋

神紋・社紋どちらも同じ意味です。神社にゆかりのある植物や縁起物、公家や武家の家紋が用いられることも。天満宮系はおもに「梅(梅鉢)紋」、春日大社系は「藤紋」と、社紋を見れば神社の系統がわかります。

【榊《さかき》】

神棚や神事などに欠かせない樹

ツバキ科の常緑樹で小さな白い花をつけます。「さかき」の語源は、聖域との境に植える木、栄える木からなど諸説あります。「神事に用いられる植物」の意味から「榊」の国字になったともいわれています。

【禰宜《ねぎ》・権禰宜《ごんねぎ》】

神社トップの補佐役を担う

禰宜は権宮司がおかれていない場合、宮司の補佐役にあたります。権禰宜は職員。御朱印を授与しているのはおもに権禰宜です。境内の掃除や参拝者の対応のほか、社務所内での書類作成などのデスクワークや取材対応など広報のような役割を担うこともあります。

【幣殿《ヘイデン》】

神様の食べ物をお供えする場所

参拝者側から見て、拝殿・幣殿・本殿の縦並びが一般的。三石神社(→P.91)などで見ることができます。神事を司る人が神前で参拝するときはこちらで。通常、一般の参拝者は入ることができません。

【例祭《れいさい》】

神社の最も重要な祭祀

「例大祭」と呼ばれることも。基本的にはひとつの神社につき、例祭はひとつだけ。年に一度、日が決められていることがほとんどですが、参加者を考慮して週末などに開催されることもあります。

【巫女《みこ》】

神楽や舞を奉仕する女性

神職の補助や神事における神楽や舞を奉仕。神職にはあたらないため、資格は必要ありません(→P.35)。

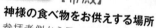

column

これを知っていれば、神社ツウ

境内と本殿様式

知ってるようで知らない境内のあれこれ。そして神様を祀る本殿の建築様式を知ると参拝がもっと楽しくなります！

参拝のための拝殿に本殿、摂社《せっしゃ》など盛りだくさん！

鳥居から本殿に向かって延びる道は参道です。参拝前に手や口を水で清めるところを手水舎《ちょうずや》＊といいます。御祭神をお祀りするのが本殿、その前にあるのが拝殿で参拝者は拝殿で手を合わせます。境内にある小さな祠《ほこら》は摂社、末社《まっしゃ》といいます。摂社は御祭神と関係が深い神様、末社にはそれ以外の神様が祀られています。拝殿前にある狛犬は、神様を守護する想像上の動物。正式には向かって右が獅子、左が狛犬です。本殿は建築様式によってさまざまなタイプがあります。いちばん大きな違いは屋根。おもな建築様式を下で紹介します。

＊「てみずしゃ」と読む場合もあり

本殿の建築様式。見分け方のポイントは屋根！

権現造《ごんげんづくり》

日光東照宮に代表される様式。拝殿と本殿の間に「石の間」と呼ばれる建物を設けています。屋根には神社ではあまり用いられない瓦葺《かわらぶき》も見られます。

神明造《しんめいづくり》

古代から伝わる高床式のスタイルで伊勢神宮が代表例。屋根には神社特有の千木、鰹木をのせています。檜皮葺《ひわだぶき》、茅葺《かやぶき》、板葺《いたぶき》がほとんどで勾配が急。

流造《ながれづくり》

神社建築で最も多いタイプ。側面から見ると正面にあたる屋根が長く前に延びているのがわかります。長く延びた部分を「庇《ひさし》」または「向拝《こうはい》」と呼びます。

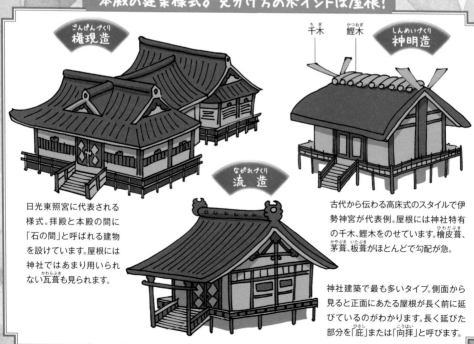

第二章

話題の神社をめぐる日帰り開運さんぽへ
週末御朱印トリップ

ウイークエンドは御朱印＆御利益をたっぷり頂きに小さな旅へ出発！
楽しさいっぱいの大阪・兵庫神社めぐり旅をご紹介。

満足度100％！ 大阪＆兵庫横断！ 最強御利益＆パワースポットめぐり

★住吉大社　★サムハラ神社
★露天神社（お初天神）
★姫嶋神社　★西宮神社
★廣田神社

P.46

福を招いて一攫千金 大阪弾丸６社参りで金運アップ

★堀川戎神社　★難波神社
★敷津松之宮 大国主神社
★今宮戎神社　★杭全神社
★瓢簞山稲荷神社

P.51

つかめ良縁！ LOVEパワー満ちる 神戸とっておき 縁結び祈願の旅

★生田神社
★神戸北野天満神社
★氷室神社
★松尾稲荷神社

P.56

神々が宿る「はじまりの島」へ 淡路島 運気上昇 参拝ドライブ

★松帆神社　★自凝島神社
★沼島八幡神社　★おのころ神社
★厳島神社(弁財天様)　★神明神社
★厳島神社（淡路島弁財天）

P.60

満足度100％！ 大阪＆兵庫横断！ 最強御利益＆パワースポットめぐり

※巻頭折込地図もあわせてご活用ください

「恋も仕事も健康もお金だって、全部手に入れたい！」そんな欲張りなあなたにおすすめのコースがこちら。1日かけて大阪＆兵庫で絶大な御利益を頂けるとうわさの6つの神社をめぐって、パワーを充電しちゃいましょう。

主祭神
底筒男命《ソコツツノオノミコト》
中筒男命《ナカツツノオノミコト》
表筒男命《ウワツツノオノミコト》
神功皇后《ジングウコウゴウ》

総合運

大阪を支える「すみよっさん」で
あらゆる御利益をコンプリート

住《すみ》吉《よし》大《たい》社《しゃ》

全国2300社を数える住吉神社の総本社であり、広い境内から堂々たる風格を感じさせる神社です。社殿は第一本宮から第三本宮までが縦に、第四本宮は第三本宮の横に並んだ珍しい配置で、4柱の祭神がそれぞれ鎮座しています。第一本宮から第二、第三、第四本宮の順にめぐるのが正式な参拝順序。そのうち底筒男命・中筒男命・表筒男命の3柱の総称である住吉大神《すみよしおおかみ》は古代、伊弉諾尊《いざなぎのみこと》が穢れを除いて心身を清めた禊祓《みそぎはらえ》で海から現れたと伝えられ、「祓《はらえ》」を司る神様です。今も国中の穢れを祓い、毎年7月31日の住吉祭では大祓の神事が行われています。また、境内だけでなく境外にも摂社・末社が鎮座し、さまざまな御利益を授かれます。願いごとに合わせてピンポイントで参拝するもよし、一社ずつじっくり参拝するもよし。厄を祓い、幸せを招く御神気をチャージしましょう。

写真提供：住吉大社

ほかの御朱印は P.17で紹介！

御朱印

墨書／奉拝、住吉大社　印／攝陽第弐之宮、住吉大社　●本社のほか摂社や末社などさまざまな御朱印が頂けます（→P.17）

御朱印帳は こちら！

表には反橋と住吉造の本殿を大胆にデザインしています。裏表紙は社紋の花菱と三つ巴です（1500円）

運気UP！授与品

お守り

星柄を織り込んだかっこいい「常勝守」（1000円）。勝運上昇の御利益が期待できます

おみくじ

縁結びの侍者（おもと）人形（→左ページ）をモチーフにした「おもとみくじ」（500円）。恋愛の行方を占う恋みくじです

DATA
住吉大社
創祀／211（神功皇后11）年
本殿様式／住吉造
住所／大阪府大阪市住吉区住吉2-9-89
電話／06-6672-0753
交通／阪堺電軌阪堺線「住吉鳥居前駅」からすぐ、南海本線「住吉大社駅」から徒歩3分、または南海高野線「住吉東駅」から徒歩5分
参拝時間／6:00〜17:00（10〜3月は6:30〜）
御朱印授与時間／9:00〜16:00
URL https://www.sumiyoshitaisha.net

モデルプラン 日帰り
8:00 南海本線「住吉大社前駅」
徒歩 約3分
8:05 住吉大社（滞在 1時間40分）
電車＋徒歩で 35分
10:20 サムハラ神社（滞在 30分）

境内の見どころ

五所御前

第一本宮の南側に位置する「五所御前」は、住吉大神を最初にお祀りしたとされる神聖な場所。玉砂利の中から「五」「大」「力」の各文字が書かれた小石を探し、3つ揃えて持っていると心願成就のお守りになるのだそうです

玉垣の中に手を入れて小石を探します

文字が書かれていない小石もあります

見つけました!

専用袋(500円)は授与所で頒布。願いを込めながら小石を入れましょう

願いがかなったら……

家の近くでひろった小石に自身で感謝の気持ちを込めて「五」「大」「力」と書き、頂いた石と一緒に"倍返し"することを忘れずに。

侍者社《おもとしゃ》

侍者人形(1000円)の背面に生年月日と名前、願いごとを記入

第四本宮のそばにあり、祭神は住吉大社初代神主とその妻神。「神と人」を結ぶ仲取り持ちの役目を担ったことから、縁結びの神として信仰されています。祭壇には良縁を祈願する人たちが奉納した侍者人形がずらり!

反橋《そりはし》

写真提供:住吉大社

一の鳥居をくぐった先にある、本宮へと続く架け橋。長さ約20m、高さ約3.5m、幅約5.5mで、最大傾斜はなんと約48度。地上の人の国から神の国につながるとされ、渡ることで罪や穢れが祓われ、清められるといわれています

月に一度の「はったつさん」で商売発達&家内安全を祈願!

初辰《はったつ》まいり

「初辰」とは毎月最初の辰の日のこと。この日に住吉大社の4つの末社をお参りすると願いがかなうとされ、早朝から大勢の参拝客でにぎわいます。願いの種を授かり、育て、収穫を得るという縁起にちなんで増益を願う願掛け方法です。

1番参り

種貸社《たねかししゃ》

まずは「願いの種」を授かる

スタートは「願いの種」を授かることから。祈祷した「お種銭(おたねせん)」を頂き、願いごとや資本の充実を祈願します。子宝の御利益も。

初辰まいり受付時間:6:00〜15:30(祈祷料1100円)

一寸法師のお椀

かの有名な「一寸法師」は、実は住吉大神の申し子。種貸社の境内には一寸法師のお椀があり、実際に乗って記念撮影ができます。

2番参り

楠珺社《なんくんしゃ》

「願いの種」を育てる

商売繁昌の神社で「願いの発達」を祈ります。こちらで種貸社・浅澤社・大歳社の御朱印も授与(→P.17)。毎月授かる「招福猫(しょうふくねこ)」が有名。

初辰まいり受付時間:6:00〜15:45(祈祷料1500円)

3番参り

浅澤社《あさざわしゃ》

女性の守護神に参拝

鳥居を出て100mほど歩いたところにある境外社。「住吉大社の弁天さん」とも親しまれ、芸事上達や美容の願いに御利益が。カキツバタの名所です。

初辰まいり受付時間:6:00〜16:00(祈祷は大歳社にて)

4番参り

大歳社《おおとししゃ》

願いを成就させる

最後に諸願成就が御利益のこちらへ。祈祷を受けると頂ける、小石に「大」と書かれた「大歳守」は集金の御利益があります。

初辰まいり受付時間:6:00〜16:00(祈祷料1000円)

おもかる石

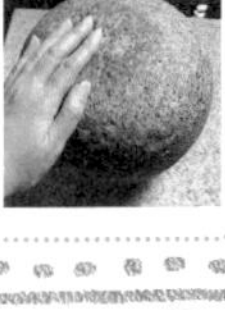

境内に鎮座する、願いの成就を占う石として人気。初辰日は行列ができることも。

17:30		16:15		15:30		14:40		13:15		11:45		11:15	
JR「西宮駅」	← 電車+徒歩で15分	廣田神社(滞在1時間)	← バス+徒歩で15分	おかめ茶屋(滞在30分)	← 徒歩5分	西宮神社(滞在45分)	← 電車+徒歩で40分	姫嶋神社(滞在45分)	← 電車+徒歩で30分	お初天神通り商店街(滞在1時間)	← 徒歩すぐ	露天神社(お初天神)(滞在30分)	← 電車+徒歩で25分

災難除け

主祭神
天之御中主大神《アメノミナカヌシオオカミ》
高皇産霊大神《タカミムスビノオオカミ》
神皇産霊大神《カミムスビノオオカミ》

厄除け効果絶大！　不思議な神字を社名に冠した神社へ

サムハラ神社《じんじゃ》

大阪のビジネス街にありながら、厳かな気に満ちた境内。サムハラという珍しい社名は神字で、身を守るパワーがあるとして、古来人々の拠りどころとなってきた言葉です。御利益は強力な災難除け。境内の周りの看板にはこちらの御利益で災難を免れた人のエピソードが多数掲げられていて、いかにそのパワーが強いかがわかります。

御朱印

墨書／奉拝、サムハラ神社　印／宝珠のなかにサムハラ、サムハラ神社、サムハラ神社之印　●感覚の鋭い人は、この4文字を目にするだけでパワーを感じることがあるのだそう

運気UP！授与品

お守り

「サムハラ」の文字が刻まれた銭の形の「銭形肌守」（1000円）。災厄や傷、病気を退ける御利益があるとか

DATA
サムハラ神社
創建／1945（昭和20）年頃
本殿様式／流造
住所／大阪府大阪市西区立売堀2-5-26
電話／06-6538-2251
交通／大阪メトロ「阿波座駅」から徒歩5分、または大阪メトロ長堀鶴見緑地線「西大橋駅」から徒歩8分
参拝時間／自由
御朱印授与時間／9:00～16:30
URL https://www.samuhara.or.jp

見どころCheck!

パワー宿る神字「サムハラ」とは

学者による研究でも由来がわからないほど古く、加藤清正が刀に刻んで難を逃れたとか、サンスクリット語が語源などといわれています。唱えるだけ、眺めるだけでも功徳があるそうです。

𢬵《サ》𢭏《ム》𢬵《ハ》𢮦《ラ》

縁結び

主祭神
少彦名大神《スクナヒコナノオオカミ》
大己貴大神《オオナムチノオオカミ》
天照皇大神《アマテラススメオオカミ》
豊受姫大神《トヨウケヒメノオオカミ》
菅原道真公《スガワラノミチザネコウ》

永遠の愛を手に入れたいならこちらでラブパワーを注入！

露《つゆの》天《てん》神《じん》社《じゃ》（お初《はつ》天《てん》神《じん》）

高層ビルの谷間にたたずむ緑いっぱいの境内は、喧騒を感じない不思議な空間。1703（元禄16）年に境内で実際にあったお初と徳兵衛の心中事件は、人形浄瑠璃『曽根崎心中』のモデルになりました。この作品は大評判となり、老若男女が参拝に訪れたとか。悲恋ながらも、ふたりが貫き通した純愛のように「結ばれない恋を成就させたい」「永遠の愛を手に入れたい」人は、必ずお参りしましょう。最強のラブパワーで縁結びの効果は絶大です。

絵馬

心も姿もキレイになれますように

目や鼻を自分で描き入れる美人絵馬（700円）

見どころCheck!

お初と徳兵衛の恋物語にあやかった恋人の聖地

本殿に向かって左側、お初と徳兵衛ゆかりの地にある慰霊像は、恋愛成就のパワースポットとして必ず参拝したい場所。ふたりの像に熱心に願掛けするカップルもいるとか。

ランチはここで!

神社前の商店街をそぞろ歩き

終戦直後から露天神社の境内に飲食店が集まり、商店街を形成した「曽根崎お初天神通り商店街」。今では梅田界隈で働く人々のおなかを満たす食事処として昼夜にぎわっています。1950（昭和25）年の創業以来、大阪名物のお好み焼きを提供し続ける「ゆかり」など、人気店がずらりと立ち並びます。

豚・イカ・エビが入った特選ミックス焼（1450円）が一番人気

DATA
お好み焼 ゆかり曽根崎本店
住所／大阪府大阪市北区曽根崎2-14-13
電話／06-6311-0214
交通／大阪メトロ谷町線「東梅田駅」から徒歩1分、または大阪メトロ御堂筋線「梅田駅」から徒歩3分
営業時間／11:00～23:00 (22:00 LO)
休み／不定休

御朱印

墨書／露天神社、参拝　印／摂津曽根崎、お初天神、巴と菊の紋、お初と徳兵衛、露天神社　●お初と徳兵衛の印は着物やかんざしがカラフル

御朱印帳はこちら!

裏

社殿の表紙を裏返すとお初＆徳兵衛が寄り添う姿が。参拝の道中無事を祈願したお守り付き（2200円、御朱印を含む）

お守り

大切な人とひとつずつ持ちたい、お香入りの「幸結び」（各600円）

DATA
露天神社（お初天神）
創建／約1200年前　本殿様式／神明造
住所／大阪府大阪市北区曽根崎2-5-4
電話／06-6311-0895
交通／JR「大阪駅」、阪急・阪神・大阪メトロ御堂筋線「梅田駅」から徒歩10分、大阪メトロ谷町線「東梅田駅」から徒歩5分、またはJR東西線「北新地駅」から徒歩5分
参拝時間／6:00～23:30　御朱印授与時間／10:00～17:00
URL http://www.tuyutenjin.com

運気UP! 授与品

絵馬

良縁成就祈願の絵馬（800円）は縁結びの願掛けにおすすめです

主祭神
阿迦留姫命《アカルヒメノミコト》

美容健康

「今までの自分を脱したい!」新たな誓いを立てるならここで

姫《ひめ》嶋《じま》神《じん》社《じゃ》

祭神は夫に愛想をつかし、新天地で女性たちにさまざまな技術を教えて再出発を図った美しい女神様。決断と行動の神様、美の神様として信仰されてきました。神社は大阪大空襲により社殿や宝物を焼失、祭神のようにゼロからの出発となり、「やりなおし神社」と呼ばれるように。新たな自分をスタートさせる場所として最適です。

限定御朱印と御朱印帳はP.18・27で紹介!

御朱印

墨書／順風満帆　印／決断と行動の神さま、姫嶋神社、大鳥居　●御朱印の受付ができない日があるため、御朱印を頂く場合は必ず事前にHPの確認を

お守り

金文字で「美」と書かれた「美守り」（600円）。好きな柄を選んで

「順風満帆守り」（800円）。物事が順風満帆に進むようにという願いが込められています

運気UP! 授与品

おみくじ

ダルマ形のかわいらしい「姫みくじ」（500円）

DATA
姫嶋神社
創建／不詳 ※現在の宮司で30代目
本殿様式／不詳
住所／大阪府大阪市西淀川区姫島4-14-2
電話／06-6471-5230
交通／阪神本線「姫島駅」から西へ徒歩6分
参拝時間／自由
御朱印授与時間／10:00～12:00、13:00～16:00
※受付不可の日もあるためHPにて要確認
URL https://himejimajinja.wixsite.com/himejimajinja

見どころCheck!

「はじまりの碑」に再出発を誓う

遥拝石であるとともに、神様のパワーにあやかる祈願所でもあります。本殿で参拝後、赤い玉に目標や断ち切りたい物事を念じ、穴へ投げ入れたら、帆立絵馬を碑にかけましょう。神様が新たなスタートをあと押ししてくれます。

授与所で800円を納めて帆立絵馬と赤い玉を頂きましょう

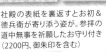

主祭神
エビスオオカミ（ヒルコオオカミ）
えびす大神（蛭児大神）
アマテラスオオミカミ
天照大御神
オオクニヌシノオオカミ
大国主大神
スサノオノオオカミ
須佐之男大神

金運

笑顔の福の神の総本社で
開運招福をお願い！

西《にしの》宮《みや》神《じん》社《じゃ》

商売の神様・えびすさまをお祀りする神社の総本社。十日えびすの神事「福男選び」でもおなじみです。こちらを崇敬して成功を収めた起業家や経営者は、数えきれないほど。えびすさまは親しみとともに信仰されてきた庶民の神様です。諸願を祈念し、志を持って笑顔を絶やさず努力していれば、きっと大きな福運に恵まれるはず。

御朱印

墨書／奉拝、西宮神社　印／えびす宮総本社、三柏紋、西宮神社　●流麗な文字の御朱印です。「参拝なさった皆様もえびすさまのように笑顔の毎日を過ごされますように」と神職の方

御朱印帳はこちら！

青一色のなか、織りの違いで表にえびすさま、裏に神事「福男選び」の様子をあしらっているのが光の加減で美しく浮かびます（1000円）

運気UP! 授与品

お守り

縁起がよいゴールドカラーの「金運守」（500円）

DATA
西宮神社
創建／平安時代頃
本殿様式／三連春日造（西宮造）
住所／兵庫県西宮市社家町1-17
電話／0798-33-0321
交通／阪神本線「西宮駅」から徒歩5分
参拝時間／5:00～18:00（春夏は～19:00）
御朱印授与時間／9:00～17:00
URL https://nishinomiya-ebisu.com

ひと休みスポット

西宮神社境内のお茶屋さん

参拝後は境内・神池の横にたたずむ「おかめ茶屋」へ。名物の甘酒をはじめ、みたらし団子の「満足団子」やミニサイズの「ちび鯛焼き」などの甘味が頂けます。

DATA
おかめ茶屋
電話／0798-35-5053
営業時間／9:00～15:00
休み／なし

仕事
学業

主祭神
アマテラスオオミカミアラミタマ
天照大神荒魂

阪神タイガースも必勝祈願！
連戦連勝パワーで勝利をつかむ

廣《ひろ》田《た》神《じん》社《じゃ》

卑弥呼のような巫女パワーをもっていたと伝わる神功皇后が創建。天照大神から進むべき道を示され、霊宝「釼《けん》珠《じゅ》」の守護を得て連戦連勝を重ねて国を守ったことから、合格の御利益、困難に打ち勝つ神社として開運を祈願する参拝者が後を絶ちません。地元・阪神タイガースの球団関係者が必勝祈願に訪れることでも知られています。

3月末から4月上旬、およそ2万平方メートルの神苑内に県天然記念物コビノミツバツツジが開花。例年4月第1日曜につつじ祭を開催

御朱印帳はP.24で紹介！

御朱印

墨書／奉拝、天照皇大神荒魂　印／近畿二十二社、三つ横見菊、廣田神社　●廣田神社は朝廷が特に重視した近畿「二十二社」のひとつ。御神名の墨書は珍しい

運気UP! 授与品

お守り

虎ファンなら持っていたい虎模様の「勝運守」（1000円）

「仕事守」（各1000円）で仕事運上昇！　白と紺の2色あり

霊宝「釼珠」

神功皇后が海中から得たと伝えられる宝珠。水晶玉の中に剣が見えます

DATA
廣田神社
創建／201（神功皇后元）年
本殿様式／神明造
住所／兵庫県西宮市大社町7-7
電話／0798-74-3489
交通／阪神バス・阪急バス「広田神社前」からすぐ
参拝時間／自由
御朱印授与時間／9:00～18:00
URL http://www.hirotahonsya.or.jp

福を招いて一攫千金
大阪弾丸6社参りで金運アップ

商業の中心地として江戸時代には「天下の台所」とうたわれた大阪。多くの商人が往来しただけあって、金運に御利益のある神社がたくさん鎮座します。なかでも、絶対行くべき神社をピックアップ！　すべて参拝すれば、福と金運を引き寄せること間違いなしです。

主祭神
蛭児(蛭子)大神《エビスノオオカミ》
少彦名命《スクナヒコナノミコト》
天太玉命《アメノフトダマノミコト》

まずは商売繁昌の神様に
開運&招福パワーを頂こう

堀《ほり》川《かわ》戎《えびす》神《じん》社《じゃ》

1400年以上前に創祀されたと伝わる由緒ある神社です。商売繁昌・産業発達の守護神を祀り、大阪を中心に「堀川のえべっさん」と慕われています。特に有名なのが年始のお祭り「十《とお》日《か》戎《えびす》」です。江戸時代中期から年々盛大となり、「ミナミの今宮（↓P.53の今宮戎神社）、キタの堀川」と並び称されたほど。現在も毎年1月9～11日の「十日戎宝の市神事」には商売繁昌を願う参詣者数十万人が訪れ、200を超える夜店が軒を連ねます。

願いがかなったお礼に
地車の模型や絵馬を
奉納！

境内に鎮座する榎木神社は地車（だんじり）稲荷神社とも呼ばれ、願いがかなうと、その夜に「地車ばやし」が聞こえるといわれています。商売繁盛に御利益がある稲荷神社ですが、こちらの神様のお使いは狐ではなく狸なのだとか

DATA
堀川戎神社
創建／欽明天皇の御代(550年頃)
本殿様式／流造
住所／大阪府大阪市北区西天満5-4-17
電話／06-6311-8626
交通／大阪メトロ「南森町駅」1番出口またはJR東西線「大阪天満宮駅」地下鉄1番出口から徒歩3分
参拝時間／6:00～20:00
御朱印授与時間／6:00～20:00
URL http://www.horikawa-ebisu.or.jp

運気UP! 授与品

お守り

カードの裏に名前とお願いごとを書き込み携帯できる「心願成就カード守」1000円

神社に由緒のある御霊代（みたましろ）の玉を模した「玉戎」(1万円)。錦袋入り

絵馬

「地車絵馬」(4000円)は、狸が地車をひく様子が描かれています

※巻頭折込地図もあわせてご活用ください

御朱印

墨書／奉拝、堀川戎神社　印／福徳円満、宝船、堀川神社
●商売繁盛に御利益がある神社らしく、波間に浮かぶ宝船の印が押されます

モデルプラ
日帰り

7:10 「大阪駅」
徒歩 20分
7:30 堀川戎神社（滞在1時間）
電車+徒歩で 30分
9:00 難波神社（滞在45分）
電車+徒歩で 15分
10:00 敷津松之宮(大国主神社)（滞在50分）
徒歩 20分
11:00 今宮戎神社（滞在1時間）
電車+徒歩で 10分
12:10 難波周辺でランチ（滞在1時間）
電車+徒歩で 20分
13:30 杭全神社（滞在30分）
電車+徒歩で 1時間
15:00 瓢簞山稲荷神社（滞在1時間）
電車+徒歩で 45分
16:45 「大阪駅」

主祭神
仁徳天皇《ニントクテンノウ》
素盞嗚尊《スサノオノミコト》
宇稲魂命《ウガノミタマノミコト》

大阪のど真ん中で
厄を祓って福を呼ぶ

難波神社《なんばじんじゃ》

大阪のメインストリート御堂筋からほど近い場所にありながら、境内は静かな雰囲気。金運アップを願うなら、本殿はもちろん商売繁昌の御利益で有名な摂社へも必ず参拝を。存在感抜群の御神木は樹齢400年以上の楠。第2次世界大戦の大阪大空襲でもたくましく生き残ったことから、生命力みなぎるパワースポットとして人気です。

御朱印帳はP.25で紹介!

御朱印

墨書／奉拝、難波神社　印／アヤメの社紋、難波神社、菖蒲の印　●かわいい菖蒲の花が押印されます。先々代宮司による切り絵を取り入れています

運気UP! 授与品

福を招くという「ぎんなん守」（500円）。かわいらしい顔に癒やされます

お守り

菖蒲の花の絵柄が織り込まれた「心願成就守」（500円）

DATA
難波神社
創建／406（反正天皇元）年
本殿様式／不詳
住所／大阪府大阪市中央区博労町4-1-3
電話／06-6251-8000
交通／大阪メトロ「心斎橋駅」3番出口または大阪メトロ「本町駅」13番出口から徒歩5分
参拝時間／6:00～18:00（10～3月は6:30～）
御朱印授与時間／9:30～17:00
URL https://www.nanba-jinja.or.jp

見どころCheck!

豪商が商売繁昌を祈願したお宮

本社の西側にひっそりたたずむ摂社の博労稲荷（ばくろういなり）神社。江戸時代に船場の豪商からあつい信仰を集めていただけあり、強いパワーがみなぎっています。

主祭神
素盞嗚命《スサノオノミコト》
大国主命《オオクニヌシノミコト》

優しくほほえむ大国様が
財運を授けてくれる

敷津松之宮《しきつまつのみや》
大国主神社《おおくにぬしじんじゃ》

素盞嗚命を祀る敷津松之宮と、大国主命を祀る摂社の大国主神社が同じ境内に鎮座しています。金運の絶大な御利益があると有名な授与品が「種銭」です。一所懸命仕事をがんばっている人にお金がめぐってくるよう祈願された人気のお守り。お財布に入れて持ち歩くと、お金の種が育つように金運に恵まれるといわれています。

見どころCheck!

高さ約2m! 巨大な木彫りの大国様

大国主神社に祀られている「日出大国像（ひのでだいこくぞう）」。名前のとおり胸の前に真っ赤な太陽があり、強力な力を頂けそうです。

御朱印

墨書／奉拝、日出大國神、大國主神社　印／小槌に大阪七福神、摂津・木津・大國主神社、大國主神社
●神官が御祈祷や不在時、1月1日～2月6日、7月15～18日は書き置き

DATA
敷津松之宮 大国主神社
創建／不詳
本殿様式／不詳
住所／大阪府大阪市浪速区敷津西1-2-12
電話／06-6641-4353
交通／大阪メトロ「大国町駅」2番出口から徒歩1分
参拝時間／9:00～16:00
御朱印授与時間／9:00～16:00

運気UP! 授与品

お財布や金庫に入れて

お守り

「種銭」（500円）

主祭神
天照皇大神《アマテラススメオオカミ》
事代主命《コトシロヌシノミコト》

“念押し参り”でガッチリ祈願!
福徳円満でにっこり「えびす顔」

今《いま》宮《みや》戎《えびす》神《じん》社《じゃ》

大阪で金運アップをお祈りするなら、欠かせない神社。商売繁盛の神様「えべっさん」こと、えびす様を祀っています。参拝する際に忘れてはならないのが「念押し参り」。正面からお参りしたあとに、本殿裏の銅鑼《どら》をたたいて、その場でもう一度お祈りすれば、えびす様に願いがしっかり届くといわれています。1月に催される十日戎《とおかえびす》では、ひときわにぎやかな雰囲気に包まれますが、普段はえびす様の笑顔のように穏やかで優しい空気が満ちています。

見どころCheck! 3日間で100万人が訪れる大祭・十日戎

1月9～11日に行われ、大勢の参詣者でにぎわいます。「商売繁盛　笹もってこい」と独特のお囃子が響くなか、笑顔の福娘たちが参拝者の持つ福笹に吉兆（きっちょう／縁起物の小宝）を結んでくれます。

商売繁盛じゃ笹もってこい!

本殿の裏側（えびす様がいらっしゃる一番近く）から銅鑼を鳴らすと、お参りに来たこと&願いごとがバッチリ伝わるといわれています

運気UP! 授与品

お守り

金色に輝くカードサイズの「金運守」（1500円）。商売繁盛、事業繁栄、福徳円満に御利益あり!

御朱印帳

十日戎の笹をあしらった朱印帳（1700円）。黒、青、ピンク、白の計4種類

神符

福小判、福徳守、開運守の三体が入っている神社の御札。それぞれのお守りのみの授与も行っています（2000円）

十日戎を象徴する小宝「吉兆」は通常時も頂けます

※本物の笹のみ十日戎限定

お守り

神様とのご縁を結ぶ「神縁守」（1000円）。ダイヤモンドを練り込んだ糸で縫製しています

授与品

大漁祈願や釣行安全の願いが込められた大漁守+ステッカー（1500円）。お守りに好みのステッカー1枚が付いています。※ステッカーのみの授与は行っておりません

金笹

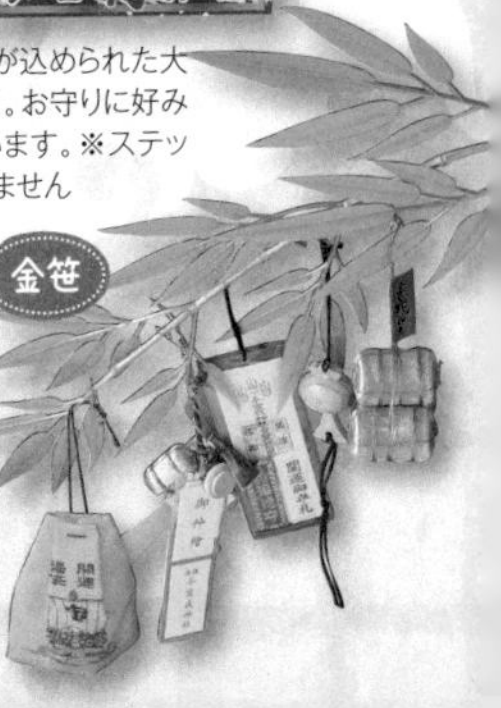

小さい「小宝・吉兆類」が結んである金色の笹。生の笹は十日戎三日間だけだが、金笹については年間を通して授与しています（5000円）

御朱印

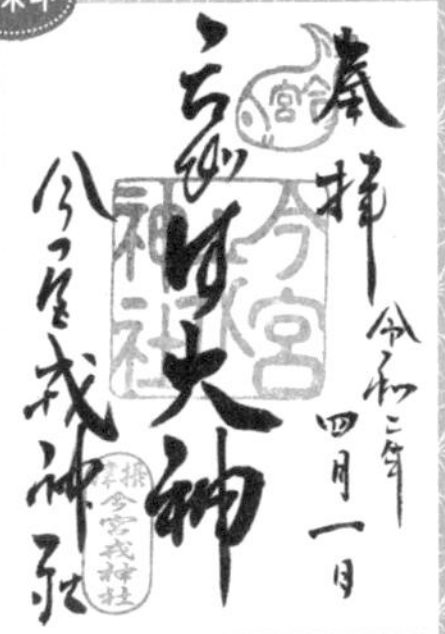

墨書／奉拝、えびす大神、今宮戎神社　印／鯛に今宮、今宮戎神社、摂津・今宮戎神社　●鯛にちなんだ印が、かわいらしいです。季節の限定御朱印もあります

DATA
今宮戎神社
創建／600（推古8）年
本殿様式／流造
住所／大阪府大阪市浪速区恵美須西1-6-10
電話／06-6643-0150
交通／南海高野線「今宮戎駅」からすぐ、または大阪メトロ「大国町駅」「恵美須町駅」から徒歩5分
参拝時間／6:00～22:00
御朱印授与時間／9:00～17:00
URL https://www.imamiya-ebisu.jp

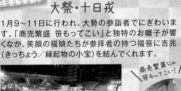

主祭神
素盞嗚尊《スサノオノミコト》
熊野三所権現《クマノサンショゴンゲン》

強力な金運アイテムで
富&財を引き寄せる

杭全《くまた》神《じん》社《じゃ》

金運アップの御利益で有名なゆえんは「福の種」。はるか昔、疫病が流行したときに御神像から授けられた籾《もみ》を田に植えたところ、疫病が収まり豊作に恵まれたことから、春の御田植神事で金運向上・攘災招福を祈念した籾「福の種」を配るようになりました。一粒萬倍の御利益があり、お財布に入れておくとお金に困らないそうです。

御朱印

墨書／奉拝、杭全神社　印／杭全神社之印、摂津平野郷・参拝紀念杭全神社　●丸印の中に熊野信仰に由来するカラスがかわいらしく描かれています

運気UP! 授与品

お守り

数量限定! 籾がひと粒入っています

「福の種」は参拝時に希望し、その年の分があれば頂けます。「授与所でお尋ねください」とのこと

DATA
杭全神社
創建／862（貞観4）年
本殿様式／春日造（第一・第三本殿）、流造（第二本殿）
住所／大阪府大阪市平野区平野宮町2-1-67
電話／06-6791-0208
交通／JR関西本線「平野駅」から徒歩6分
参拝時間／5:30～日没
御朱印授与時間／8:00～17:00
URL https://kumata.jp

祈願すると母乳の出がよくなる、胸部の病が治るといわれる樹齢500年以上の垂乳根（たらちね）のイチョウ。乳児を抱くママや病気治癒を願う人たちのお参りが絶えません

主祭神
保食大神《ウケモチノオオカミ》

神様のありがたいお告げで
成功への道が開ける!?

瓢《ひょう》箪《たん》山《やま》稲《いな》荷《り》神《じん》社《じゃ》

瓢箪山古墳の上に社殿がある神社で、日本三稲荷のひとつとされています。祭神には五穀豊穣の御神徳があることから、作物の豊作＝商売繁昌・金運上昇の御利益が。辻（交差点）を通る人の言動などをもとにした御神徳を授かる「辻占《つじうら》」の総本社として知られ、この御神断によって事業が繁栄したという実例が多数あります。

運気UP! 授与品

お守り

瓢箪山稲荷大神の御神像が描かれたヒョウタン。交通安全商売繁昌瓢箪（右から金1200円、塗・木地各800円）

DATA
瓢箪山稲荷神社
創建／1583（天正11）年
本殿様式／不詳
住所／大阪府東大阪市瓢箪山町8-1
電話／072-981-2153
交通／近鉄奈良線「瓢箪山駅」から徒歩3分
参拝時間／自由
御朱印授与時間／9:00～16:00
URL https://www.facebook.com/hyotanyama.inari

見どころCheck!

「おみくじ、あぶりだし、やきぬき」で神断

「辻占判断」をする時間がない人などに「辻占おみくじ」はおすすめ。通常のおみくじと、火で文字をあぶり出す「あぶりだし」、同じく火を紙に当てると運勢が焼きぬかれる「やきぬき」の3種の結果で占います。

御朱印

御朱印帳はP.25で紹介!

墨書／奉拝、河内國 辻占総本社、瓢箪山稲荷神社　印／瓢箪山、瓢箪山稲荷神社之印、社殿　●古墳の形に由来した「瓢箪山」の名前が神社名に

大阪市内の パワスポ & 見どころ

秀吉公の立身出世パワーにあやかる

大《おお》阪《さか》城《じょう》天《てん》守《しゅ》閣《かく》

威風堂々とそびえる大阪のシンボル。豊臣秀吉公によって築城、落雷による焼失などを経て、現在の天守閣は1931（昭和6）年に再建された3代目です。高さ約55m、5層8階建ての内部は博物館になっていて、映像や模型で百姓から天下人まで上りつめた秀吉公の生涯や大阪城の歴史を知ることができます。8階展望台からは大阪の街を一望！

気分はまるで秀吉公！

天守閣2階で試着体験！　秀吉公や真田幸村など戦国武将の復元兜（かぶと）と陣羽織を試着し、写真撮影ができます（1名1回500円）

DATA
大阪城天守閣
住所／大阪府大阪市中央区大阪城1-1
電話／06-6941-3044
交通／大阪メトロ「谷町4丁目駅」「天満橋駅」「森ノ宮駅」、またはJR大阪環状線「森ノ宮駅」「大阪城公園駅」から徒歩20分
営業時間／9:00～17:00（最終入館～16:30）
休み／12月28日～1月1日
料金／大人600円、中学生以下無料
URL https://www.osakacastle.net
写真提供:©大阪城天守閣

櫓《やぐら》

城内の要所に位置する監視や防御の要。城内に現存する最古の建物のひとつである千貫櫓（せんがんやぐら）は重要文化財に指定

伏虎《ふくこ》

現在の天守閣で使われている伏虎や鯱（しゃちほこ）の原寸大レプリカを展示。その大きさと輝きに圧倒されること間違いなしです

秀吉公ゆかりの品々や戦国時代の資料などを展示。黄金の茶室原寸大模型や大坂城本丸復元模型など、見どころ多数

最強キューピッドが縁結び

愛《あい》染《ぜん》堂《どう》勝《しょう》鬘《まん》院《いん》

593（推古天皇元）年に聖徳太子によって創建。縁結びの御利益は仏教神のなかで最強&最高といわれる愛染明王を祀るほか、名作映画「愛染かつら」のモデルになった縁結びの霊木が境内にあります。良縁を望む人や愛を深めたい人は絶対参拝したい場所です。

飲めば良縁はもちろん幅広く御利益ありと評判の「愛染めの霊水」

お守り

「愛染明王 良縁成就のお守り」（赤と白のセット1000円）。ひとりなら重ねて持ち、カップルなら男性が白、女性が赤を持って

御朱印

墨書／奉拝、愛染明王、勝鬘院愛染堂　印／四国愛染第一番、荒陵山勝鬘院愛染堂　●書き置きのみ

DATA
愛染堂勝鬘院
住所／大阪府大阪市天王寺区夕陽丘町5-36
電話／06-6779-5800
交通／大阪メトロ地下鉄谷町線「四天王寺前夕陽ヶ丘駅」5番出口から徒歩3分
参拝時間／9:00～17:00
御朱印授与時間／9:00～16:30
URL http://www.aizendo.com

足の裏を触れば幸せに!?

ビリケンさん

ぽ～んと前に足を投げ出して、ほほ笑みを浮かべる愛嬌のある顔。ビリケンさんは、足の裏をなでると福が訪れるといわれる幸運の神様です。特に有名なのが通天閣5階にいるビリケン像。大阪市街を一望できる黄金の展望台で人々を出迎えてくれます。

DATA
URL http://www.billiken.jp

台座には「物事のあるべき姿を司る神様」という意味の言葉が……

現在通天閣にいるのは3代目ビリケンさんです

「開運袋」や「ビリケン ラッキーカード」など、福を呼び込んでくれそうなグッズがたくさん

少し足を延ばして

巨大古墳に古代ロマンを感じる

2019年に世界遺産に登録された百舌鳥（もず）古墳群の一角にある世界最大級の墓・仁徳天皇陵古墳に隣接。「百舌鳥古墳群シアター」では、約200インチの大型スクリーンでVR作品を上映しています。迫力満点の映像で、古代権力者の力の象徴ともいわれる古墳群の雄大さを体感！

仁徳天皇陵古墳はなんと全長約486m。周囲を1周するのに1時間はかかるそう

DATA
堺市博物館
住所／大阪府堺市堺区百舌鳥夕雲町2丁 大仙公園内
電話／072-245-6201
交通／JR阪和線「百舌鳥駅」から徒歩7分
営業時間／9:30～17:15（最終入館～16:30）
休み／月曜、年末年始 ※祝・休日は開館
料金／大人200円、高校・大学生100円、小・中学生50円
URL https://www.city.sakai.lg.jp/kanko/hakubutsukan/

「百舌鳥古墳群シアター」は観覧無料

つかめ良縁！ LOVEパワー満ちる 神戸とっておき縁結び祈願の旅

日帰りコース 3
兵庫

ロマンティックな街並みが魅力の港町・神戸は、「ご縁結びのいくたさん」と親しまれる生田神社など、恋愛成就や縁結びに御利益のある神社がたくさん。強力な力をもつ神様にお願いして、赤い糸をガッチリ結びましょう。

女神様が紡ぐ縁結びの力で 良縁運アップ間違いなし！

主祭神
ワカヒルメノミコト
稚日女尊

生《いく》田《た》神《じん》社《じゃ》

神社に祀られているのは、機織りの女神様。神職の方は「糸と糸を織りなすように、人と人のよきご縁を結んでくださる神様ですよ」とおっしゃいます。鮮やかな朱色の社殿は眠っていた女子力を目覚めさせ、パワーをくれる華やかさです。また、境内南側、二の鳥居をくぐってすぐ右手にある境内社・松尾神社の杉の木の下で縁結びを願うと成就するといううわさがあります。生田の森の池におみくじを浸して運勢を占う「水みくじ」もお忘れなく。

見どころCheck! 神前結婚式で永遠の愛を誓う

神聖な静寂が包む朱塗りの本殿で行う伝統の神前結婚式は戦前から。神戸市内のウエディングでも式場に神様の力をおうつしして、夫婦円満のご縁を結ぶ祈祷を行っています。

御朱印

墨書／奉拝、生田神社　印／八重桜紋、生田神社　●古謡（こよう）にも歌われ、古来桜の名所であった生田神社は、八重桜が社紋として伝わっています

御朱印帳はこちら！

桜と生田の森にある小川の水流をイメージした御朱印帳（各1500円）は、ブルーとピンクの2色。裏表紙には社紋の八重桜と神社名入りです

DATA
生田神社
創建／201（神功皇后元）年
本殿様式／春日造
住所／兵庫県神戸市中央区下山手通1-2-1
電話／078-321-3851
交通／JR神戸線「三ノ宮駅」または阪急・阪神「神戸三宮駅」から徒歩10分
参拝時間／7:00～17:00 ※季節により変動あり
御朱印授与時間／9:00～17:00
URL https://ikutajinja.or.jp

運気UP! 授与品

青と赤の2色の縁結び守「たまき」（各1000円）。祭神の象徴である糸に、よきご縁が永遠に続くことを祈念したメビウスの輪のチャームが付いています

モデルプラン 日帰り

- 8:50 「三ノ宮駅」
- 徒歩 10分
- 9:00 生田神社（滞在 1時間）
- 徒歩 15分
- 10:15 神戸北野天満神社（滞在 45分）
- 徒歩 すぐ
- 11:00 神戸北野異人館街（滞在 2時間）
- 徒歩 歩3分
- 13:00 レストラン 花の館 パラディ北野（滞在 1時間）
- バス+徒歩で 30分
- 14:30 氷室神社（滞在 1時間）
- バス+徒歩で 30分
- 16:00 松尾稲荷神社（滞在 1時間）
- バス+徒歩で 15分
- 17:15 三ノ宮駅」

主祭神
菅原道真公《スガワラミチザネコウ》

神戸の街と港を一望する
天空の神社で恋をかなえる

神戸《こうべ》
北《きた》野《の》天《てん》満《まん》神《じん》社《じゃ》

港の見える丘の上から神戸を見守り続けてきた神社。急な石段を上った先に、静寂に包まれた境内が広がります。祭神の菅原道真公は、「天神様」の名で学問の神様としてあつい信仰を受けています。縁結びとは無縁のようですが、境内には恋愛成就を願う女性に人気のスポットが。それが手水所にある鯉の像「叶い鯉」です。元来は通常の手水として使われていましたが、自然と鯉に手を合わせる人が増え、いつしか恋がかなう聖地といわれるようになりました。

拝殿前の境内からは、神戸北野異人館街のシンボルともいえる風見鶏の館や、神戸の街並みを一望できます

御神牛

頭をなでると賢く、自分の体の悪い部分と同じ場所をさすると回復するといわれています

見どころCheck! 「叶い鯉」に「恋」の成就をお願い

鯉に水をかけて祈願すると願いがかなうというパワースポットです。水を「鯉」にかけることが「恋」にかけるにつながり、特に恋愛成就に御利益があるとされています。良縁を祈願する絵馬はこちらに奉納を。

ハート形の「叶い恋絵馬」に願いを込めて

運気UP! 授与品

良縁・恋愛成就を祈願する鯉の張子「叶い鯉（恋鯉守り）」（800円）。願いごとや目を書き入れて手水舎へ奉納します。お守りとして持ち帰ってもOK

お守り

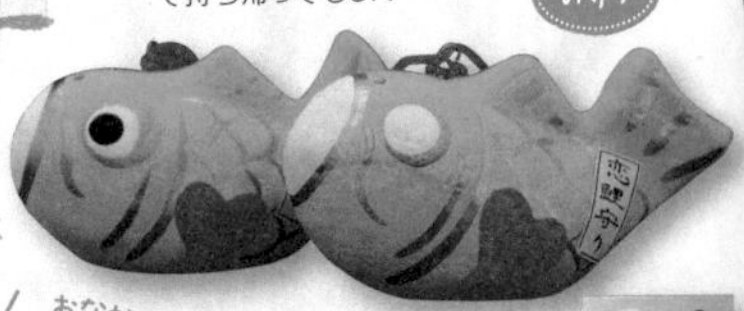

おなかの赤いハートがかわいい

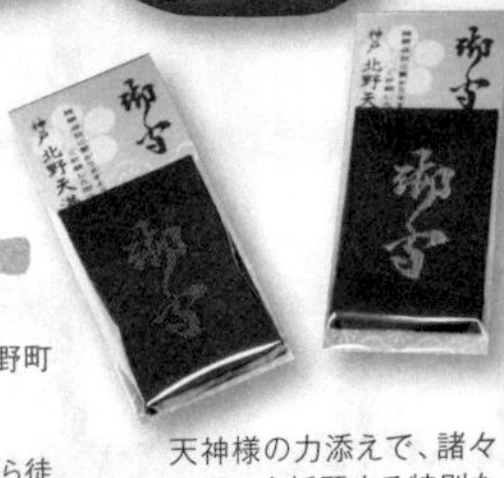

天神様の力添えで、諸々の願いを祈願する特別な「所願成就守」（各1000円）。お財布などに入れて肌身離さず持ち歩いて

御朱印

墨書／奉拝、北野天満神社
印／神戸北野鎮守、梅鉢紋、北野天満神社　●毎月25日は日付の横に「天神様の日」の印を押印していただけます

御朱印帳はこちら！

表紙に神戸北野異人館街と祭神の菅原道真公ゆかりの梅が、裏表紙には梅とともに社名と神紋が織り込まれています。ピンクと黒の2色（各1800円）

DATA
神戸北野天満神社
創建／1180（治承4）年
本殿様式／不詳
住所／兵庫県神戸市中央区北野町3-12-1
電話／078-221-2139
交通／JR神戸線「三ノ宮駅」から徒歩15分
参拝時間／7:30〜17:00
御朱印授与時間／9:00〜17:00
URL https://www.kobe-kitano.net

さらに運気UP！

神戸北野異人館街 おすすめスポット6

©一般財団法人神戸観光局

異国情緒あふれる神戸北野異人館街には、知る人ぞ知るパワースポットがいくつかあります。こっそり訪れてさらなる幸せを手に入れましょう♪

DATA
異人館うろこグループ ビジターセンター
住所／兵庫県神戸市中央区北野町3-5-4
電話／0120-888-581
交通／JR神戸線「三ノ宮駅」から徒歩15分
営業時間／10:00〜17:00
休み／不定休
料金／異人館巡りプレミアムパス（異人館7館＋展望ギャラリー）大人3300円、小学生880円
URL https://www.kobeijinkan.com

おすすめ1 うろこの家 ポルチェリーノ（カリドンの猪）

たくさん なでられて 鼻がピカピカ

ギリシア神話で女神アルテミスが野に放ったとされるイノシシの像。鼻をなでると幸運に恵まれるといわれています。オリジナルの像はイタリアのフィレンツェにあります。

DATA
住所／兵庫県神戸市中央区北野町2-20-4

おすすめ3 山手八番館 サターンの椅子

願いを頭に思い浮かべながら、女性は向かって右側に、男性は左側に座りましょう

ローマ神話に登場する神、サターンの彫刻が施された不思議なひと組の椅子。豊穣をもたらす神の名にちなみ、椅子に座ると「願いごとが実りかなう」と伝えられます。

DATA
住所／兵庫県神戸市中央区北野町2-20-7

おすすめ2 展望ギャラリー Lasting Love Stone

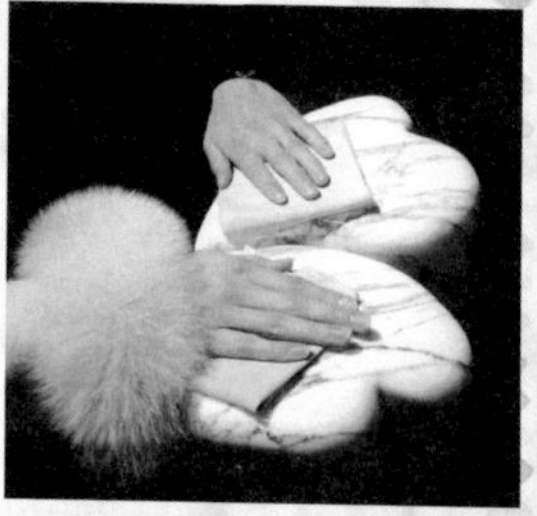

ハート形に彫られたふたつの石。大切な人を想いながら、男性は向かって左側、女性は右側の石を磨くと、永遠の愛が宿るといわれています。うろこの家併設のギャラリーに展示。

DATA
住所／兵庫県神戸市中央区北野町2-20-4

ランチはここで！ お昼は一軒家レストランでフレンチ

ランチはちょっと贅沢にフランス料理を楽しむのはいかが。スイス人貿易商の居宅を改装した一軒家レストランは、花と緑に囲まれたナチュラルでぬくもりのある雰囲気です。色鮮やかな盛りつけの創作フレンチを堪能して。

華やかなメインダイニング。ランチのコースは3850円〜

DATA
レストラン 花の館 パラディ北野
住所／兵庫県神戸市中央区北野町2-16-8
電話／078-271-2979
交通／JR神戸線「三ノ宮駅」から徒歩15分
営業時間／12:00〜14:30（最終入店13:00）、18:00〜21:00（最終入店19:00）
休み／火曜、隔週月曜（祝日の場合は前後に振替）
URL http://paradis-kitano.gourmet.coocan.jp

おすすめ5 英国館 告白の木

野趣に富んだイングリッシュガーデンにある樹齢100年のイチョウの木です。大切な人を抱擁しているように見えることから、恋愛が成就するスポットとして話題になりました。

DATA
住所／神戸市中央区北野町2-3-16

おすすめ4 坂の上の異人館 狛犬

通常は片方が口を開け、他方が口を閉じて一対で「阿吽」を表す狛犬ですが、こちらの狛犬はどちらも口を開けています。2匹の間を通ると邪気が祓われ、幸運に恵まれるとか。

DATA
住所／兵庫県神戸市中央区北野町2-18-2

恋がかないすぎる!?
うわさの神社で本気モード
氷室神社《ひむろじんじゃ》

主祭神
大國主大神《オオクニヌシノオオカミ》
仁徳天皇《ニントクテンノウ》
市杵島姫命《イチキシマヒメノミコト》
宇迦之御魂神《ウカノミタマノカミ》

最強の恋愛神社と名高いのがこちら。住宅街にあり、境内はこぢんまりとしていますが、恋にまつわる言い伝えが多く、日本全国から御利益を求める参拝者があとを絶ちません。最強と称されるゆえんは、願いを手紙にしたためる「愛のポスト」。願いがかなったという声が続出しているとか。ズバリ当たると評判の恋みくじも引いてみて。

御朱印

御朱印帳はP.27で紹介!

墨書／奉拝、氷室神社　印／神戸 夢野 鎮座、夢野の鹿、神紋、氷室神社、夢野草創大山守　●期間限定で平家家紋などが押印されます。特製カード付き

運気UP! 授与品

通常のお守りより少し小ぶりな「むすびのお守」(800円)

お守り

「えんむすび御守り」(800円)。2羽のハトが良縁を運んでくれそう♡

絵馬

ハート形がかわいい「縁結び絵馬」(800円)

見どころCheck! 神様への手紙を「愛のポスト」へ投函

「愛の手紙」(一通200円)に自分の名前とご縁を結びたい相手の名前、そして願いごとを書いて、本殿前のポストへ納めます。相手がいない場合は、理想のタイプを記しましょう。素直な気持ちを書くのが大切ですよ！

DATA
氷室神社
創建／不詳 ※約1800年前と伝わる
本殿様式／不詳
住所／兵庫県神戸市兵庫区氷室町2-15-1
電話／078-531-2833
交通／市バス「石井町」から徒歩5分
参拝時間／8:00～18:00
御朱印授与時間／8:00～18:00
URL https://himurojinja.or.jp

提灯がぎっしりと並ぶ
縁結びのお稲荷さん
松尾稲荷神社《まつおいなりじんじゃ》

主祭神
稲荷大神《イナリノオオカミ》

戦前まで福原遊郭が近くにあり、昼夜問わず酔客や芸姑などの参詣でにぎわっていました。また、神前に多くの提灯がつるされていることもあり、「提灯もちのお稲荷さん」と呼ばれるように。そのせいか、本来の商売繁昌の御利益に加え、縁結びの神としても親しまれています。今も覆殿《おおいどの》の天井には提灯がずらり。その数なんと約３００灯！

社殿の中にアメリカ渡来の福神ビリケン様が。松尾稲荷の福の神「松福様」として親しまれています

限定御朱印はP.19で紹介!

御朱印

墨書／一粒萬倍　印／和合狐、松尾稲荷神社、ビリケン様、BILLIKEN LUCKY GOD　●一粒萬倍は、すべての繁栄を表すお稲荷様の御神徳のことです

むすびの樹

赤はハート、青は勾玉のお守りが入っています

神様と人とを結ぶ場所。「結び文」(300円)に願いを書き、むすびの樹に結んで良縁を頂きましょう

一眼さん

赤い円形ガラスがはめ込まれた石碑。赤いガラスがひとつ目に見えることから、一眼＝一願、すなわち一願成就の御利益があるとされます

DATA
松尾稲荷神社
創建／不詳　本殿様式／権現造
住所／兵庫県神戸市兵庫区東出町3-21-3　電話／078-671-6444
交通／JR神戸線「神戸駅」から徒歩10分
参拝時間／7:00～17:00
御朱印授与時間／7:00～17:00
URL https://www.billiken-inari.com

日帰りコース 4
淡路島
（兵庫）

神々が宿る「はじまりの島」へ
淡路島　運気上昇参拝ドライブ

日本最古の歴史書『古事記』の冒頭に登場する「国生み神話」によると、日本で最初に誕生した島は、瀬戸内海に浮かぶ淡路島だとされています。神話の伝承地が点在する特別な島でスピリチュアルパワーをチャージ！

主祭神
八幡大神《ハチマンオオカミ》
応神天皇《オウジンテンノウ》
仲哀天皇《チュウアイテンノウ》
神功皇后《ジングウコウゴウ》

厄除け

八幡さんの厄除けパワーで
心身の穢れをリセット

松《まつ》帆《ほ》神《じん》社《じゃ》

日本史上有数の知将といわれる楠木正成公ゆかりの神社。地元では厄除八幡として知られ、「八幡さん」と呼ばれています。2018（平成30）年、淡路島を直撃した台風20号の暴風で御神木が倒れたもののギリギリ本殿・拝殿を避け、大きな被害は出ませんでした。また、続く台風21号では本殿北側の桜の大木が倒れましたが、またも本殿は被害をまぬがれました。これぞまさに厄除の御神徳と、神職の方もそのパワーのすごさを感じるほどです。

見どころCheck!

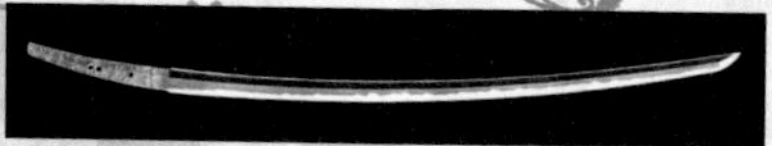

1年に一度だけ一般公開される名刀「菊一文字」

鎌倉時代初期に作られた楠木正成公遺愛の名刀で国の重要美術品です。10月第1日曜の例祭当日のみ一般公開され、普段は社務所に長さ・重さを再現した模造刀と資料を展示。実際に刀の重さを体感することができます。

贔屓《ひいき》

背の上に柱を載せて大地を下から支えているといわれる中国の伝説の霊獣を模した石像。氏子には「狛亀さん」として親しまれている大神亀です

神社の厄除ウサギの故事に基づいたツゲの手彫りのお守り「厄除兎守」（600円）

菊一文字をかたどった金属製の小剣を納めた「菊一文字太刀守」（ストラップなし500円、ストラップあり600円）。「必勝祈願」「厄難消除」を祈念

御朱印

墨書／奉拝　印／橘紋、重要美術品・菊一文字・淡路 松帆神社、ウサギと神使厄除兎　●社宝の太刀「菊一文字」の鍔（つば）をかたどった印が珍しい

DATA
松帆神社
創建／1399(応永6)年
本殿様式／流造
住所／兵庫県淡路市久留麻256
電話／0799-74-2258
交通／本四海峡バス「東浦バスターミナル」から徒歩5分
参拝時間／自由
御朱印授与時間／9:00〜17:30（11〜2月は〜16:30）
URL https://matsuhojinjya.com

MAP

モデルプラン 日帰り

8:50	「三ノ宮駅」	車で35分
9:25	松帆神社	滞在45分／車で40分
10:50	自凝島神社	滞在30分／車で35分
11:55	土生港	船で10分
12:05	沼島港	徒歩10分
12:15	おのころ神社	滞在15分／徒歩10分
12:40	沼島八幡神社	滞在20分／徒歩すぐ
13:00	吉甚 バッタリ・カフェ	滞在50分／徒歩10分

主祭神

伊弉諾命《イザナギノミコト》

伊弉冉命《イザナミノミコト》

縁結び

良縁を授かりたい人は迷わずこちらへ参拝を！

自《おの》凝《ころ》島《じま》神《じん》社《じゃ》

国生み神話の伝わる神社。祭神は縁結び、安産の神として知られ、「参拝したらすぐに出会いがあった」「結婚できた」との声もあり、そのパワーは折り紙付き。参拝する女性たちの表情も真剣そのものです。目を引く朱塗りの大鳥居は高さ21.7m。京都の平安神宮、広島の嚴島神社の鳥居と並ぶ、日本三大鳥居のひとつに数えられています。

見どころCheck!

パワーストーンに祈りを込めて

本殿の右手にある鶺鴒（せきれい）石は、イザナギとイザナミゆかりの良縁を結ぶ石。二神様は、この石の上でつがいの鶺鴒が夫婦の契りを交わしている姿を見て夫婦の道を開かれました。自分の状況に合わせ縄を握って祈願すれば、縁結びや夫婦円満に御利益があるといわれています。

新しい出会いを授かりたい人

白→赤の順に縄を握り、思いを込めてお祈りします

今の絆をより深めたい人

ひとりのとき：赤→白の順に縄を握り、思いを込めてお祈りします

ふたりのとき：男性は赤、女性は白の縄を握り、手をつないで思いを込めてお祈りします

縄を引っ張るのはNGですよ

運気UP! 授与品

お守り

「えんむすび守」（各800円）。白いほうを女性、赤いほうは男性が持つといいとか

縁結びの神社らしいハート形の絵馬（500円）。描かれているのは淡路島と明石海峡大橋です

絵馬

日本神話の一場面、イザナギとイザナミの国生みの様子が描かれています（500円）

限定御朱印と御朱印帳はP.19・26で紹介！

御朱印

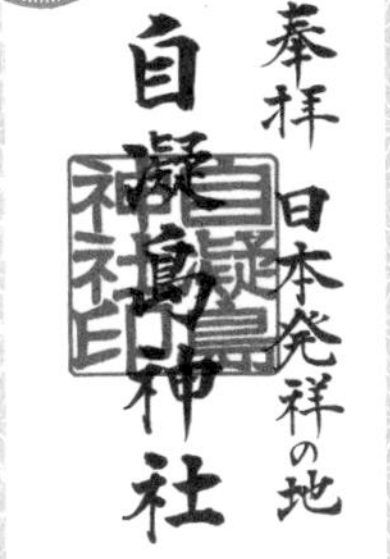

墨書／奉拝、日本発祥の地、自凝島神社　印／自凝島神社印 ● 神話に基づき「日本発祥の地」と墨書が。御朱印は鳥居をくぐってすぐ右手の社務所で頂けます

DATA

自凝島神社

創建／不詳

本殿様式／神明造

住所／兵庫県南あわじ市榎列下幡多415

電話／0799-42-5320

交通／神姫バス「榎列」から徒歩10分

参拝時間／自由

御朱印授与時間／9:00〜17:00

URL https://www.freedom.ne.jp/onokoro/

14:00 神明神社（滞在10分）→ 徒歩10分 → 14:20 弁財天神社（滞在15分）→ 徒歩2分 → 14:40 沼島港 → 車と船で1時間 → 15:40 厳島神社（淡路島弁財天）（滞在30分）→ 車で1時間 → 17:10「三ノ宮駅」

主祭神
ホンダワケノミコト
誉田別尊

沼島の人々を見守ってきた
海の神様にごあいさつを

沼《ぬ》島《しま》八《はち》幡《まん》神《じん》社《じゃ》

海上安全

淡路島の南、土生（はぶ）港から汽船（往復大人920円）に乗り、沼島（ぬしま）に到着。島の形が勾玉に見えることから「おのころ島」だという伝説も。小さな島なので、歩いて散策できます

港を見下ろす高台にあり、海上安全・豊漁の神様が祀られる沼島の氏神。拝殿の天井には珍しい逆羅針盤が奉納されているほか、境内の後ろには、樹齢200年を超えるスダジイやタブノキなどの大木が茂る森が広がります。沼島の生き字引ともいえる宮司さんからは「自ずから凝り固まるから『おのころ（自凝）』なんですよ」といった興味深いお話をうかがえます。毎年5月3～4日にだんじりが海へ飛び込み海上安全を祈る勇壮な春祭りを斎行します。

DATA
沼島八幡神社
創建／1436（永享8）年
本殿様式／不詳
住所／兵庫県南あわじ市沼島2521
電話／0799-57-0146
交通／沼島汽船「沼島ターミナルセンター」から徒歩5分
参拝時間／自由
御朱印授与時間／宮司在社時
URL https://nushimahachiman.or.jp

「氏神様の森」と大切にされる神社の森で気持ちのよい散策が楽しめます

こちらの3社も参拝したい！

おのころ神《じん》社《じゃ》

神社へ続く参道は見過ごしてしまいそうなほど小さい看板が目印。緑と小川を横目に階段を上りきると神社が現れます。山自体が御神体であり、国生みの夫婦神の像が仲よく鎮座しています。境内からは沼島の港が望めます。

DATA
住所／兵庫県南あわじ市沼島73
交通／沼島汽船「沼島ターミナルセンター」から徒歩10分　参拝時間／自由

厳島《いつくしま》神社《じんじゃ》（弁財天様《べんざいてんさま》）

海の守護や学問と技芸向上に御神徳のある神様を祀っています。祭神の神像は琵琶を持たず弓や刀を執っているのが特徴。境内にそびえる黒松の大木からも力を頂けそうです。

DATA
住所／兵庫県南あわじ市沼島2276
交通／沼島汽船「沼島ターミナルセンター」から徒歩2分
参拝時間／自由

神《しん》明《めい》神《じん》社《じゃ》

沼島八幡神社の港を挟んだ向かい側、神明山の中腹にある神社。「シメンドさん」と呼ばれ、島の守護をしているとか。鳥居をくぐり、長い階段を上ると社殿が見えてきます。

DATA
住所／兵庫県南あわじ市沼島
交通／沼島汽船「沼島ターミナルセンター」から徒歩15分
参拝時間／自由

御朱印

沼島八幡神社で頂ける御朱印

沼島八幡神社

墨書／奉拝、くにうみ神話の島、沼島八幡神社
印／淡路沼島、八幡神社
●「八幡」は八幡大神とも呼ばれる祭神を指します

おのころ神社

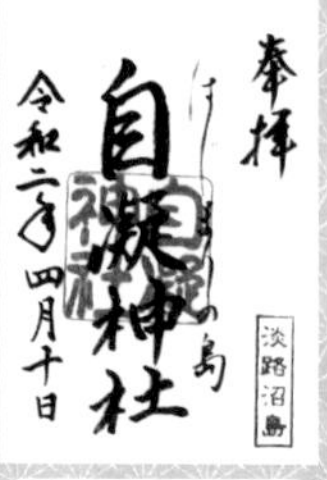

墨書／奉拝、はじまりの島、自凝神社　印／淡路沼島、自凝神社　●国生み神話が伝わる沼島はまさに「はじまりの島」といえます

厳島神社（弁財天様）

墨書／奉拝、厳島神社
印／淡路沼島、厳島神社
●墨書と印にあるとおり、神社の正式名称は厳島神社。弁財天様は通称です

神明神社

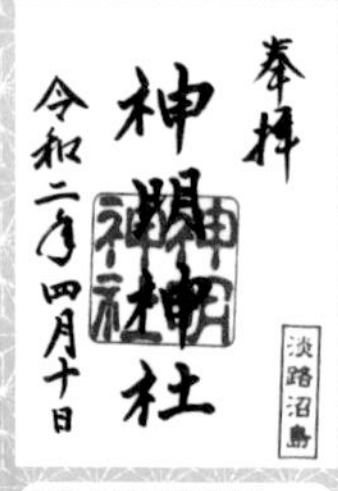

墨書／奉拝、神明神社
印／淡路沼島、神明神社
●おのころ神社の元社ともいわれ、イザナギ、イザナミ、天照大神を祀っています

ひと休みスポット

神社前のカフェでほっとひと息

沼島八幡神社前にある「吉甚（よしじん）バッタリ・カフェ」。島民や観光客の語らいの場・憩いの場となっています。

沼島の海をイメージした「国海ソーダフロート」（700円）

DATA
吉甚 バッタリ・カフェ
住所／兵庫県南あわじ市沼島2400
電話／0799-53-6665
交通／沼島汽船「沼島ターミナルセンター」から徒歩10分
営業時間／10:30～17:30
休み／月・木曜（祝日の場合は営業）

主祭神
イチキシマヒメノミコト
市杵島姫命

商売繁盛

島内外から崇敬される女神様から加護を頂く

厳島神社《いつくしまじんじゃ》（淡路島弁財天《あわじしまべんざいてん》）

三熊山《みくまやま》を背景に、市内を見守るように鎮座。祭神は生命の源である水・海を守護・支配する神様で、「弁天さん」の通称で親しまれています。「海」は「生み」につながることから、財や子孫を生み増やす商売繁盛、縁結び、安産などたくさんの御利益が。清涼な気が満ちる境内に癒やされると神社を訪れるリピーターが多数います。

御朱印

墨書／淡路島弁財天、厳島神社
印／淡路國洲本鎮座厳島神社印、厳島神社参拝記念　●流れるような美しい筆致が目を引きます

城下町・洲本を守る武左衛門狸の像。夜更けに見回りをし、戸締りの悪い家は家の外から鍵をかけてまわったとか

DATA
厳島神社（淡路島弁財天）
創建／不詳
本殿様式／権現造
住所／兵庫県洲本市本町4-1-27
電話／0799-22-0049
交通／「洲本バスセンター」から徒歩10分
参拝時間／自由
御朱印授与時間／9:00～17:00
※不在時は書き置きのみ

運気UP! 授与品

お守り

武左衛門狸のシルエットをあしらった護身のお守り「身守（みまもり）」800円

洲本城はここ！

境内から洲本城を仰ぐことができます。城を背景に神社のシンボル「干支の大絵馬」を撮影するのが人気

時間があったら訪れたい

驚きの迫力！
世界最大級のうずしおをウオッチング

うずしおクルーズ

淡路島の福良港から出航し、鳴門海峡のうずしおを見学する約1時間のクルージング。「うずしおの旬」といわれる春や秋の大潮時は、直径20mにもなる大渦が出現します。うずしおの目の前まで船で接近！　ど迫力の光景が見られるのは、世界中でここだけです。大型船で安定感が高く揺れが少ないため、子供やお年寄りでも安心。

DATA
うずしおクルーズ
住所／兵庫県南あわじ市福良甲1528-4地崎
電話／0799-52-0054（受付時間9:00～17:00）
交通／「福良バスターミナル」から徒歩2分
営業時間／1日4～7回出航（9:30～16:10発）※日により異なる
休み／なし
料金／大人2500円、小学生1000円
URL https://www.uzu-shio.com

海風を感じながら大鳴門橋の下を通過！

うずしおが発生するスポットのすぐ近くを運航します

天照大神が隠れた天岩戸と伝えられる神岩に圧倒！

岩戸神社《いわとじんじゃ》

国生みの際に最初にできたと伝えられる先山（せんざん）の山頂に鎮座。駐車場から木の鳥居をくぐり、人ひとりくらいしか通れない細い山道をさらに進むと、うっそうとした森の中に、見上げるようにそびえたつ巨岩が現れます。これこそが神社の御神体。祭神は天照大神（あまてらすおおみかみ）です。

DATA
岩戸神社
住所／兵庫県洲本市上内膳2132-7　電話／0799-22-0281（先山千光寺）
交通／神戸淡路鳴門自動車道洲本ICから車で18分　参拝時間／自由（禁煙）
※駐車スペースが狭いため、土・日曜、祝日の午前中の参拝は控えてください

中央にハート形♥恋愛成就のパワスポ

上立神岩《かみだてかみいわ》

沼島のシンボルとして知られる高さ30mの巨岩。「岩の中心がハートマークに見える」と口コミでうわさが広がり、知る人ぞ知る恋愛祈願の聖地として人気に。イザナギとイザナミが日本の島々と八百万の神様を生むために使った天の沼矛のモデルといわれています。

ハートマークはこのあたり

DATA
上立神岩
住所／兵庫県南あわじ市沼島
交通／沼島汽船「沼島ターミナルセンター」から徒歩20分
営業時間／見学自由　※漁船でめぐる奇岩クルーズあり（問い合わせ／050-3187-5040）

一之宮めぐりで頂く御朱印

日本全国にある一之宮は各地域の位の高い神社。昔から多くの人にあがめられてきました。
そんな風格ある一之宮の御朱印を集めてみませんか？

日本全国にある一之宮とは、今の都道府県になる前の68の国で、最も位が高いとされる神社のこと。どちらもその土地で古くからあがめられてきた歴史と風格のある神社ばかりです。江戸時代には全国の一之宮をめぐる旅が大流行しました。そんな一之宮で頂ける御朱印には、堂々と「一之宮」の文字が入っているものが多くあります。昔の人にならって一之宮をめぐり、由緒正しい御朱印を頂けば、多くの御利益が期待できそうです。

摂津国
住吉大社

河内国
枚岡神社

摂津国
坐摩神社

但馬国
粟鹿神社

印や手書きなど一之宮の入れ方もさまざま

専用の御朱印帳も！

「全国一の宮巡拝会」からは一之宮めぐり専用の御朱印帳を出版。ホームページから購入できます。

URL http://ichinomiya-junpai.jp

日本全国の一之宮

北海道・東北の一之宮
北海道神宮、岩木山神社、駒形神社、鹽竈神社、大物忌神社、伊佐須美神社、石都々古和気神社、都々古別神社

関東の一之宮
鹿島神宮、日光二荒山神社、宇都宮二荒山神社、貫前神社、氷川神社、氷川女體神社、秩父神社、香取神宮、玉前神社、安房神社、洲崎神社、鶴岡八幡宮、寒川神社

甲信越の一之宮
浅間神社、諏訪大社（上社・下社）、彌彦神社、居多神社、度津神社、高瀬神社、氣多神社、雄山神社、射水神社、氣多大社、白山比咩神社、氣比神宮、若狭彦神社、若狭姫神社

東海の一之宮
三嶋大社、富士山本宮浅間大社、小國神社、事任八幡宮、砥鹿神社、真清田神社、大神神社（一宮市）、水無神社、南宮大社、敢國神社、椿大神社、都波岐奈加等神社、伊雑宮、伊射波神社

近畿の一之宮
建部大社、賀茂別雷神社（上賀茂神社）、賀茂御祖神社（下鴨神社）、出雲大神宮、籠神社、住吉大社、坐摩神社、枚岡神社、大鳥大社、大神神社、伊太祁曽神社、日前神宮・國懸神宮、丹生都比売神社、伊弉諾神宮、伊和神社、出石神社、粟鹿神社

中国の一之宮
宇倍神社、倭文神社、出雲大社、熊野大社、物部神社、水若酢神社、由良比女神社、吉備津神社（岡山市）、吉備津彦神社、石上布都魂神社、中山神社、吉備津神社（福山市）、素盞嗚神社、嚴島神社、住吉神社（下関市）、玉祖神社

四国の一之宮
大麻比古神社、田村神社、大山祇神社、土佐神社

九州・沖縄の一之宮
筥崎宮、住吉神社（福岡市）、高良大社、與止日女神社、千栗八幡宮、天手長男神社、興神社、海神神社、阿蘇神社、宇佐神宮、西寒多神社、柞原八幡宮、都農神社、鹿児島神宮、新田神社、枚聞神社、波上宮

「全国一の宮巡拝会」ウェブサイトより

第三章 御利益別！ 今行きたい神社

Part1 総合運

恋愛、仕事、健康、金運……どれも大切で、ぜんぶ願いをかなえたい！ そんなあなたは、こちらの神社へＧＯ！

- ★総合運★絶対行きたいオススメ神社2選
- 枚岡神社（大阪）／湊川神社（兵庫）
- 阿部野神社（大阪）
- 大阪護國神社（大阪）
- 恩智神社（大阪）
- 御霊神社（大阪）
- 四條畷神社（大阪）
- 伴林氏神社（大阪）
- 堀越神社（大阪）／粟鹿神社（兵庫）
- 柿本神社（兵庫）
- 二宮神社（兵庫）
- 廣峯神社（兵庫）／舞子六神社（兵庫）
- 由良湊神社（兵庫）
- 完全予約制のアートな御朱印！ 天之宮神社（大阪）
- 編集部オススメ！ 授与品 ～総合運＆縁結び＆金運～

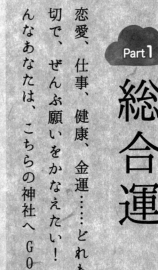

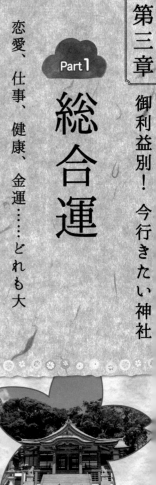

☆総合運☆ 絶対行きたいオススメ神社 2選

多彩な御神徳で全方位から人生をサポート

どこから開運さんぽを始めてよいか迷う人や、あれもこれもお願いしたい人におすすめなのが「枚岡神社」と「湊川神社」です。人々に愛される名社に参拝すれば、人生の成功をあらゆる面から強力にバックアップしてくれます。

絶対行きたい オススメ神社 1

プラスの御利益「笑い」でにっこり

神社の成り立ちが神武天皇の即位前まで遡る歴史ある古社。「お笑い神事」でも有名です。

大阪

枚岡神社

【ひらおかじんじゃ】

主祭神

天児屋根命《アメノコヤネノミコト》

比売御神《ヒメミカミ》

駅を出るとすぐ立派な鳥居と広々とした参道が。こちらの主祭神・天児屋根命は「祭祀の神」「皇室の守護神」であることから、春日大社創建の際に招かれて祀られたため、「元春日」と呼ばれるほど由緒ある神社です。四殿並列の美しい本殿、摂社・末社、遥拝所まで余さず参拝しましょう。御利益は開運招福、縁結び、安産ですが、毎年恒例のお笑い神事での「笑い」も幸せな御利益のひとつ。

笑いでハッピーに！

毎年12月23日の注連掛(しめかけ)神事(通称「お笑い神事」)では、祭神が天照大神の岩戸隠れを祈りと笑いで解決したという故事にちなみ、注連縄を掛け替えたあと、神職も参拝者もみんなで大笑い。幸せな気分に包まれます！

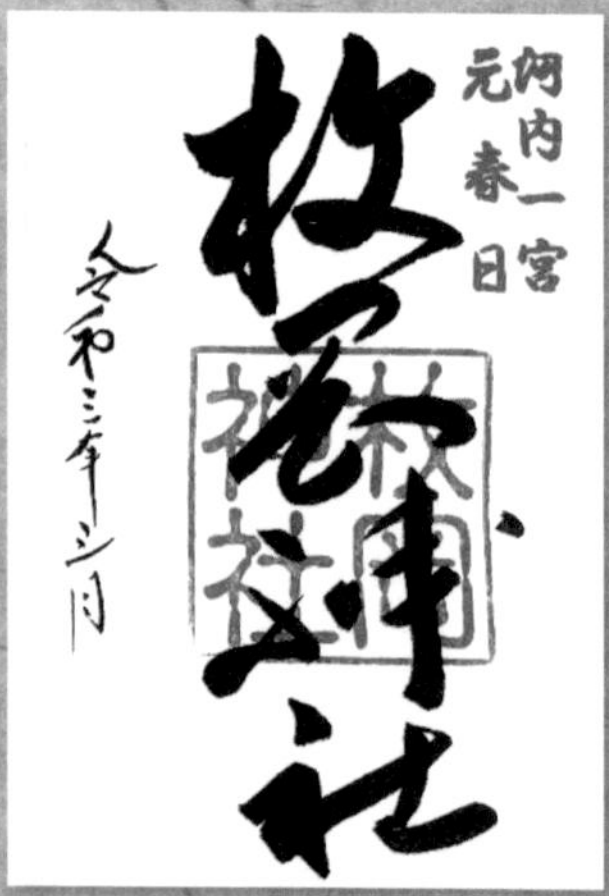

墨書／枚岡神社　印／河内一宮 元春日、枚岡神社　●早春にかぐわしく咲く境内の梅に通じるような品のよい御朱印です

墨書／枚岡神社、神氣　印／河内一宮 元春日、枚岡神社　●宮司直筆の特別御朱印。書き置きです

みんなのクチコミ!!

御神木は柏槇(びゃくしん)と呼ばれる常緑樹。高さ25mの大木でしたが、台風の影響で一部が伐採され、屋根が施されています

主祭神2柱の間に生まれた御子神様を祀る摂社 若宮神社。左奥に町名の由来になったといわれる「出雲井(いずもい)」という井戸があります

DATA

枚岡神社

創建／初代神武天皇即位前3年
本殿様式／枚岡造 (4棟)
住所／大阪府東大阪市出雲井町7-16
電話／072-981-4177
交通／近鉄奈良線「枚岡駅」からすぐ
参拝時間／9:00～16:00
御朱印授与時間／9:00～16:00
URL http://www.hiraoka-jinja.org/

神社の方からのメッセージ

現在の御本殿は1826(文政9)年に氏子の奉納により造営されました。右から比売御神、天児屋根命、香取神宮の祭神・経津主命(ふつぬしのみこと)、鹿島神宮の祭神・武甕槌命(たけみかづちのみこと)を祀ります。

参詣道の起点に建立されているのが一之鳥居です。かつての東高野街道に面していて、東側正面に聖地・神津嶽(かみつだけ)を望むことができます。鳥居にかかる注連縄は、地元・鳥居町氏子の手によって作られ、毎年1月3日に掛け替えられています。

絶対行きたい
オススメ神社2

無敵ヒーローの力でピンチに圧勝！

天才軍師の楠木正成公が主祭神。
水戸の黄門様が墓所を建て、幕末の志士が参拝！

兵庫

湊川神社【みなとがわじんじゃ】

主祭神
楠木正成公《クスノキマサシゲコウ》

〝楠公《なんこう》さん〟と地元で親しまれる神社。「毘沙門天（武神・財宝の神）の申し子」とたたえられた楠木正成公を祀っています。江戸時代の武士や庶民にとって絶対的なヒーローでした。勇猛果敢な武将でありながら、奇策智謀の数々で大軍を組み伏せた力量もあった、まさに軍神。ピンチの際にぜひおすがりしたい神様です。同時に、河内の山河を使った運送や辰砂《しんしゃ》の採掘で国をリッチにした才覚、後醍醐天皇に召し出された強運から、開運招福、交通安全の御利益も。

坂本龍馬もお参りした楠公墓所
徳川光圀公（水戸黄門様）が建立、墓碑銘「嗚呼忠臣楠子之墓」と書かれた正成公の墓。幕末には、吉田松陰、坂本龍馬、西郷隆盛など、多くの志士が参拝しました（国指定文化財史跡）。

みんなのクチコミ!!

本殿の天井画は、全国の有名画家から奉納され、荘厳豪華。宝物殿には、法華経奥書や段威腹巻（国重要文化財）など、正成公ゆかりの品々を展示しています

御朱印帳はP.26で紹介！

墨書／奉拝、湊川神社　印／菊水紋、湊川神社　●菊水紋は後醍醐天皇から下賜された菊花紋を、恐れ多いと下半分を水の流れにしたもの。通常御朱印は神戸七福神の毘沙門天なども授与

湊川の戦いで、楠木正成公と弟の正季卿、一族が自刃した場所です（国指定文化財史跡）

お守り

正成公の武将姿が神々しい、金色に輝く薄型メタル製「開運招福御守」（1000円）。ここ一番の勝負の際は、胸にそっと忍ばせて臨みましょう

一番人気の「しあわせ守」（1000円）は、巫女さんがデザインしたもの。花束をもらったときのような幸せな気持ちが訪れます

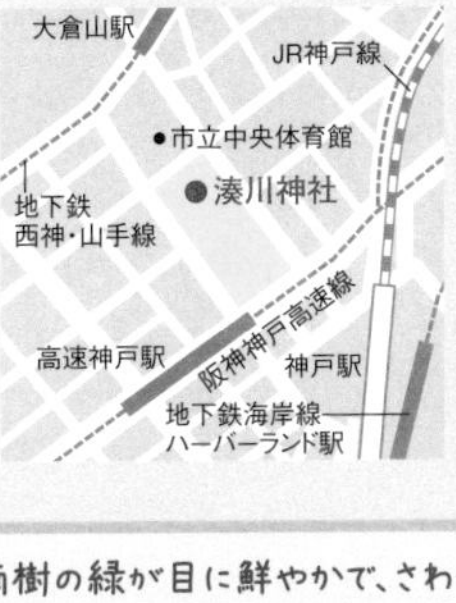

DATA
湊川神社
創建／1872（明治5）年
本殿様式／権現造に似た新形式
住所／兵庫県神戸市中央区多聞通3-1-1
電話／078-371-0001
交通／地下鉄山手線「大倉山駅」・海岸線「ハーバーランド駅」から徒歩 5分、JR「神戸駅」から徒歩3分、または阪急・阪神・山陽「高速神戸駅」東出口直結
参拝時間／日の出～日没
御朱印授与時間／9:00～17:00
URL http://www.minatogawajinja.or.jp

神社の方からのメッセージ

神社の境内はまさに都会のオアシス。参道は、楠樹の緑が目に鮮やかで、さわやかな風が吹き抜ける“聖地”の名にふさわしい場所です。一方、初詣には全国から100万人を超える崇敬者が参拝に訪れ、にぎわいます。

正成公は、母君が毘沙門天に願をかけて生まれ、「毘沙門天の申し子」と呼ばれました。長じては「智・仁・勇、三徳兼備の武将」とたたえられることに。湊川神社は、楠公さんにあやかろうと、全国から年間数千人が安産祈願に訪れる“ママの聖地”でもあります。

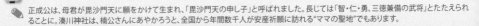

大阪
阿部野神社
【あべのじんじゃ】

勇気と強い信念を授けてくださる

境内社も多く、見どころいっぱいの神社で宿願成就を祈願しましょう。

親房公は後醍醐天皇の側近で、天皇が吉野朝（南朝）を開いてからも京都へ戻れるよう力を尽くしました。博学で知られ、『神皇正統記』を著して後世に大きな影響をおよぼした人物です。その息子の顕家公は、公家の出身ながら※鎮守府《ちんじゅふ》将軍を任され、知恵と勇気をもって戦われました。顕家公が足利軍と戦った地が、現在、神社のある場所。与えられた使命に邁進し、多大な貢献をした祭神に勇気をもって物事に取り組む力を頂きましょう。

※陸奥国にあった軍政府。その将軍は当時、武門の最高栄誉職

主祭神

北畠親房公《キタバタケチカフサコウ》

北畠顕家公《キタバタケアキイエコウ》

ズラリと並ぶ朱色の鳥居

「旗上げ」とは「命をかけて精進、努力する証」を示すこと。どうしてもかなえたいことがあり、そのために最大の努力をする覚悟があれば、境内社の旗上（はたあげ）稲荷社で願掛けしましょう。

みんなのクチコミ!!

西国の名だたる古社名刹が手を結び、神仏和合に基づいて結成した「神仏霊場会」の霊場44番大阪3番に当たる神社です

授与品

「願掛旗上喜常（きつね）」（奥：1000円）は、おなかに願いを書いて旗上稲荷社に納めますが、持ち帰って祀ってもOK。「きつねみくじ」（手前：各600円）と合わせたらかわいいパワースポットが自宅に出現！

お守り

「快癒御守護」（1000円）は、奥宮に祀られる薬の神様・少彦名神の使いである「虎」の絵が描かれた絵虎（えこ）を奥宮に奉納して祈願します。紙でできた絵馬なのでエコロジーの「エコ」の意味ももたせ「絵虎」と名づけたそう。お守り本体は入院中でも側に置けるよう、背面に立てかけ用の支えが付いています

限定御朱印と御朱印帳はP.19-25で紹介！

墨書／奉拝、阿部野神社　印／神紋（笹竜胆）、阿部野神社　●神紋は祭神・北畠家の家紋である笹竜胆です。このほかに行事ごとに限定御朱印が頂けます

墨書／奉拝、旗上稲荷社　印／阿部野神社、鳥居、旗上稲荷社、キツネ　●旗上稲荷社の御朱印。キツネが旗を掲げるユニークなデザイン

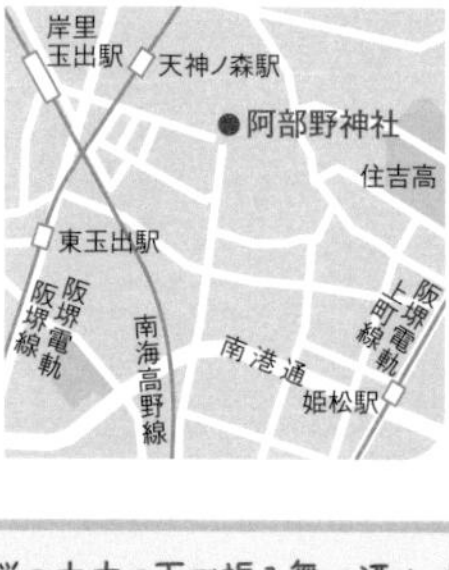

DATA
阿部野神社
創建／1885（明治18）年
本殿様式／春日造
住所／大阪府大阪市阿倍野区北畠3-7-20　電話／06-6661-6243
交通／南海高野線「岸里玉出駅」から徒歩5分、または阪堺電軌阪堺線「天神ノ森駅」から徒歩5分
参拝時間／6:00～16:30
御朱印授与時間／9:00～16:30
URL https://www.abenojinjya.com

神社の方からのメッセージ

4月第1日曜日には、例年「桜まつり」を開催しています。境内にある桜の大木の下で振る舞い酒や、桜もちを参拝者に召し上がっていただきます。春のひとときを楽しめるお祭りです。ぜひ足をお運びください。

奥宮「御魂振之宮（みたまふりのみや）」は「本来もつすばらしい魂を奮い起こし、宿願達成に力強い息吹を与える」という意味。第2次世界大戦ですべての社殿を失いましたが、多くの人々が復興を念じ続けそれを果たしました。それに由来し奥宮に「一願一遂の宮」と呼ばれ信仰されています。

困難に立ち向かう強い心を授かる

府民の声で建立された護國神社には10万を超える祭神のパワーが渦巻いています。

大阪

大阪護國神社

【おおさかごこくじんじゃ】

第2次世界大戦へとつながる日清戦争が起きたとき、大阪の地からも若者がたくさん出征し、異国の地で尊い命を落としました。これを憂慮した大阪府民の自発的な運動によって創建された神社です。大阪府最大という正面参道の鳥居をくぐると、1万坪もの広大な「住之江の森」が広がります。国民の幸福を信じて、人生や命を懸けて戦ってくださった祭神が眠るこの地で感謝とともに祈れば、不思議と力が湧き出てくるはずです。

主祭神

明治維新前後の天誅組十柱《テンチュウグミジュウハシラ》
西南の役、日清・日露・大東亜戦争の大阪府出身もしくは所縁のある戦没者
10万5665柱

境内に並ぶ21基の慰霊碑
さまざまな団体ごとに、慰霊碑が建立されています。プロペラが特徴的な慰霊碑は、関西甲飛会予科練（海軍甲種飛行予科練習生）の「貴様と俺と翼之碑」。ご遺族や戦友によって管理されています。

みんなのクチコミ!!

明治維新より5年も前に、討幕運動を目指したのが天誅組です。幕府に対する最初の武装蜂起であり「明治維新の魁（さきがけ）」と呼ばれています

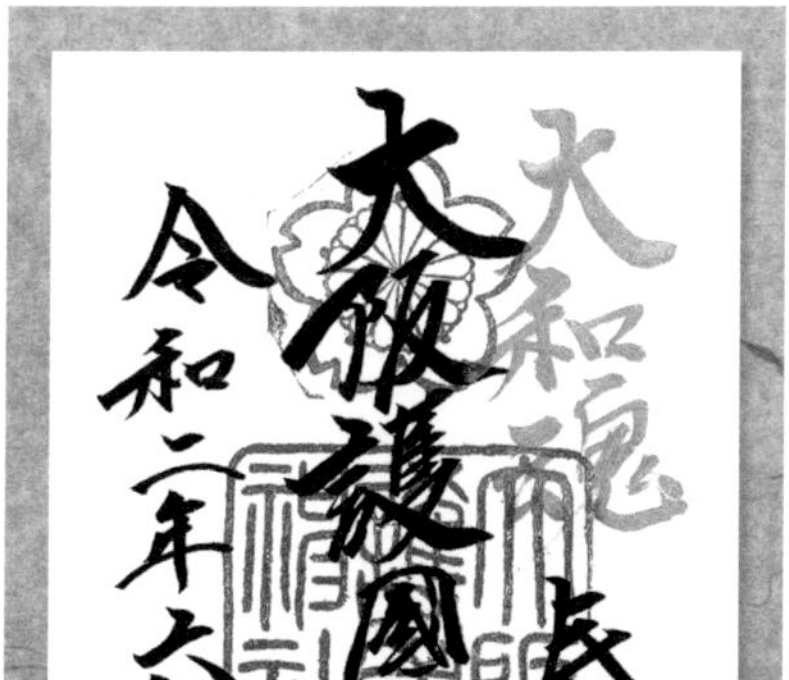

墨書／奉拝、大阪護國神社　金書／大和魂　印／社紋、大阪護國神社　●金字の「大和魂」は、オリジナルの護国神社専用御朱印帳を持参した場合にだけ頂けます。通常御朱印にこの文字は入りません

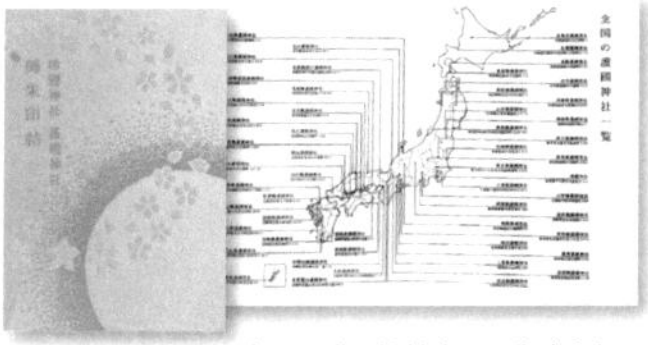

御朱印帳
全国の護國神社専用の御朱印帳（2000円）。各都道府県に必ず建立されている護國神社をめぐるなら、手に入れたい1冊！

お守り
災厄から守ってください、日本人が本来もつ「和の心」と「徳」の自覚を促してくれるという「大和魂守」（1000円）は、たなびく雲の中央に日の丸がデザインされています

DATA
大阪護國神社
創建／1940（昭和15）年
本殿様式／流造
住所／大阪府大阪市住之江区南加賀屋1-1-77
電話／06-6681-2372
交通／大阪メトロ四つ橋線「住之江公園駅」1番出口からすぐ
参拝時間／自由 ※本殿の開扉は7:00～17:00
御朱印授与時間／9:00～17:00
URL https://www.osakagokoku.or.jp

神社の方からのメッセージ

遺族の高齢化が進み、英霊の功績を語り継ぐことが困難になっていますが、日本の繁栄の礎となった英霊に思いを寄せることと、その功績を決して忘れてはなりません。2度と悲惨な戦争が起きないよう祈りをささげ続けます。

幣殿正面に置かれている神鏡は、戦前の研磨技術で作ることができた最大のものです。当時の職人が技術を注いで三面を作り、明治神宮（東京都）と湊川神社（→P.67）と、ここ大阪護國神社に奉納したと伝わっています。

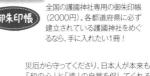

厄を祓って幸せを招いちゃおう！

境内にはキュートなウサギと龍がいっぱい。
お気に入りの一体を見つけて良縁祈願を！

大阪

恩智神社【おんぢじんじゃ】

994（正暦5）年、一条天皇が疫病などの災難除けを祈られて以降、ここに詣でれば「人々のあらゆる罪穢れや厄災を祓い清め、豊かで幸せな衣・食・住を守護してくださる」と信仰を集める神社。長い歴史のなかで、旅行安全、安産など、さまざまな御神徳で人々を助けたことから「河内の祓い神」と慕われています。神様のお使いはウサギと龍。どちらも良縁や幸せな人生へ導いてくれる存在です。幸せな毎日が送れるよう祈りましょう。

主祭神

大御食津彦命《オオミケツヒコノミコト》　大御食津姫命《オオミケツヒメノミコト》

みんなのクチコミ!!

1500年を超える古社で、摂社・末社の数はなんと13社！　境内を参拝して回れば、どんな願いでもかなえていただけるはず？

干支にちなんだ絵馬の前でパチリ

神兎（なでうさぎ）には、御神霊が宿っています。神兎をなでた手で自分の体をさすり、無病息災を祈りましょう。干支にちなんで飾られるフォトジェニックな大きな絵馬も記念に1枚、撮影させていただいては？

限定御朱印と御朱印帳はP.17・27で紹介！

墨書／卯辰乃社、恩智神社　印／恩智神社、五七桐紋、ウサギと龍　●龍とウサギが並ぶ、勇ましくもかわいらしい印が頂けます

ウサギだけでなく、神龍もなでることができます。神龍は「運を開き、昇運を招く」とされています。開運祈願はこちらで

花嫁衣装と紋付き羽織袴のデザインがユニークな「夫婦守り」（2点セット1500円）は、裏返して並べると、2匹のウサギがそっと顔を寄せ合います。大切な人とペアで持ちたい！

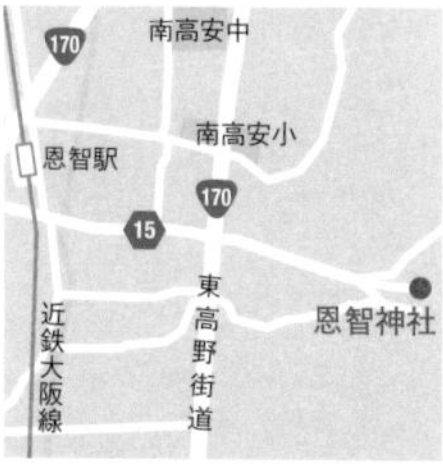

DATA

恩智神社

創建／470（雄略14）年
本殿様式／王子造
住所／大阪府八尾市恩智中町5-10
電話／072-943-7059
交通／近鉄大阪線「恩智駅」から徒歩20分
参拝時間／8:00～17:00
御朱印授与時間／8:00～17:00
URL http://onji.or.jp

神社の方からのメッセージ

山の中腹というたいへん眺めのよい場所にある当社から、皆様が幸せな毎日を送ることができるよう、いつもお祈りしております。拝殿までには131もの石段がございます。お参りの際はくれぐれも気をつけてお越しくださいませ。

境内にある「閼伽井戸（あかいど）」は、弘法大師が岩底に錫杖を突き立てたことで湧き出たとされ、古くから天候を予知する清水として知られています。雨が降る前に赤茶の濁水が流れ出る不思議な現象は、現在でも確認されており、これは難病を治す霊水との伝承です。

★総合運★

大阪

御霊神社

【ごりょうじんじゃ】

なにわの氏神様が人生を応援

厄除けや縁結びなど御利益がいっぱい！「御霊はん」と呼ばれ親しまれています。

大阪の中心地で「天下の台所」の発展を守護してきた伊勢の大神《おおみかみ》と産土神《うぶすながみ》が鎮座。厄を祓って良縁を呼ぶパワフルな御利益を頂けると、あつい崇敬を集め続ける神社です。主祭神のほか、恵美須神社・龍神社はじめ16社をお祀りした東宮や、女子力アップの御神木など境内にはパワースポットがたくさん！

主祭神

天照大神荒魂《アマテラスオオミカミアラミタマ》

津布良彦神《ツブラヒコノカミ》

津布良媛神《ツブラヒメノカミ》

応神天皇《オウジンテンノウ》

源正霊神《ゲンショウレイジン》

（鎌倉権五郎景政公霊）

丈夫でキレイな肌に♪

御神木は美肌のパワースポット

本殿のそばで葉を茂らせるクスノキの老樹。境内で唯一戦火を逃れ、木肌が大やけどを負った状態から見事に再生。「肌守りの木」としてお参りする人が後を絶ちません。

みんなのクチコミ!!

美容運アップの御神木は、幹に手を触れてお祈りすると、よりいっそうの御利益を頂けるらしいです

墨書／奉拝、御霊神社、皇紀二千六百八十年　印／大阪淀屋橋、三つ巴紋と立ち沢瀉（おもだか）、御霊神社　●皇紀の記載が珍しく、喜ばれることが多いそう

雄々しいライオンの姿に見える「獅子の岩」。方位除けの御利益を頂けると話題です

美しい錦の袋に入った「錦守」（各1000円）は、厄除け・病気平癒・試験合格・安産・旅行安全などたくさんの御利益で人生を応援します！

御神木の生命力・再生力にあやかる「肌守」（500円）

本殿向かって右奥にある松之木神社は白狐さんがお使いの稲荷神社。隣に大黒社もあるため、金運アップを狙うならお参りをお忘れなく！

DATA

御霊神社

創建／850（嘉祥3）年

本殿様式／錣（しころ）屋根 入母屋造

住所／大阪府大阪市中央区淡路町4-4-3

電話／06-6231-5041

交通／大阪メトロ「淀屋橋駅」13番出口から徒歩3分、または「本町駅」から徒歩7分

参拝時間／7:00～18:00（土・日曜・祝日～17:00）

御朱印授与時間／9:00～17:30（土・日曜・祝日～16:30）

URL https://www.goryojinja.jp

神社の方からのメッセージ

御朱印には神武天皇即位の年を元年とする「皇紀」を記しております。オフィス街にありながら穏やかな気に満ちた御神域は、近隣に勤める方々からも親しまれており、皆さんの心が安らぐ場所であり続けるよう、思いを込めながら日々の奉仕に励んでいます。

平安時代には天皇即位にまつわる儀式を斎行、豊臣秀吉の時代には繁栄の中心地の鎮守として諸大名からの熱心な信仰を集めた神社です。また、明治～大正時代には境内に人形浄瑠璃の文楽座があり、華やかな大阪文化を支える一翼を担いました。

忠孝両全《ちゅうこうりょうぜん》の英雄が信じる心を後押し

父にならって忠義を尽くした祭神は時代を越えて高く評価されました。

大阪

四條畷神社【しじょうなわてじんじゃ】

主祭神
楠木正行公《クスノキマサツラコウ》
をはじめ25柱

祭神は南北朝時代、南朝の後《ご》村上《むらかみ》天皇に仕え、大軍を立て続けに破った名将です。四條畷の決戦で足利軍との戦いに敗れますが、「正統の後継者をお守りする」と不利を覚悟で尽くした忠義により、時を経て、明治の時代に従二位が追贈されました。大《だい》楠公《なんこう》と呼ばれる楠木正成公の嫡男であることから、小楠公《しょうなんこう》の名で慕われています。「心を尽くし、思いを貫けば、やがて正当な評価を得られる」そんな御神徳も頂けそうです。

小楠公が穏やかに眠り続ける墓所

参道を約2km下った場所にある小楠公の墓所。碑を囲むように植えられた2本の楠は樹齢約1300年、幹回り10m以上という立派な大木です。たくさんのエネルギーが蓄えられていそう！

みんなのクチコミ!!

南北朝時代は激戦地だったそうですが、現在は穏やかな住宅地。立派な拝殿を見るたびに「この地は祭神が見守ってくれているんだな」という気持ちになります

墨書／河内國飯盛山麓、四條畷神社　印／神紋（菊水）、四條畷神社　●社紋は楠家の家紋の「菊水」。天皇家のシンボルである「菊」を守るように、穏やかな川が流れているデザインです。菊の紋は天皇家から下賜されました

御朱印帳

「御朱印帳」（1200円）には、最期の出陣で祭神が詠んだという歌と、境内にある桜とモミジがあしらわれています

お守り

参拝者に人気の「心願成就御守」（800円）は、赤と紫の2種類。強い志で主君に尽くした祭神にあやかりましょう

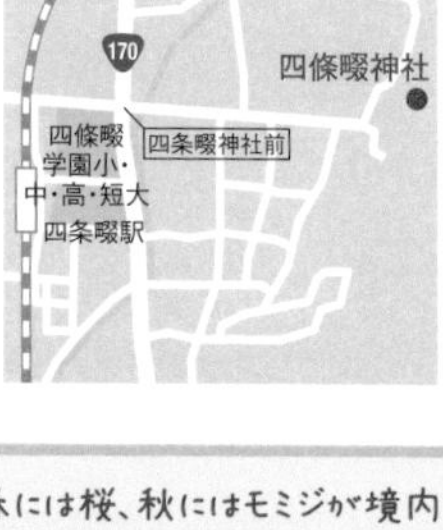

DATA
四條畷神社
創建／1890（明治23）年
本殿様式／流造
住所／大阪府四條畷市南野2-18-1
電話／072-876-0044
交通／JR学研都市線「四條畷駅」から徒歩15分
参拝時間／日の出～日没
御朱印授与時間／9:00～17:00
URL https://www.shijonawatejinja.or.jp

神社の方からのメッセージ

小さな神社ですが、豊かな自然に囲まれており、春には桜、秋にはモミジが境内を彩ります。すがすがしく、心静かに四季の移ろいをお楽しみいただける神社ですので、どうぞ皆様で参拝にいらしてください。

西国街道の桜井で、死を覚悟して戦地に赴くことを決めた大楠公が、「将来は国のために天皇に尽くしなさい」と小楠公を故郷へ帰したという逸話から「桜井の別れ」という言葉ができました。『太平記』の名場面のひとつで、唱歌にも歌われています。

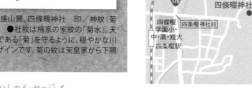

文武両道を目指すなら、こちら！

万葉集の編者・大伴家持《おおとものやかもち》も氏子でした！
文学脳も勝負強さも、両方バッチリ狙えます。

大阪

伴林氏神社

【ともばやしのうじのじんじゃ】

主祭神
道臣命《ミチノオミノミコト》
高御産巣日神《タカミムスヒノカミ》　天押日命《アメノオシヒノミコト》

閑静な住宅街に鎮座する神社。生産・生成や縁結びに御神徳のある神様や、神武天皇を大和の国に先導し、橿原《かしはら》の地での即位をお助けした武神などを祀ります。また、神社の氏子である大伴家持は、万葉集を編纂した三十六歌仙のひとり。参拝すれば、歌の才能を有し、優れた行政官でもあったという家持のようになれるかもしれません。「文武両道を目指したい」「縁結びのパワーがほしい」、そんなあなたにぴったりの神社です。

靖国神社から移贈された手水舎

大鳥居外側西に位置する手水舎は、1872（明治5）年頃に東京招魂社（のちの靖国神社）に建てられたもので、1940（昭和15）年の新社殿完成の際に移贈されました。

みんなのクチコミ!!

本殿・楝門及び透塀・拝殿、幣殿、手水舎、若宮八幡宮社殿の5件が2022年の国の登録有形文化財に指定されました

墨書／奉拝、道臣命　印／伴林氏神社印　●墨書にある「道臣命」は神社の主祭神であり、大伴氏の祖神です。神武天皇東征で八咫烏を目印に熊野山中を進み、天皇を先導した功績から道臣の名を賜りました

おみくじ

万葉神籤（まんようみくじ）は、御利益たっぷりのおみくじ筒（105cm）から。おみくじの長さは90cmとジャンボサイズ！（初穂料200円）

お守り

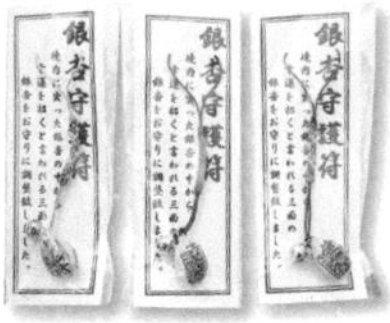

神社で手作りされているお守り「銀杏守」（500円）。境内で実った銀杏のなかでも、幸福を招くといわれる珍しい三面の銀杏を使用

縁起のよい吉祥結びの「むすひ守り」（800円）。大切に身につければ神さまとのご縁が結ばれ願いが届くお守りです

DATA
伴林氏神社
創建／不詳（ただし式内社）
本殿様式／春日造
住所／大阪府藤井寺市林3-6-30
電話／072-954-5126
交通／近鉄南大阪線「土師ノ里駅」から徒歩8分
参拝時間／8:30～17:00（11～4月～16:00）
御朱印授与時間／8:30～17:00（11～4月～16:00）
URL http://tomobayashiuji-jinja.jp

神社の方からのメッセージ

2019年7月に世界遺産登録された、百舌鳥・古市古墳群の中に位置します。また、新元号「令和」の出典元として注目の『万葉集』の「梅花の宴　序」を記し、注目を集めた大伴旅人やその子、大伴家持の氏神です。

百舌鳥・古市古墳群は、現在の大阪平野に位置し、古代日本の政治文化の中心地のひとつだったと考えられています。4世紀後半から5世紀後半の古墳時代の最盛期にかけて造られた、古代権力者の巨大な墓所です。なかには全長500mを超えるものも。

一生に一度の願いがかなう!?

大阪

堀越神社【ほりこしじんじゃ】

祭神は聖徳太子の叔父。その死を悼み、風光明媚な茶臼山に聖徳太子が創建した由緒ある神社です。明治の中頃まで境内の南沿いに堀があり、それを越えて参拝したことが社名の由来。古くから大阪では「堀越さんは一生に一度の願いを聞いてくださる神さん」という言い伝えがあります。

墨書／日付のみ　印／浪華茶臼山、十六八重表菊紋、堀越神社　●神紋は菊の御紋の中央に神社の頭文字「堀」があしらわれたもの。浪華は「なにわ」と読む大阪の古名です

御神木は樹齢550年。こちらの横に鎮座する「太上神仙鎮宅霊符神（たいじょうしんせんちんたくれいふしん）」はお守りの元祖の神様

「桃守り」（1000円）の中には、木彫りの桃が。桃には災厄を寄せつけない力があるとされています

主祭神

崇峻天皇《スシュンテンノウ》

DATA

堀越神社

創建／593（推古天皇元）年
本殿様式／流造
住所／大阪府大阪市天王寺区茶臼山町1-8　電話／06-6771-9072
交通／JR・大阪メトロ「天王寺駅」から徒歩10分、または近鉄南大阪線「大阪阿部野橋駅」から徒歩13分
参拝時間／6:30～18:00
御朱印授与時間／9:00～18:00
URL https://www.horikoshijinja.or.jp

みんなのクチコミ!!

短冊に願いをひとつだけ書く「ひと夢祈願」（5000円）で、願いをかなえた人が多数いるそうです！

いぶし銀の輝き、但馬一の古社

兵庫

粟鹿神社【あわがじんじゃ】

2000年以上の歴史がある、但馬国最古の社。『古事記』より4年前に書かれた古文書に社名が見られます。杉やヒノキの巨木に囲まれ、森閑としたなかに建つ社殿は、思わず身震いするほどの神々しさ。御利益は豊かさの基本といえる家内安全・五穀豊穣。全国から崇敬者が訪れます。

墨書／但馬一宮、粟鹿神社　印／抱き茗荷、粟鹿神社　●簡素ななかにも荘厳な趣のあるたたずまい。その心洗われるようなすがすがしさが御朱印からも感じられます

シンプルなお守りながら、艶やかな織り柄と美しい朱色・白から、由緒正しい神社の格式が伝わってきます（各500円）

国家を揺るがす災厄に面したとき、天皇からの勅使が4回派遣され、この勅使門が使われました。朝廷のあつい信頼を伝える門です

主祭神

天美佐利命《アメノミサリノミコト》

日子坐王命《ヒコイマスノオオキミノミコト》　日子穂穂手見尊《ヒコホホデミノミコト》

DATA

粟鹿神社

創建／不詳
本殿様式／神明造
住所／兵庫県朝来市山東町粟鹿2152　電話／079-676-2465
交通／JR山陰本線「梁瀬駅」からタクシーで10分
参拝時間／自由
御朱印授与時間／9:00～17:00

みんなのクチコミ!!

大きなパワーと深い歴史を感じる神社です。珍しい木製の狛犬がいますよ！

ここ一番、必勝の合格祈願なら！

飛鳥時代に宮廷に仕えた歌聖が主祭神です。「人丸さん」から〝火止まる〟で炎上除けも。

兵庫

柿本神社【かきのもとじんじゃ】

地元では「人丸さん」と親しまれている神社で、祭神は学問・文学の神様として信仰されています。入学試験や資格試験の合格祈願に超強力なパワーを期待できそうです。祭神が植えたと伝えられる、筆の穂先ほどの小さな実をつける筆柿が御神木。その実は安産間違いなしのお守りだとか。火災除けの御利益もあり、お札をお供えした家が火事になった際に、お札だけが燃え、家を守ったと言い伝えられています。今なら、SNSの炎上除けにも。

主祭神

柿本人麻呂公《カキノモトノヒトマロコウ》

みんなのクチコミ!!

人麻呂公を歌聖として崇敬していた初代明石城主の小笠原忠政公が建立した神社です

柿本人麻呂公の功績をたたえた碑

正式名称を播州明石浦柿本大夫祠堂碑銘といい、明石藩主の松平信之が1664（寛文4）年に建てた祭神の顕彰碑です。台座が亀の形になっていることから、「亀の碑」と呼ばれています。本殿に向かって参道左側にあります。

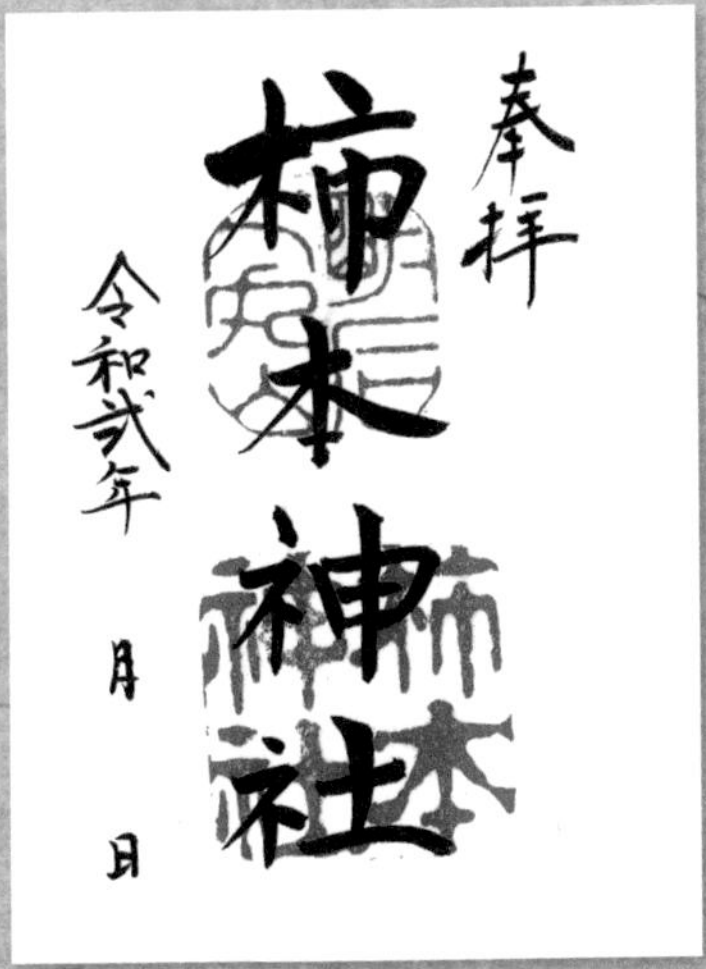

墨書／奉拝、柿本神社　印／明石人丸山、柿本神社

●印にあるとおり、神社は人丸山の高台に鎮座。参道入口の人丸山公園は桜の名所として知られています

お守り

受験生に大人気の「オクトパス合格御守」（1000円）。明石名物のタコが、ガッチリ“勝”をつかむ元気の出るお守りです

明石市は、東経135度の子午線が通る“子午線の町”。子午線をモチーフにした「旅行安全御守」（700円）が旅の無事を守ります

御朱印帳

「オリジナル御朱印帳」（2000円）は、表面に祭神の肖像画と明石で詠まれた代表的な和歌を描き、裏面は社紋で彩られています

DATA

柿本神社

創建／1620（元和6）年
本殿様式／流造
住所／兵庫県明石市人丸町1-26
電話／078-911-3930
交通／山陽電車「人丸前駅」から徒歩5分
参拝時間／9:00～16:30
御朱印授与時間／9:00～16:30
URL http://www.kakinomoto-jinja.or.jp

神社の方からのメッセージ

境内には、御神木「筆柿」や明石で一番古い石造り狛犬など、名所がたくさんあります。また、御神水「亀の水」は、播磨3名水のひとつ。延命長寿の水です。明石海峡大橋と淡路島を一望できる景色もお楽しみください。

祭神は、『万葉集』に多くの和歌が載せられた、文字どおり第一級の歌人です。格調高く独創的な歌を作ったことから、和歌の神様と称されることも。才能あふれる人麻呂公の御神徳にあやかろうと、受験や就職試験などに挑む多くの人が合格祈願にお参りします。

恋も仕事も！　最強級の勝運GET

外せない戦いなら〝最強の勝負神様〟にお願いを。芸事にもライブチケット当選祈願にも◎。

兵庫

二宮神社

【にのみやじんじゃ】

ご近所では「正勝《まさかつ》さん」の愛称で親しまれている神社。主祭神は天照大神《あまてらすおおみかみ》の長男に当たり、天照大神と並ぶ皇室の始祖神ともいわれる格式の高い神様です。〝勝運〟のほかにも芸能、受験、就職、結婚、安産、財運向上などの御利益があります。一方、神社の名称にかけて、某アイドルグループのファンにはとても有名。〝ライブチケット当選祈願〟に大勢のファンが訪れる聖地でもあります。芸事の上達祈願にもおすすめです。

主祭神

正勝吾勝勝速日天忍穂耳命《マサカツアカツカチハヤビアメノオシホミミノミコト》

白蛇のお告げで建立した椋白龍社《むくのきはくりゅうしゃ》

1955（昭和30）年創建の最強級金運スポット。二宮神社の鬼門を守る白蛇が夢に現れ「社を建て祀れば天界に昇り、龍となり人々の願いをかなえよう」と告げたという声が多数寄せられ、創建に至りました。

例祭前日の5月4日は、宵宮として神幸式（神輿渡御）があり、氏子地域を猿田彦神役、大人神輿、華神輿、子供神輿が練り歩きます

みんなのクチコミ!!

主祭神のお名前は「まさに勝つ、吾れは必ず勝ちて負けること無し、勝ち進む速さは日の昇るがごとし」という意味。頼りになる最強の“勝負神様”です

絵馬

鮮やかな五色がシンボルの「叶絵馬」（500円）

授与品

「御神塩水」（1000円）は、室内や空間を清める塩水のミスト。シュッとひと吹きでリフレッシュ！

お守り

肌身離さず持つことで、強力な勝負運の御神徳を頂ける「肌御守」（1200円）

御朱印帳はP.27で紹介！

墨書／二宮神社　印／葺屋荘総鎮守正勝乃宮、三つ巴紋、二宮神社、宮司之印　●明治時代に旧・葺合（ふきあい）区内の全神社を合祀していたため、「葺屋荘総鎮守」を冠していました

墨書／奉拝、二宮椋白龍大神　印／椋白龍大神、白龍　●刺繍の書き置きのみです。通常御朱印はこのほかに稲荷社の御朱印も頂けます

DATA

二宮神社

創建／不詳 ※201（神功皇后元）年以前
本殿様式／不詳
住所／兵庫県神戸市中央区二宮町3-1-12　電話／078-221-4786
交通／JR神戸線「三ノ宮駅」または阪急・阪神「神戸三宮駅」から徒歩8分
参拝時間／7:00～17:00
御朱印授与時間／9:00～17:00
URL http://www.ninomiyajinja.or.jp

神社の方からのメッセージ

「椋白龍社」（詳細は上記参照）の祭神は龍神様で、御神徳は大願成就、財運向上です。また、龍神様は芸事の神様でもあることから、月に一度、古典芸能の奉納が行われています。

風水師や祈祷関係者から、二宮神社は風水の「気」のたまるポイント「龍穴」に当たるとされているとのこと。風水に詳しい方や、パワーチャージを狙う方々が、熱心なお参りをされているそうです。一度のお参りで、最強パワーの御利益にあずかれるかも？

山頂の神社で疫病退散

兵庫

廣峯神社

【ひろみねじんじゃ】

広嶺山の山頂にある神社で、全国の牛頭天王の総本宮です。坂道や石段を上って拝殿前にたどり着くと、姫路市内が一望できます。歴史は古く、拝殿と本殿は国指定重要文化財。本殿後方には、菅原道真公を祀る天神社や稲荷社など数々の境内社があり、さまざまな御利益を頂けます。

御朱印帳はP.25で紹介！

墨書／広峰山、武大神　印／牛頭天王総本宮、廣峯神社　●「武大神」は祭神の別名です。ほかに官兵衛神社の御朱印なども頂けます

正殿の裏手に守護神が鎮まる9つの穴があり、自分の星の穴に願いごとを3回ささやくとかなう（裏詣り）といわれています

お守り

裏詣りの必需品「九星詣り参拝セット」（800円）は、願いを書いて穴に入れる祈願札、神棚や玄関に飾る御幣串、お守りがセットに

主祭神

素戔嗚尊《スサノオノミコト》

DATA
廣峯神社
創建／733（天平5）年
本殿様式／入母屋造り・桧皮葺
住所／兵庫県姫路市広嶺山52
電話／079-288-4777
交通／神姫バス「広峰」から徒歩30分、または神姫バス「競馬場前」からタクシーで10分
参拝時間／自由
御朱印授与時間／9:00～16:00
URL http://www.hiromine-j.jp

みんなのクチコミ!!

豊臣秀吉の懐刀と頼られた、軍師・黒田官兵衛。父の代から廣峯神社を崇敬してきました。キラリと光る知略・戦略の御利益が高い官兵衛神社も境内に

神様がファミリーで幸せを招く

兵庫

舞子六神社

【まいころくじんじゃ】

明石海峡大橋を望む高台に鎮座する神社。境内の戎様と大黒様の像は、御影石の造りでは日本一の大きさ。6柱の神様は家族神のため、「ここでお宮参りをした子供は、大人になって結婚をしたあとも家族と一緒に舞子で暮らす」といわれているほど強力な家内安全・夫婦円満の御利益が。

限定御朱印はP.20で紹介！

墨書／まいこむの宮、舞子六神社　印／三巴紋　●祭事や月替わりのカラフルな限定御朱印も頂けます

御朱印帳

本殿の屋根の反りを表現した「御朱印帳」（2000円）。神社名の「六」の字は幕舎と鳥居がモチーフ

墨書／奉拝、舞子六神社、六社皇大御神、伊那那岐大神　印／三巴紋、まいこむのみや、舞子六神社、伊那那岐大神、幕舎と鳥居　●2ヵ月ごとに神様の名前とシルエットが替わります

みんなのクチコミ!!

お宮参りのお子さんに命名色紙を額装してお渡ししているそうです

主祭神

伊邪那岐尊《イザナキノミコト》　伊邪那美尊《イザナミノミコト》　天照大御神《アマテラスオオミカミ》
素戔男尊《スサノオノミコト》　蛭子大神《ヒルコノオオカミ》　月夜見尊《ツクヨミノミコト》

DATA
舞子六神社
創建／1689（元禄2）年
本殿様式／神明造
住所／兵庫県神戸市垂水区西舞子1-5-7
電話／078-781-5584
交通／JR神戸線「舞子駅」から徒歩5分、または山陽電車「西舞子駅」から徒歩2分　参拝時間／自由
御朱印授与時間／9:00～16:00
URL https://rokujinjya.jp

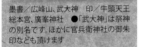

絶好調の開運にはお祓いがイチバン

女性の厄除け「姫厄祓い」なら淡路島で。町中が盛り上がる盛大なお祭りも見逃せません。

兵庫

由良湊神社

【ゆらみなとじんじゃ】

祭神のうち速秋津日古神と速秋津比売神は男女一対の神様で、祓い清めを司ります。7月と12月に行われる神事「大祓」では、海に流された人々の罪や穢れを飲み込みます。神社をお参りすれば、日々の生活で積もった穢れが祓い清められ、気分はスッキリ！　大きな開運に結びつくかもしれません。品陀別尊は「八幡さん」と尊ばれ親しまれる、第15代応神天皇の御神霊。国家泰安、武運長久の神様で、凶事や災難を打ち払ってくださいます。

主祭神

速秋津日古神《ハヤアキツヒコノカミ》

速秋津比売神《ハヤアキツヒメノカミ》　品陀別尊《ホムタワケノミコト》

3歳で氏子デビュー！

ねり子祭りは、数えで3歳になった稚児の氏子入りを奉告し、無事な成育を祈願するお祭りです。由良湊神社から若宮神社までを稚児とその家族や親族が練り歩き、朱塗りの神輿や各町の布団だんじりも曳き回されます。

みんなのクチコミ!!

春季例大祭では子供のママも盛装します。昔は結婚披露宴がなく、このお祭りで"嫁"披露を兼ねたとか。町中の人が「元気で大きくなれ！」と祝います

御朱印帳はP.24で紹介！

墨書／淡路由良鎮座　印／由良湊社　●鎮座地が見事な筆致で記されています。神社名はシンプルに押印のみ。神社に祀られている女神様が見開きで描かれたオリジナル御朱印帳があります

お守り

「彦御守」（800円）は、荒潮に負けない、雄々しく力強い祭神の御神徳を表しています

「姫御守」（800円）は柔らかいきれいな柄の布地で作られた、清めのお守りです

御祈祷

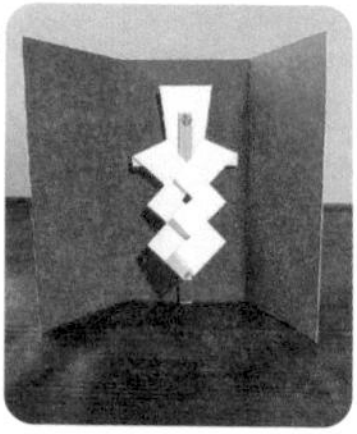

お祓いの女神を祀る由良湊神社の「姫厄祓い」は、女性のための厄払い祈祷です。御祈祷のあとには、お守りと飾り台の付いた「御幣」を頂けます

DATA

由良湊神社

創建／不詳
本殿様式／流造
住所／兵庫県洲本市由良3-5-2
電話／0799-27-0562
交通／淡路交通バス「由良支所前」から徒歩3分
参拝時間／8:00～17:00
御朱印授与時間／要事前問い合わせ
URL http://yuraminato.html.xdomain.jp

神社の方からのメッセージ

由良では特有のお祭りが代々受け継がれ、盛大に催されます。2月の節分に続いて「ねり子祭り」、3月と10月には大漁と海上安全を祈願する「岬まつり」があります。厄年の男性は1年間、祭りを奉仕して厄を落とします。

神社では女性の厄除け「姫厄祓い」を行っています。拝殿での祈祷のあと、御幣を持って神社の周りを3周し、再び拝殿へ。金幣の鈴を鳴らしてもらい、神様の力を頂きます。厄年を迎える女性の皆様、「姫厄祓い」で1年を乗り越えましょう。御祈祷は予約制です。

こんな御朱印見たことない！

完全予約制のアートな御朱印！

少し不便な立地ながら「御朱印を頂きに通いたくなる」とうわさの神社があるのをご存じですか？これまでの概念を覆す、まるで芸術品のような御朱印は感動モノの美しさ。なんとその場で書いてくださいます。

自然に囲まれた癒やし空間

【てんのみやじんじゃ】

天之宮神社

主祭神
天然元津大神《テンネンモトツオオカミ》

自然を神とあがめ、その偉大さに畏怖の念を抱く「自然信仰」を今に伝える神社。参道には小川が流れ、季節の花々が参拝者の目を楽しませます。女性神職が心を込めて書き上げる御朱印が人気ですが、「静かな環境のなか、落ち着いて御祈祷や御朱印を受けていただきたい」という神社の思いから、御祈祷は電話による事前予約、御朱印はハガキによる抽選制。最新情報は公式 X（エックス）、公式サイトで確認を。

DATA
天之宮神社
創建／不詳　本殿様式／神明造
住所／大阪府泉南郡岬町多奈川谷川3249-1
電話／070-8369-8254　交通／岬町コミュニティバス「中の峠」から徒歩1分　参拝時間／10:00～15:00 ※神事のため閉所の場合あり。公式サイトで確認の上、参拝してください。
御朱印授与時間／往復ハガキによる事前抽選
URL https://www.tennnomiya.com
ツイッターアカウント：@_tennnomiya_

御朱印帳

神職と宮人がデザインから制作までを手がける、立体の「オリジナル御朱印帳」（2500～1万円）。写真左から、紋付き袴、白無垢、卒業袴黒、卒業袴青、神職浅葱袴、巫女袴

お守り

安泰を祈願して神職がひと針ひと針奉製する「手毬守り」（4000～5000円）。1体を作るのに4～7時間かかるそう

御朱印帳バンドも手作りです

神社のオリジナルキャラクターがお守りに。とぼけた表情がかわいい「ひよこ守り」（4000～5000円）

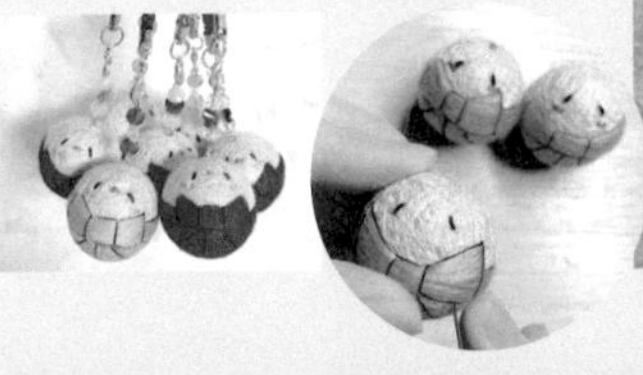

2ヵ月に一度、絵柄が変わる限定御朱印

[共通] 墨書／奉拝、天之宮　印／社紋、天之宮神社

墨書／秋風に たなびく雲の 絶え間よりもれ出づる月の 影のさやけさ

墨書／十五夜お月さまみてねむる

墨書／秋の夜も 名のみなりけり 逢ふといへば 事ぞともなく明けぬるものを

金書／我が道

正月限定

飛び出す絵本みたい！

例大祭限定

繊細な切り絵にビックリ

まだまだあります！

編集部オススメ！授与品

総合運&
縁結び&
金運

授与品は、神職が参拝者の幸せを祈り、願いがかなうよう考えられたもの。
神様のパワーを封じ込めた授与品を御利益ごとにチェックしましょう。

総合運

住吉大社 P.46

多くの摂社や末社がある住吉大社には、それぞれに授与品やお守りがあります。こちらでは美容と芸事の神様を祀る浅澤《あさざわ》社と縁結びの神様を祀る侍者《おもと》社のお守りを紹介。

お守りに小花が咲いた「美咲守」（各1000円）

「侍者守」（1000円）

湊川神社 P.67

民衆の絶対的ヒーローだった楠木正成公を祀る神社だけあり、正成公の智謀や仁徳にあやかる強大なパワーの満ちる授与品が多数。自分の状況に合った授与品を探してみて。

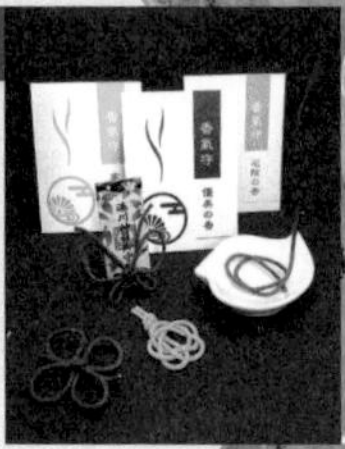

「香氣（こうき）守」（各1000円）は、お香を焚いて邪気を祓います

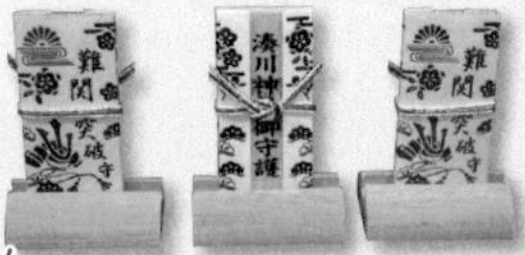

台座付きの「難関突破守」（各1000円）

縁結び

星田妙見宮 P.86

人の運命を司るという妙見様を祀る神社です。毎日全国から参拝者が受けにくるという御札が「太上神仙鎮宅七十二霊符」。中国皇帝に最高の守護符と尊ばれ、除災開運に絶大な霊力を発揮したといわれる秘法の霊符です。

天の川と星をイメージした「縁結び御守」（800円）

お守りの人気No.1！

「北斗七星霊符御守」（2000円）

御札の人気No.1！

「太上神仙鎮宅七十二霊符」（6000円）。朝夕お祈りすることで富貴繁栄を招来するとされています

氷室神社 P.59

「神戸で縁結び&恋愛祈願ならここ！」と名高い神社。弁天様への手紙を「愛のポスト」へ投函したあとは、お守りを頂くのを忘れずに。最強の恋愛パワーを味方につけて。

「縁むすび守」（800円）

布忍神社 P.88

心に刺さるとうわさの「恋みくじ」同様、現代美術アーティスト・イチハラヒロコが監修したお守り。いつも身に付けて、心に迷いが出たときはパワーをもらいましょう♡

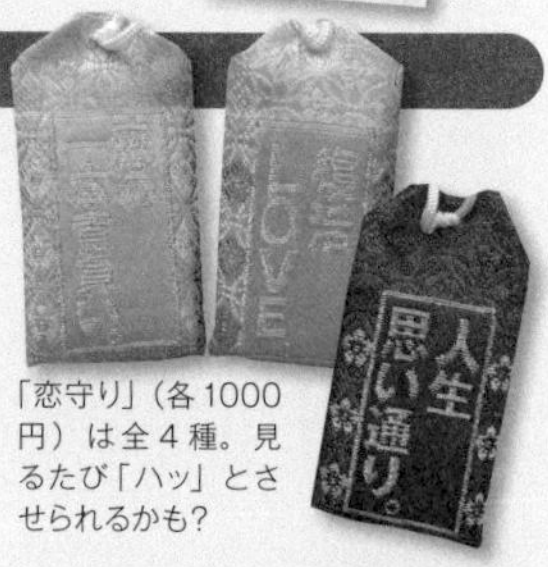

「恋守り」（各1000円）は全4種。見るたび「ハッ」とさせられるかも？

金運

瓢箪山稲荷神社 P.54

金運アップや商売繁盛に御利益あり！　福を招き繁栄を象徴するというヒョウタンをモチーフにした金ピカのお守りや、稲荷大神の使いであるキツネをかたどったお守りなど、バリエーション豊かで個性的な授与品が頂けます。

「神狐御守」（800円）は、神狐をイメージした人気のお守りです

大きなヒョウタンの中にそれぞれの「運気」を司る5つのヒョウタンが入った「五運金六瓢」（1000円）

コンパクトで携帯しやすい「五行御神徳守」（各1000円）。自分の御利益に合った色を選びましょう

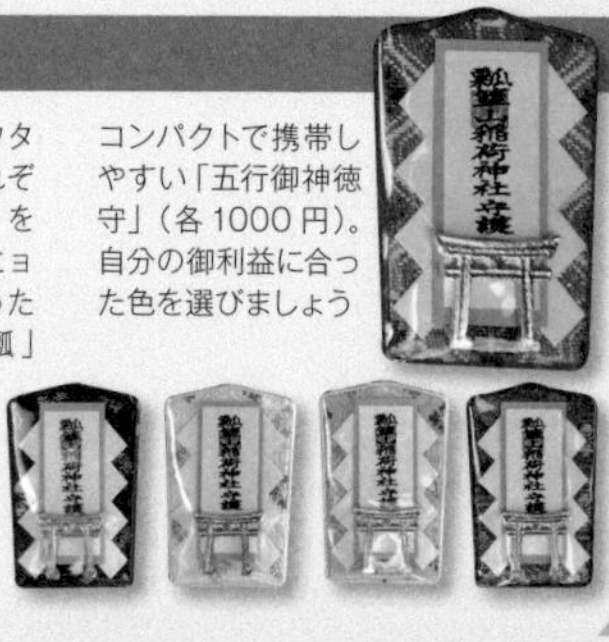

第三章 御利益別！ 今行きたい神社

Part2 縁結び

恋愛成就は女子も男子も永遠のテーマ！
すてきな出会い、仕事の人脈、夫婦円満
など、あらゆる良縁と幸せをゲット♡

★縁結び★絶対行きたいオススメ神社2選
生國魂神社（大阪）／玉造稲荷神社（大阪）

- 岸城神社（大阪）
- 高津宮（大阪）
- 星田妙見宮（大阪）／信太森神社（大阪）
- 難波八阪神社（大阪）
- 布忍神社（大阪）
- 伊和志津神社（兵庫）／賀茂神社（兵庫）
- 水堂須佐男神社（兵庫）
- 三石神社（兵庫）／本住吉神社（兵庫）
- 諭鶴羽神社（兵庫）

❤縁結び❤ 絶対行きたいオススメ神社 3選

恋愛から人間関係まで最高の良縁を頂こう

恋人がほしい！　婚活がうまくいかない……、いつだって恋の悩みは尽きません。
そして、ご縁は男女の仲だけではなく、人や仕事の出会いにもつながる大切なもの。
最強の縁結びスポットと名高い２社で、すてきなご縁をゲットしましょう。

絶対行きたい
オススメ神社 1

懐の深い神様が願いをバックアップ

神代より崇敬される歴史ある古社。境内社に祀られる女性の守護神は悪縁切りも得意です。

大阪

生國魂神社【いくたまじんじゃ】

主祭神
生島大神《イクシマノオオカミ》
足島大神《タルシマノオオカミ》

ほかにも学力向上、諸芸上達などの御利益が……

御祭神は国土そのものとされ、生きるものすべてを守護するグローバルな御神徳の持ち主です。境内奥の生玉《いくたま》の杜《もり》には、芸能上達や学力向上、商売繁昌、さらには土木建築など、さまざまな御利益がある12の境内社がずらりと並びます。なかでも3柱の女神を祀る鴫野《しぎの》神社は、大阪屈指の悪縁切り、縁結びのパワーが頂けると評判。豊臣秀吉公の側室として栄華を極めた淀姫ゆかりの神社です。

女性の守護神に縁結び&心願成就
縁結びから縁切り、心願成就まで願いをかなえてくれると女性のあつい信仰を集める鴫野神社。「巳（みい）さん」の名で親しまれています。

限定御朱印はP.22で紹介！

墨書／奉拝、生國魂神社　印／難波大社生國魂神社
●難波大社（なにわのおおやしろ）は大阪最古の神社である生國魂神社の尊称です。神代より人々にあがめられてきました

御朱印帳

社紋を図案化した御朱印帳（1500円）。3色から選べます

上方落語の祖がモデルです！

おみくじ

開運招福の縁起物である生玉人形のミニチュアを貼り付けた「いくたまみくじ」（300円）

みんなのクチコミ!!

1月の初詣期間限定でその年の「干支朱印」が頂けます（→P.22）

「心」の文字に錠前のデザインがカッコいい「心願守」（1000円）

DATA
生國魂神社
創建／紀元前663年
本殿様式／生國魂造
住所／大阪府大阪市天王寺区生玉町13-9
電話／06-6771-0002
交通／大阪メトロ「谷町九丁目駅」から徒歩4分、または近鉄「大阪上本町駅」から徒歩9分
参拝時間／9:00～17:00
御朱印授与時間／9:00～17:00
URL https://ikutamajinja.jp

神社の方からのメッセージ

生國魂神社は上方落語発祥の地であることから、境内に上方落語の祖・米澤彦八（よねざわひこはち）の碑が建立されました。神社の境内で活躍した彦八にあやかって諸芸上達を祈願する方もいます。

本殿は「生國魂造（いくたまづくり）」と呼ばれる日本で唯一の建築様式。本殿と幣殿をひとつの流造で葺きおろし、3つの破風を据えた、ほかにはない特殊な造りです。現在の社殿は戦後に建て替えられたものですが、桃山時代の遺構を今に伝えています。

絶対行きたいオススメ神社 2

強力縁結び！ 恋愛成就も夫婦円満も

主祭神は稲の精霊で、豊かな衣食住を司る神様。女神様が女子の悩みをガッチリ受け止めます。

大阪

玉造稲荷神社

【たまつくりいなりじんじゃ】

主祭神
宇迦之御魂大神《ウカノミタマノオオカミ》

ほかにも商売繁昌、事業発展、家内安泰、子孫繁栄などの御利益が……

2000年を超える歴史ある神社です。聖徳太子が出陣の際にこの地に陣を敷いたとされています。その後、焼失しましたが、豊臣秀頼公が社殿、高殿を再建され、「大坂城の鎮守神」として崇敬されてきました。長い歴史を生き抜いてきた神社に祀られているのは、すべて女神様。江戸時代から〝姫《ひめ》の社《やしろ》〟とも呼ばれ、縁結びなど女性の悩みを解消する御利益が多く、女子の強い味方となっています。

真田紐で大輪の花 〝縁のひも掛け〟

豊臣秀頼公胞衣塚（よなづか）大明神は、秀頼公と母・淀殿の縁である胞衣（胎盤など）を祀ります。真田幸村ゆかりの真田紐で作られた「縁のひも」に願いを書き、大明神前のひも掛けに結べば、良縁の御利益があるとか。

限定御朱印と御朱印帳はP.19・27で紹介！

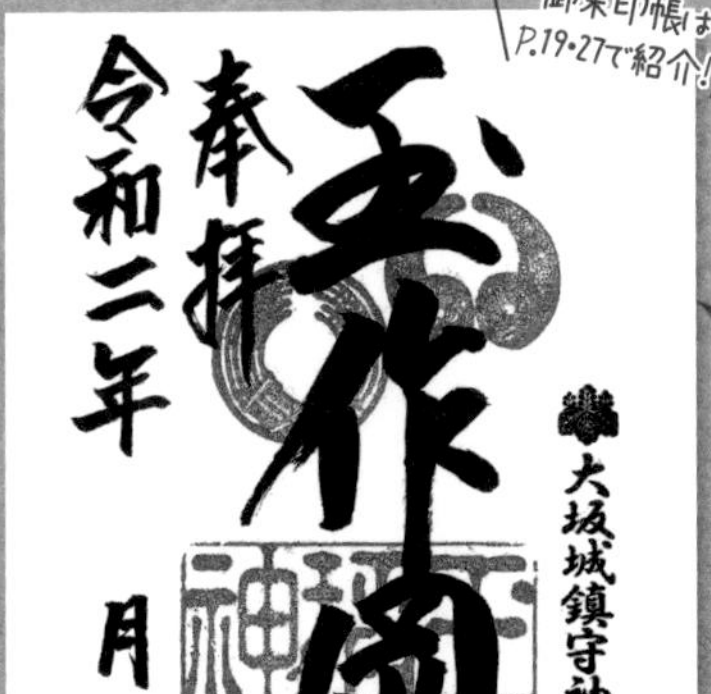

墨書／奉拝、玉作岡（たまつくりおか）　印／大坂城鎮守神、勾玉と稲紋、玉造稲荷神社　●通常御朱印のほか、元日から1月15日は書き置きの勾玉干支朱印を頂けます

お守り

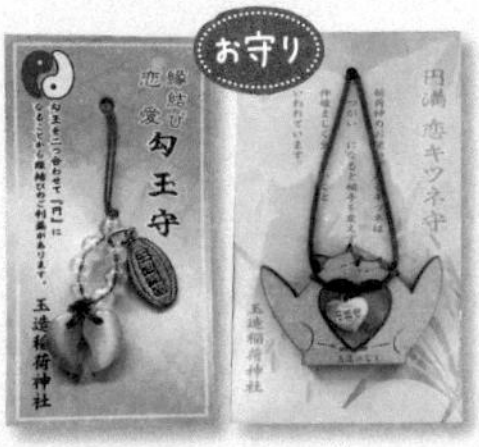

「縁結び勾玉守」（1000円）は、ふたつの勾玉を合わせると"円"になることから、良縁の御利益が期待できます！

「円満キツネ守」（800円）は真ん中にゴールドのハートが！ 持ち主の幸せを守ってくれます

みんなのクチコミ!!

大坂城の鎮守神として祀られていた神社です。特に豊臣秀頼公や淀殿はあつく崇敬し、石製鳥居を奉納。現在も一部が境内に残っています

絵馬

キツネは"つがい"になると、同じパートナーと仲睦まじく暮らします。そんなキツネにあやかり、「恋キツネ絵馬」（800円）に熱い想いを書いて奉納しましょう

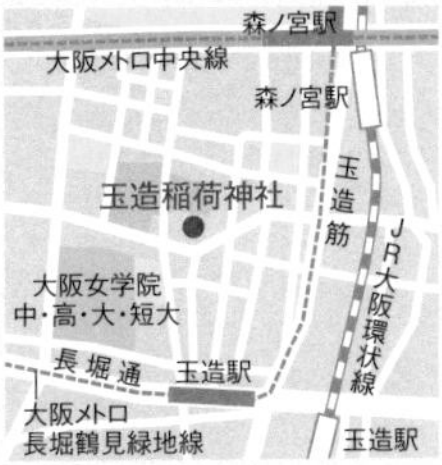

DATA
玉造稲荷神社
創建／紀元前12（垂仁天皇18）年
本殿様式／流造
住所／大阪府大阪市中央区玉造2-3-8
電話／06-6941-3821
交通／JR大阪環状線「森ノ宮駅」「玉造駅」から徒歩7分、または大阪メトロ「森ノ宮駅」「玉造駅」から徒歩7分
参拝時間／自由
御朱印授与時間／9:00～17:00
URL https://www.inari.or.jp

神社の方からのメッセージ

オリジナル御朱印帳（→P.27）は、そら色とさくら色の2色。デザインは、表紙に雄キツネ、裏表紙は雌キツネで、合わせて"恋キツネ"に！　御朱印を受けられた方に、季節と勾玉をイメージした勾玉菓をお渡しします。

大和朝廷の頃、勾玉などを製作する集団である難波玉作部（なにわたまつくりべ）がこの地に居住していたことから、「玉造」という地名の発祥となったとか。当時の勾玉作りの工程などを境内の難波・玉造資料館に展示しています（拝観は1週間前までに申し込み）。

良縁を結ぶエネルギーをチャージ！

地車《だんじり》が勢いよく疾走する岸和田祭の発祥地。大きなパワーが渦巻いている神社です。

大阪

岸城神社

【きしきじんじゃ】

岸和田城は本丸と二の丸を土橋でつないだ形が、機織りの部品「ちきり」に似ていました。このことから、岸和田城は別名・千亀利城となり、その鎮守神であったこの神社も「千亀利《ちぎり》のお宮」と呼ばれるように。「ちきり」は約束を意味する「契り」に通じ、特に男女が夫婦になることを指す言葉です。今では恋愛や結婚だけでなく、人生のすべてにおいてご縁を結んでくださる神社として、崇敬を集めています。

主祭神

天照皇大神《アマテラスオオミカミ》

素戔嗚尊《スサノオノミコト》　誉田別命《ホンダワケノミコト》

ほかにも厄除け、家内安全などの御利益が……

だんじり祭りはここから始まった！

古文書によると、大坂城下のにぎやかな祭りに感動した村人が奉行所に願い、神事の際に提灯を掲げる許可を得ました。これに合わせ藩主が村に贈った太鼓台に子供たちが乗り込んだことが、だんじり祭りの起源だとか。

みんなのクチコミ!!

境内にはミニ地車があるんです。神職さんに声をかければ見せていただけます。お祭りの時期に参拝できなかったらお願いしてみては

御朱印帳はP.24で紹介！

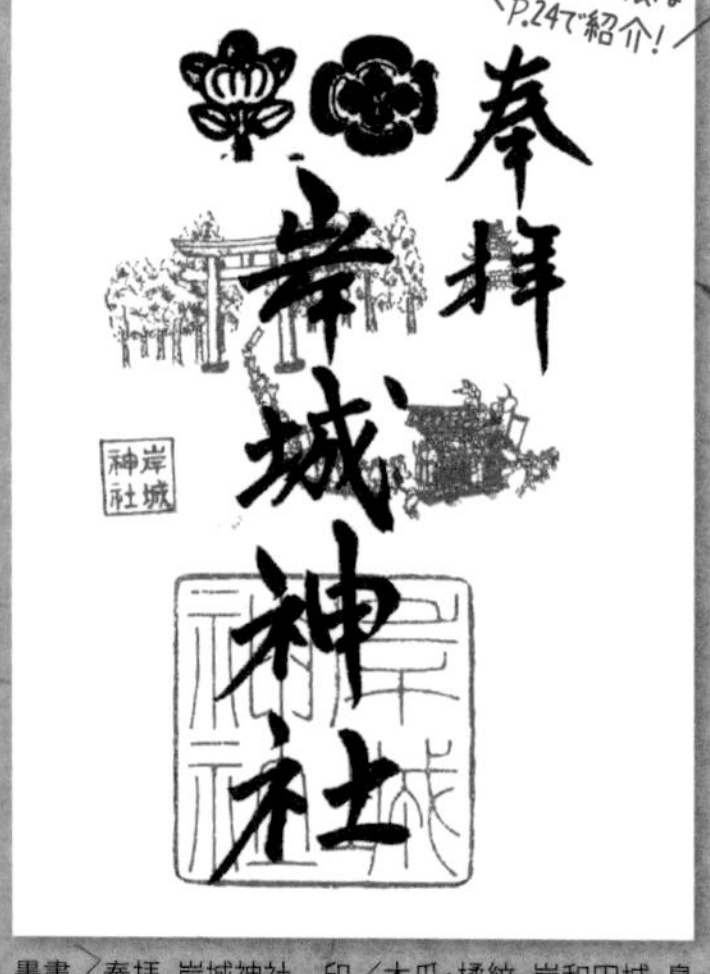

墨書／奉拝、岸城神社　印／木瓜・橘紋、岸和田城・鳥居・地車の印、岸城神社、岸城神社　●地車宮入風景の様子が御朱印に！　鳥居の右手には岸和田城も。精巧なデザインの印をGETしてゆっくり眺めたい！

縁結びのお守り「ちぎりの糸」（500円）。中に入っている紅白の糸を「ちぎりの糸納所」に結べば願いがかなうとされ参拝者に大人気です

関西では珍しいという備前焼の狛犬は、奉納されて100年以上とは思えないほど、きれいに手入れがされています

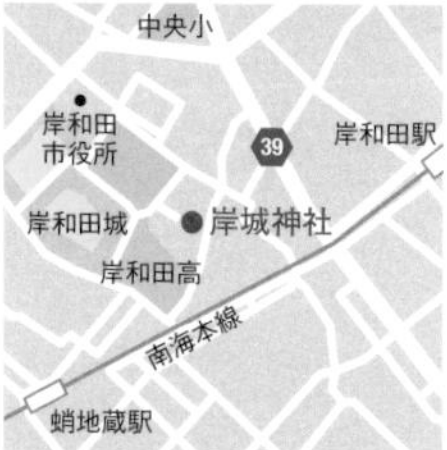

DATA

岸城神社

創建／不詳 ※約六百数十年前に岸和田村の鎮守社として神明社を築いた

本殿様式／流造

住所／大阪府岸和田市岸城町11-30

電話／072-422-0686

交通／南海本線「岸和田駅」から徒歩10分、または南海本線「蛸地蔵駅」から徒歩7分

参拝時間／自由

御朱印授与時間／9:00～12:00、13:00～16:00

URL https://www.kishikijinja.jp

神社の方からのメッセージ

岸和田城主の小出秀政により、隣村に鎮座していた素戔嗚尊と、築城以前から当地で祀られていた天照皇大神・誉田別命の祭神が合祀されたのが神社の興りです。多くの境内社があり、縁結び以外のお願いも聞いていただけますよ。

9月の例祭に合わせ、神賑行事の岸和田祭が行われます。初日は早朝6:00に地車が曳き出され、2日目には市役所前の急な坂を地車が勢いよく駆け上がる様子や、曲がり角でのやりまわし（90度方向転換）は圧巻です！　元気なエネルギーをチャージできそう！

浪速を繁栄させた祭神に恋の願いを

由緒正しい神社ながら、あらためて良縁祈願のパワースポットとして注目度上昇中！

大阪 高津宮【こうづぐう】

祭神は世界遺産の前方後円墳を墓所とする偉大な天皇。祭神が浪速の地を皇都としたことで大阪は栄えました。庶民の貧しさを知って税金を止めるなど、仁政を施した一方、恋多き人物であったとも伝わっています。今、注目されているのが「赤い糸プロジェクト」。神社遊び体験付きの縁結びパーティで「四季の恵みを感じつつ、心を落ち着かせてご縁を結ぶ」という趣旨で行われ、それに賛同した多くの男女が幸せを見つけています。

主祭神
仁徳天皇《ニントクテンノウ》

大祭（夏祭）は浪速の夏の風物詩！
大祭では、暑気払いの氷と、邪気を祓うとされる獅子頭があしらわれた笹が授与されます。氏子らが出す屋台や、大阪の台所「黒門市場」から子ども神輿がやってくるなど、浪速の風物詩にふさわしいにぎやかなお祭りです。

みんなのクチコミ!!
相合（あいおい）坂は男女それぞれが北と南から上って、頂上へ同時に到着すれば相性ぴったりとか。神社の方がおすすめする良縁祈願の参拝方法もあるので、試してみて！

ほかにも商売繁盛、開運厄除などの御利益が……

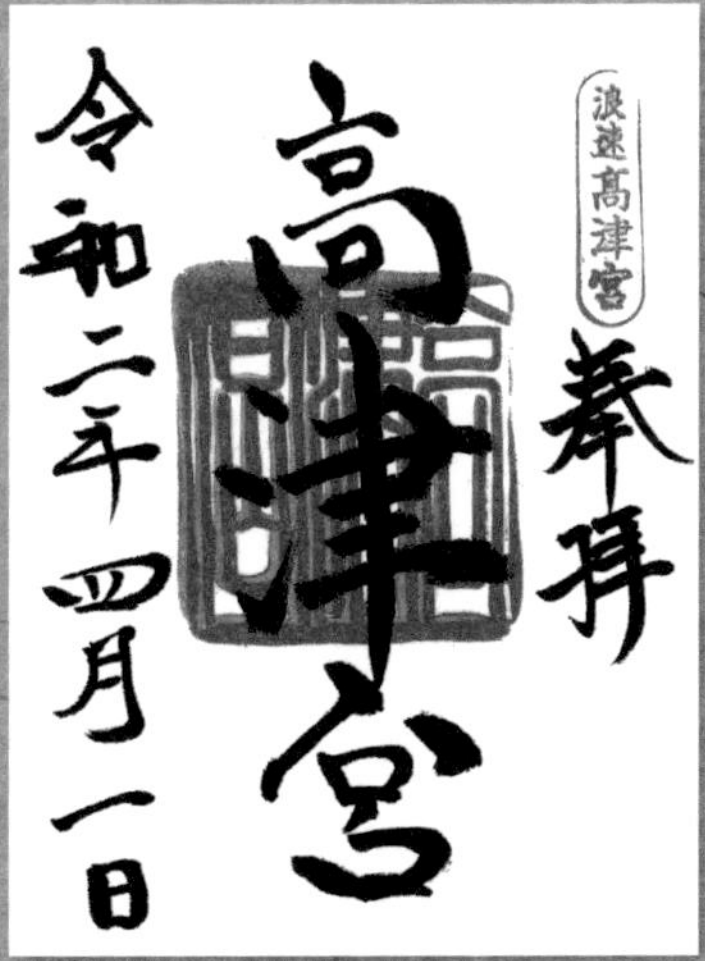

墨書／奉拝、高津宮　印／浪速高津宮、高津宮　●高津宮は皇都の名前。現在、神社のある場所は豊臣秀吉が大坂城を築城する際に移転したもので、もとの高津宮がどこにあったのかは諸説あり、はっきりしていません

おみくじ

高津宮は、悪縁を絶ち良縁を結ぶ御利益でも知られています。ここで試したいのは「恋文みくじ」（200円）。万葉集を中心に選ばれた珠玉の恋の歌が記されたすてきなおみくじです。どんな歌に出合えるかな？

お守り

ピンクとブルーの「縁結び根付」（800円）は、大好きなあの人とお揃いで手に入れたい！

菊と桐の紋があしらわれた「諸願成就錦守」（800円）。美しいお守りを持てば、願いがかないそう

DATA
高津宮
創建／866（貞観8）年
本殿様式／入母屋造
住所／大阪府大阪市中央区高津1-1-29
電話／06-6762-1122
交通／大阪メトロ「谷町九丁目駅」から徒歩8分
参拝時間／6:00〜17:00
御朱印授与時間／9:00〜16:00
URL http://www.kouzu.or.jp

神社の方からのメッセージ

高津宮には、「人生を輝かせる良縁」のための参拝順路があります。本殿へのあいさつと祈願後、悪縁を絶つ西坂を下り、相合坂を男性は南、女性は北から上ります。最後にもう一度、本殿で感謝の参拝を。

約30分の大ネタ『崇徳院』や、キツネが人にだまされる『高倉狐』など、数々の落語の舞台になった神社。『高津の富』という噺は、ある男がなけなしの金で買った富くじで千両を当ててしまうというとても縁起のいい話。金運UPの御利益もあるかもしれませんね。

正式名称は「小松神社」

大阪

星田妙見宮【ほしだみょうけんぐう】

弘法大師がこの地に立ち寄った際、天から北斗七星が降りてきたと伝わります。すべての星の中心にある北辰（北極星、北斗七星）は、人の星、つまり「人の運命」を司る神様です。星にゆかりがあるこの神社は、伝統的な七夕祭祀が有名で、縁結びの御神徳を願う人の参拝が絶えません。

参道沿いには約400本の桜が咲き誇ります。平安時代から桜の名所と知られ、多くの貴族がこの地で桜にちなんだ歌を残しました

お守り

太陽、月、星の「三光」と、北斗七星をかたどった神紋がデザインされた「星御守」（800円）

主祭神

天之御中主神《アメノミナカヌシノオオカミ》

高皇産霊神《タカミムスビノオオカミ》　神皇産霊神《カミムスビノオオカミ》

ほかにも開運厄除け、八方除けなどの御利益が……

限定御朱印と御朱印帳はP.16・26で紹介！

墨書／星田妙見宮　印／奉拝、星田妙見宮之印　●正式名称は小松神社ですが、墨書は通称が記されます。ほかに曜日や祭事、季節限定の御朱印があります

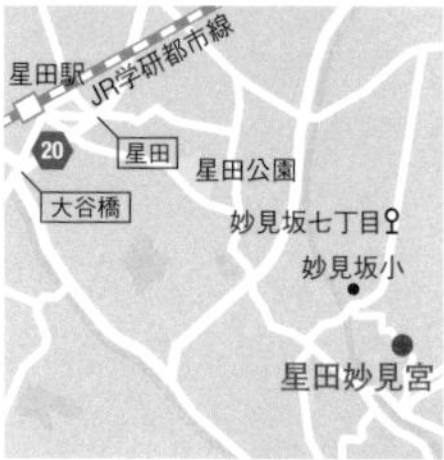

DATA

星田妙見宮

創建／816（弘仁7）年

本殿様式／磐座を祀っているため、本殿なし

住所／大阪府交野市星田9-60-1

電話／072-891-2003

交通／JR学研都市線「星田駅」から徒歩20分、または京阪バス交野南部線「妙見坂七丁目」から徒歩8分

参拝時間／自由

御朱印授与時間／9:00～16:30

URL https://www.hoshida-myoken.com

みんなのクチコミ!!

羽衣伝説や七夕伝説が残ります。七夕祭りには趣ある神事を催行

安倍晴明の母の恋物語が伝わる

大阪

信太森神社【しのだのもりじんじゃ】

信太の森でキツネを助け、傷を負った安部保名《あべのやすな》は、介抱してくれた葛の葉という女性と夫婦になり、男の子を授かりました。葛の葉はある日、神通力を失いキツネの姿に戻ってしまい、保名のもとを去りましたが、生まれた男の子は立派に育ちました。彼こそ、後に陰陽師となった安倍晴明です。

子授けの御利益でも有名。お守りを頂いたら、境内の子安石（こやすいし）の上で、時計回りに3度回して願いごとを

絵馬

願いを書いた「キツネさんの心願成就の絵馬」（600円）を持ち、もう一方の手で「夫婦楠（めおとぐす）」と呼ばれる御神木に触れます。神社に伝わる良縁祈願の作法です

主祭神

宇迦御魂神《ウカノミタマノカミ》　大己貴神《オオナムチノカミ》

大宮姫命《オオミヤヒメノミコト》　素盞男命《スサノオノミコト》

猿田彦命《サルタヒコノミコト》　若宮葛ノ葉姫《ワカミヤクズノハヒメ》

ほかにも商売繁盛などの御利益が……

墨書／奉拝、信太森神社　印／宝珠、白狐、信太森葛葉稲荷宮　●通称の「葛葉稲荷宮」に「信太森」を合わせた社印と宝珠、白狐の印が押印されます

DATA

信太森神社

創建／708（和銅元）年

本殿様式／不詳

住所／大阪府和泉市葛の葉町1-11-47

電話／0725-45-7306

交通／JR阪和線「北信太駅」から徒歩5分

参拝時間／自由

御朱印授与時間／9:00～16:00

URL http://www.kuzunohainari.com

夫婦神から恋を勝ち取る力を頂く

パワフルなエネルギーで邪念を祓うスサノオと女神様が恋の願いをかなえてくださいます。

大阪

難波八阪神社【なんばやさかじんじゃ】

ビルが建ち並ぶ大阪有数の繁華街に突然現れる木々の緑が目印。戦災で社殿が焼失したものの、近隣住民の手によって戦後見事に再建を果たした、地域に愛される神社です。鳥居をくぐると、眼光鋭く大きな口を開けた獅子舞台がお出迎え。にぎやかな大阪の街に負けないエネルギッシュな夫婦神から良縁を結ぶ強力なパワーを頂きましょう。

邪気を飲み込んで勝ち運を招く

目はライト、鼻はスピーカーと機能性(?)も抜群な獅子舞台は海外からの観光客にも人気。大きな口で勝利を呼び、苦難を飲み込み人々に幸福をもたらします。節分祭などの神事はこちらで行います。

主祭神

素戔嗚尊《スサノオノミコト》

奇稲田姫命《クシイナダヒメノミコト》　八柱御子命《ヤハシラミコノミコト》

ほかにも厄除け、疫病退散、縁結びなどの御利益が……

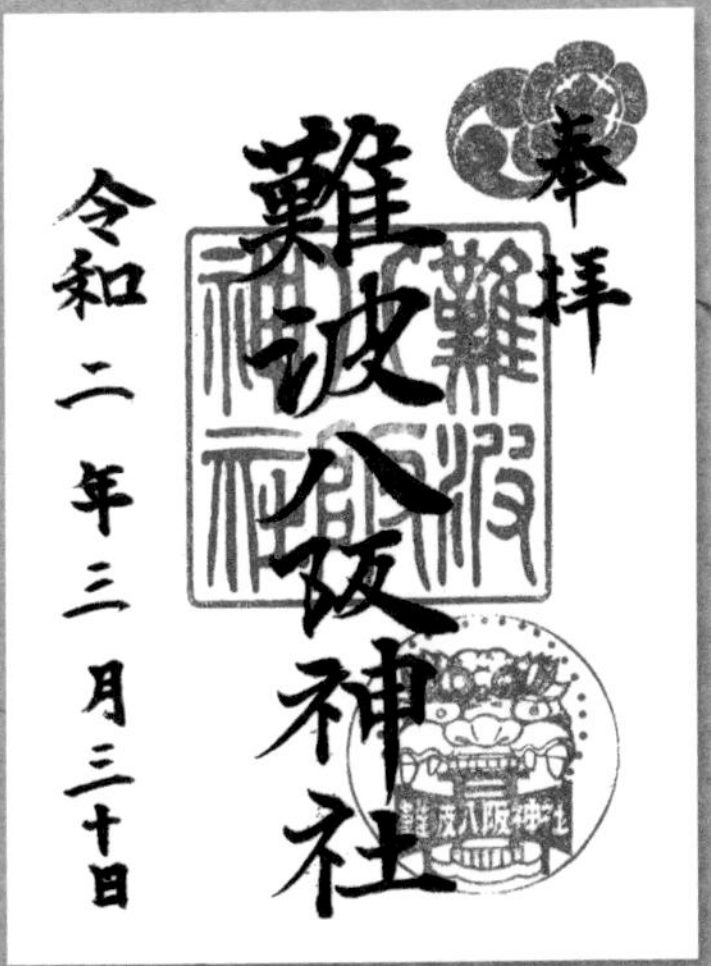

墨書／奉拝、難波八阪神社　印／左三つ巴と木瓜(五瓜唐花)紋、難波八阪神社、獅子舞台　●神紋は八坂神社(京都)と同じ。どことなくユーモラスな獅子舞台の印が頂けるのはもちろんここだけ

素戔嗚尊が出雲で八岐大蛇(やまたのおろち)を退治した伝説に由来して、大蛇に見立てた綱を引き合う正月の綱引神事が有名。大阪市の無形民俗文化財に指定

みんなのクチコミ!!

強烈なインパクトの獅子舞台はなんと高さ12m！　獅子に邪気を飲み込んでもらって良縁祈願しちゃいましょう

授与品

「恋みくじ」(各500円)には恋と鯉をかけて鯉の形をした「恋鯉守り」が一緒に入っています。鯉があなたの恋を後押ししてくれそうです

「勝守」(1000円)で、スサノオのパワーを注入！

DATA

難波八阪神社

創建／不詳
本殿様式／権現造
住所／大阪府大阪市浪速区元町2-9-19
電話／06-6641-1149
交通／大阪メトロ「なんば駅」5番出口、「大国町駅」1·2番出口、または南海本線「なんば駅」から徒歩6分
参拝時間／6:00~17:00
御朱印授与時間／9:00~17:00
URL https://nambayasaka.jp

神社の方からのメッセージ

節分祭には豆だけでなく、お餅もまいています。お餅には当たりを意味する印を付けていて、あとからお酒や野菜などと交換できるお楽しみも。この準備がなかなか大変なのですが、参拝してくださる皆さんのためにがんばっています。

創建年代や由緒が不詳なのは、戦災で社殿のほか書物などもすべて焼失してしまったため。伝わるところによれば、仁徳天皇の頃、この地で疫病が流行し、素戔嗚尊の化身とされる疫病封じの神様、牛頭天王(ごずてんのう)を祀ったのが神社の始まりとされています。

恋みくじの言葉が幸せを後押し

「恋みくじ」を目当てに参拝する人多数。幸せを自分でつかみ取るための力を頂けます。

大阪

布忍神社【ぬのせじんじゃ】

目の前を川が流れる静かなたたずまい。古くから地域の人たちに親しまれてきた神社がにわかに注目を集めるようになった「恋みくじ」（200円）は、恋の道に迷い込んだ人におすすめ。現代美術アーティスト・イチハラヒロコの言葉が「刺さる」と、クセになる人続出なのだそう。「すべては自分の考え方次第です」……宮司さんの言葉も深いです。

主祭神

速須佐男之尊《ハヤスサノオノミコト》

八重事代主之尊《ヤエコトシロヌシノミコト》　建甕槌雄之尊《タテミカヅチオノミコト》

ほかにも毒虫・病気退治、交通安全、厄除けなどの御利益が……

吉も凶もない恋みくじが話題

「おみくじは御神託を綴ったもの。せっかく大切なことが書いてあるのですから、ちゃんと読んでほしくて」と発案。最終的にこの形になったそうです。「今の立ち位置とこれからを考えるきっかけになれば」と宮司さん。

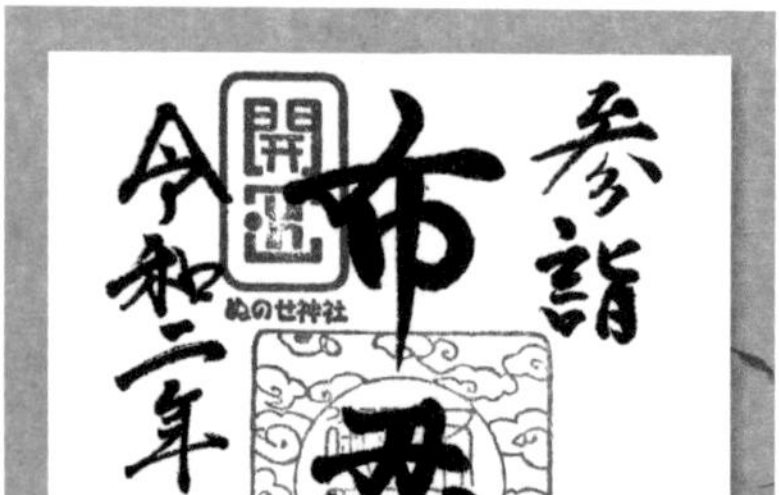

墨書／参詣、布忍宮　印／絵馬と宮橋、ぬのせ宮、布忍神社、開運、ぬのせ神社、日本一名社　●日本一名社とは日本唯一の神社名のこと。「開運」の字はオリジナル

社務所で頂ける由緒書は、持ち帰り希望が多いという恋みくじを入れる袋にもなるよう折り方を工夫しています

御朱印帳

大きな円は縁を表し、地紋の松とバラの柄は神社のある松原市を意味するなど宮司さんの遊び心にあふれた御朱印帳（2000円、御朱印含む）

神社近くの養護施設の人たちが革染めから手作りする「えと肌守」（各600円）

お守り

「○（まる）守」は、御朱印帳とお揃いです（1000円）

開運の開は「始める」、運は「めぐる」という意味も。めぐり・始めることで神様の御利益を得られる「開運守（1000円）」

DATA

布忍神社

創建／不詳　本殿様式／流造

住所／大阪府松原市北新町2-4-11

電話／072-334-7634

交通／近鉄南大阪線「布忍駅」から徒歩10分

参拝時間／6:00～18:00（6～8月5:00～19:00）

御朱印授与時間／9:00～17:00※月曜は授与所休み。月曜が1日、15日、祝日の場合は火曜休み

URL http://www.eonet.ne.jp/~nunose/

神社の方からのメッセージ

言葉には力があります。おみくじは神様のお告げですから、必ずお参りしてから引くようにしてください。「全種類欲しい」という気持ちもよくわかりますが、一度の参拝で何回も引くのは考えもの。というわけでひとり3回（基本は1回）までとしています。

宮司さんは学生時代、美術を専攻していたという経歴の持ち主。アイデア満載の授与品は、デザインの意図を聞けばどれも「なるほど」とうなるものばかり。恋みくじがポストカードサイズなのも「飾れるようにするため」だそうです。

芸事にも恋にも効く縁結び神

兵庫

伊和志津神社
【いわしづじんじゃ】

宝塚市随一の古社。参道の両脇にずらりと並ぶ石灯籠が歴史を感じさせ、境内には厳かな雰囲気が漂います。一方、芸事の神様として慕われ、宝塚歌劇団関係者のお参りも。昭和20年代、宝塚歌劇団の大ファンである手塚治虫先生に、例大祭の雪洞の絵をご奉納いただいたこともあるとか。

主祭神
須佐之男命《スサノオノミコト》

3月末から4月上旬にかけて、「一本桜」が満開の花を咲かせます。パワースポットとしても有名です

「だるまみくじ」と「恋みくじ」（各300円）は全5色。祈願のときは、だるまに目をいれましょう

限定御朱印は
P.18で紹介！

墨書／寶塚随一ノ古社、延喜式内ノ大社、伊和志津、奉拝　金書／龍　印／伊和志津神社、須佐之男命の木瓜紋、スミレの花　●金書はその年の干支

DATA
伊和志津神社
創建／不詳 ※延喜年間（901~923年）以前と考えられる
本殿様式／春日造
住所／兵庫県宝塚市伊子志1-4-3
電話／0797-72-3265
交通／阪急今津線「逆瀬川駅」から徒歩6分
参拝時間／自由
御朱印授与時間／10:00~16:00
URL http://iwashidu-jinja.jp

ほかにも安産、厄除け、芸事上達などの御利益が……

みんなのクチコミ!!

宝塚といえば、宝塚歌劇団！神社には団員の方や宝塚音楽学校を目指す方も参拝されます

神様のラブパワーを授かる

兵庫

賀茂神社
【かもじんじゃ】

瀬戸内海に面し、入江から突き出した室津港のすぐそばに鎮座。四本脚の楼門をくぐると、右手に5棟の社殿が整然と並ぶ光景は昔と変わらぬたたずまいを今に伝えています。御神木の「賀茂の愛の榊」に良縁を祈願すれば、ご縁を結ぶ神様の強いパワーを感じることができます。

主祭神
賀茂別雷大神《カモワケイカヅチノオオカミ》
建速須佐之男命《タケハヤスサノオノミコト》　菅原道真命《スガワラミチザネノミコト》

本殿に向かって左、ソテツ群の裏にある御神木は、2本の榊が自然と1本に結ばれた不思議な連理の榊。参拝すると夫婦の絆を深め、良縁を授かれます

色とりどりの水引をデザインした「結び守」（500円）

墨書／奉拝、賀茂神社　印／播磨國室社、二葉葵紋、賀茂明神　●祭神は上賀茂神社と同じ。紋章の二葉葵は加茂葵ともいわれる賀茂氏の象徴であり、賀茂神社の社紋です

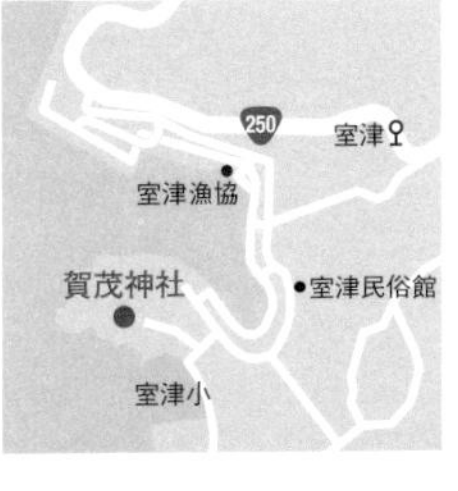

DATA
賀茂神社
創建／2660年以上前
本殿様式／流造
住所／兵庫県たつの市御津町室津74
電話／079-323-3171
交通／神姫バス「室津」から徒歩10分※バスの本数が少ない為、車の利用を推奨
参拝時間／自由
御朱印授与時間／宮司在社時

ほかにも開運、火災・落雷・災い除けなどの御利益が……

みんなのクチコミ!!

平清盛やドイツ人医師のシーボルトも訪れた歴史ある神社です

古代ヒーローの力で厄を祓いきる！

主祭神は強い力ですべてを清める厄除けの神様。縁結びや夫婦円満のパワーが授かれます。

兵庫

水堂須佐男神社

【みずどうすさのおじんじゃ】

境内地のほぼ全体が、5世紀頃築造された水堂古墳と呼ばれる前方後円墳の上にある珍しい神社。小さいながら美しく整えられた境内は、すがすがしい気に満ちています。祀られているのは、八岐大蛇《やまたのおろち》を退治し、その際に助けた美しい姫と結婚した、冒険心とロマンあふれる神様です。強力な厄除けはもちろん、妻となった櫛稲《くしいな》田《だ》姫《ひめ》と仲むつまじく暮らしたことから、縁結びや夫婦円満に絶大な加護があると信仰を集めています。

主祭神

須佐之男命《スサノオノミコト》

ほかにも厄除け、夫婦円満、疫病除けなどの御利益が……

『万葉集』に詠まれた草花の天井絵

拝殿の天井画は、水堂古墳の被葬者と、阪神淡路大震災の犠牲者の霊にささげるため、1998（平成10）年に日本画家の鈴木靖将氏が制作。東西8m、南北4mの格天井の杉板165枚に、古墳副葬品と『万葉集』に詠まれた野の草花が描かれています。

"古墳と万葉の花の宮"を称する神社だけあり、手水舎は色とりどりの季節の花が浮かぶ「花手水」です

御朱印帳

拝殿天井絵「万葉の花」のデザインを踏襲した「オリジナル御朱印帳」（2000円）は、神社の見開き御朱印対応タイプです

みんなのクチコミ!!

神社のある水堂古墳は、間口50m、奥行きは60m。粉状になった人骨や三角縁神獣鏡、土器などが出土し、出土品は尼崎市指定文化財になっています。本殿裏手にある古墳保存館は、社務所に申し込めば見学可能です

墨書／万葉の歌、山上憶良の万葉歌　金書／須佐男神社　印／菊紋、須佐男神社、宮司之印　●『万葉集』の歌と、歌をイメージした印が押されます。限定御朱印は、見開き四面で毎月授与しています

DATA

水堂須佐男神社

創建／1575（天正3）年
本殿様式／流造
住所／兵庫県尼崎市水堂町1-25-7
電話／06-6438-3078
交通／JR神戸線「立花駅」から徒歩10分
参拝時間／自由
御朱印授与時間／不定期
URL https://www.m-susanoo.net/

神社の方からのメッセージ

祭神は荒々しく強い力の持ち主として有名ですが、同時に、すべてをすがすがしく清めてくださる厄除けの神様です。祭神に由来する「夏越の大祓（なごしのおおはらえ）」では、茅の輪（ちのわ）くぐりの神事があります。

現在の本殿・拝殿・手水舎は、1995（平成7）年の阪神淡路大震災で旧拝殿が倒壊し、3年後に復興再建されたものだとか。一方、境内には長い歴史をしのばせる石造物が多数あります。手水鉢には、「元禄六年」の銘記が。お参りの際にチェックしてみてください。

兵庫

強い女性神に恋の成就を祈願

三石神社【みついしじんじゃ】

戦いからの帰途、和田岬で神功皇后の船が進まなくなりました。三ツ石を立てて占うと、廣田(西宮市)、生田(神戸市)、長田(神戸市)、住吉(大阪)に神々をお祀りするようお告げがありました。この神社はその儀式の地です。神々とその土地の縁をつないだ祭神にすてきなご縁を願いましょう。

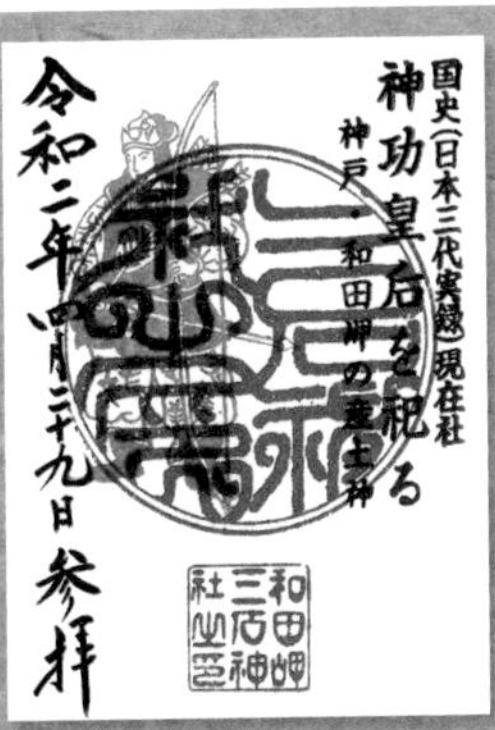

墨書/参拝　印/国史(日本三代実録)現在社 神功皇后を祀る 神戸・和田岬の産土神、三石神社之印、神功皇后御神影、和田岬三石神社之印
●祭神の御神影が「カッコいい」と評判

境内にある稲荷社の脇には見事な桜が。祭神の像や「三ツ石の遺跡」、近隣の造船所にちなんだスクリューがあるなど、小さな境内ながら見どころがいっぱいです

お守り

妊娠中に海を渡っての戦いで勝利を手にした祭神の霊験あらたかな「勝御守」(1000円)。世界で活躍する地元出身の柔道家も毎年参拝に訪れます。恋愛の勝利もかなえられそう!

主祭神

神功皇后《ジングウコウゴウ》

天照皇大神《アマテラススメオオカミ》　素盞嗚大神《スサノオノオオカミ》

ほかにも安産、厄除けなどの御利益が……

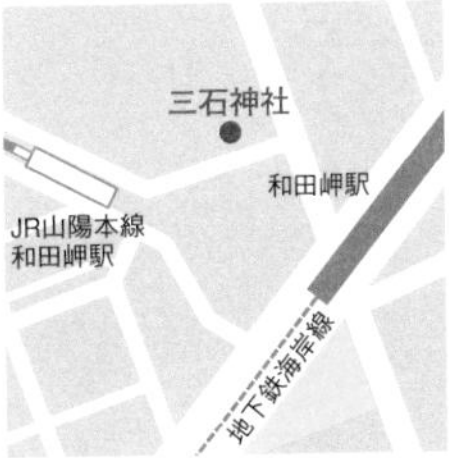

DATA
三石神社
創建/201(摂政元)年
本殿様式/流造
住所/兵庫県神戸市兵庫区和田宮通3-2-51
電話/078-671-2531
交通/JR山陽本線・地下鉄海岸線「和田岬駅」から徒歩2分
参拝時間/6:00~19:00
御朱印授与時間/8:00~17:00
URL http://www.mitsuishi.or.jp

みんなのクチコミ!!

赤ちゃんの命名相談も可能。姓名学を用いた本格的なものです

兵庫

全国の住吉神社の「本《もと》」

本住吉神社【もとすみよしじんじゃ】

かつての西の要路、西国街道沿いにありながら、境内には静謐な空気が漂います。大阪の住吉大社(→P.46)の「もと(=本)」になった神社と伝わっています。妊娠中に出征し、強い母とも聖母とも称される神功皇后にすばらしいご縁を導いていただけるよう、心穏やかに祈ってみては。

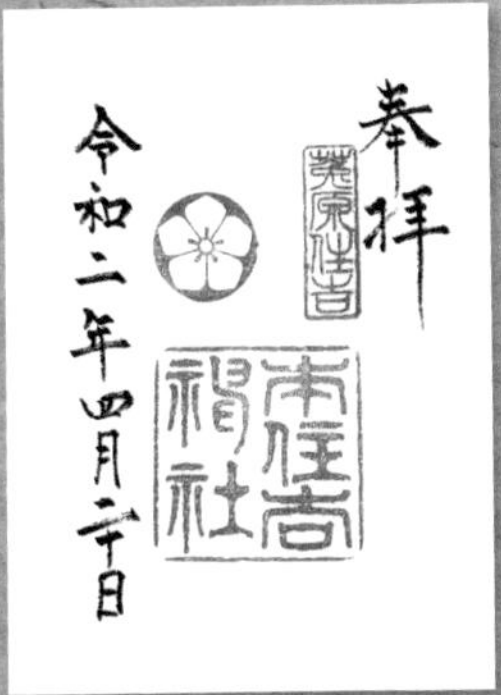

墨書/奉拝　印/菟原住吉、桔梗紋、本住吉神社　●「菟原住吉」の印は旧地名が菟原(うばら)郡だったため。ウサギが多く生息していたとか

安産や子育ての御利益でも有名な祭神にあやかりたいと、参拝者に人気の「安産守」(800円)は、心ほぐれる優しいピンク色

お守り

VICTORY(勝利)の「V」があしらわれた「必勝御守」(800円)で、恋の成就を祈願!

主祭神

住吉大神《スミヨシノオオカミ》　神功皇后《ジングウコウゴウ》

ほかにも安全、生命守護、社運隆昌などの御利益が……

DATA
本住吉神社
創建/201(摂政元)年
本殿様式/流造
住所/兵庫県神戸市東灘区住吉宮町7-1-2
電話/078-851-3746
交通/JR神戸線「住吉駅」からすぐ
参拝時間/自由
御朱印授与時間/9:00~17:00

みんなのクチコミ!!

5月の例大祭では迫力満点のだんじり祭りを催行!

国造りの夫婦神に縁結びを祈願

イザナギとイザナミが降り立ったという
諭鶴羽山に鎮座する縁結びの社で良縁ゲット！

兵庫

諭鶴羽神社

【ゆづるはじんじゃ】

山で舞い遊ぶイザナギとイザナミが乗っていた鶴の羽を、狩人が矢で射たことから二神が山にとどまることになったのが創建の由来。主祭神は多くの神々を生み出した「母なる神様」で、縁結びや夫婦和合の御利益が授かれます。ひっそりとたたずむ神社は、境内にいるだけで厳粛な気持ちに。和歌山県の熊野三山の神様はこの山から渡ったとされ、元熊野宮とも称されます。

主祭神

伊弉冉尊《イザナミノミコト》

ほかにも水源守護、産業振興、家内安全などの御利益が……

参拝者を優しく迎えてくれる親子杉

巨木が並ぶ鎮守の森でひときわ立派な親子杉は樹齢500年。太い杉と細い杉が寄り添うように立っています。長年の風雪に耐え、今なお樹勢は盛ん。手で触れると神様のパワーが頂けるようです。兵庫の巨樹·巨木に選定されています。

御朱印帳はP.27で紹介！

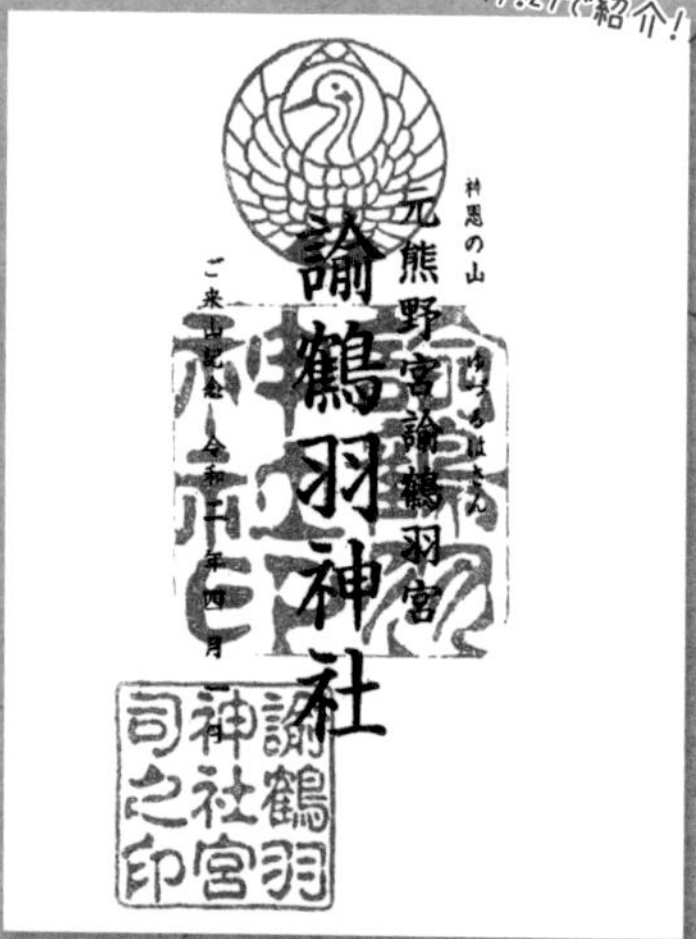

印／神恩の山、ゆづるはさん、元熊野宮諭鶴羽宮、諭鶴羽神社、鶴丸紋、諭鶴羽神社印、諭鶴羽神社宮司之印
●社紋の鶴は、イザナギとイザナミが鶴の羽に乗って諭鶴羽山の頂上のカヤの木に舞い降りた神話がモチーフです

本殿の両側にちょこんと鎮座する狛犬は、こぢんまりとしてなんとも味わいのある表情を浮かべています

みんなのクチコミ!!

淡路島では正月に高山で餅を焼いて食べると1年間無病息災という言い伝えがあります。例年、神社横に広がる鎮守の森は餅を焼く初詣の参拝者でにぎわいます

絵馬

イザナギとイザナミが鶴の羽に乗り、仲よく舞い遊ぶ様子を絵馬（500円）に。家の神棚に納めてもよいそうです

お守り

いつも身に付けておきたい「身守り御守」（各500円）。健康·安全に御利益があります

DATA

諭鶴羽神社

創建／開化天皇の御代（前158～前98年）
本殿様式／不詳　住所／兵庫県南あわじ市灘黒岩472
電話／090-3990-5334
交通／諭鶴羽山麓から車で15分、または登山道口から徒歩1時間30分　※細い参道のため、真心をもって参拝される方のみ無料送迎あり。事前に必ず電話またはメールで問い合わせ（〈電話〉090-3990-5334　〈メール〉yuzuruha@f4.dion.ne.jp）　参拝時間／自由
御朱印授与時間／宮司在社時　※本殿に書き置きあり
URL https://yuzuruha.jimdo.com

神社の方からのメッセージ

諭鶴羽山では春先から初夏にかけて常緑樹のユズリハ木が落葉し、新緑の若葉がいっせいに芽吹き始めます。古い葉が若い葉に譲り、子々孫々栄えていくという縁起のよい木です。そのため諭鶴羽山は譲葉山とも書かれます。

高さ608m、淡路島の最高峰にあたる諭鶴羽山の山頂に頂上社が鎮座しています。ヒノキで造られた社殿に祀られているのは、諭鶴羽大神と八天狗。4月第2土曜の春の例大祭では、御神幸祭として白装束をまとった氏子が御輿を担いで山頂へ渡御します。

第三章 御利益別！ 今行きたい神社

Part3

金運

収入アップや宝くじの当選、商売繁盛、
一攫千金など、お金に関する願いなら、
金運パワーをチャージできるこちらへ。

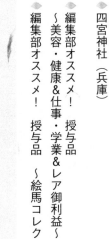

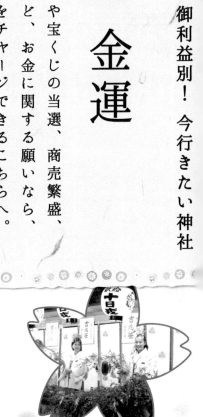

金運 絶対行きたいオススメ神社 2選

開運招福＆金運UPで輝く人生を手に入れる！

自分磨きをしたり、旅行に行ったり、洋服を買ったり……、
やりたいことがいっぱいの人生には、やっぱりお金が不可欠です。
あふれる願いを神様にお願いして金運を引き寄せましょう。

絶対行きたい
オススメ神社 1

厄を祓って福を呼ぶ福徳円満の神様

神戸市民から「長田さん」と親しまれている神社。産業の守護神、開運招福の神様を祀っています。

兵庫

長田神社【ながたじんじゃ】

主祭神

事代主神《コトシロヌシノカミ》

ほかにも開運招福、心願成就、病気平癒などの御利益が……

強力な御利益で港町の繁栄を護ってきた、神戸七福神の一柱である恵比須神が祀られています。市民の心の拠り所として地元から深く崇敬され、特に企業の商売繁盛や金運向上の願掛けに参拝する人が多数。月次祭のある毎月1日は「おついたちまいり」の縁日で、早朝から参拝者でにぎわっています。祭礼に合わせて、長田神社前商店街では「ぽっぺん市」が開催されます。

7匹の鬼が災いを祓い清める神事

2月の節分の日に神様の使いである7匹の鬼が災い・罪・穢れを祓い清める「古式追儺式（ついなしき）」が行われます。1年間の無病息災を祈願し、松明の炎で厄を焼きつくし、太刀で凶事を切り捨てる行事です。

お守り

小槌などの縁起物とえびす様があでやかに織り込まれた「商売繁昌御守」（各1000円）

みんなのクチコミ!!

境内には祭神の父神である大黒神を祀る出雲社や、開運招福・商売繁盛の御利益がある蛭子社など、7社の末社があります。本殿と併せて参拝しましょう

かばんに入れやすいサイズです

お守り

楠宮稲荷社の御神木に宿るという赤エイをかたどった「赤えい懐（ふところ）守」（500円）

墨書／奉拝、長田神社　印／菊菱、長田神社
●美しい筆致の御朱印です。古式追儺式の日には限定の御朱印が頂けます

墨書／奉拝、楠宮稲荷社　印／神戸 長田神社、病気平癒・楠宮稲荷社・心願成就、赤えい　●摂社の楠宮稲荷社の御朱印です

お守り

「痔の神様」ともいわれる楠宮稲荷社の「病気平癒守」（1000円）

DATA
長田神社
創建／201（神功皇后摂政元）年
本殿様式／流造
住所／兵庫県神戸市長田区長田町3-1-1
電話／078-691-0333
交通／地下鉄西神・山手線「長田駅」、または阪神神戸高速線「高速長田駅」から徒歩7分
参拝時間／4～9月5:00～18:00、10～3月6:00～18:00
御朱印授与時間／9:00～16:00
URL https://nagatajinja.jp

神社の方からのメッセージ

神功皇后が新羅より御帰還の途中、「吾（あ）を御心長田の国に祠（まつ）れ（私の御心を長田の国に祀るよう）」とお告げを受けて創祀されました。古来、皇室の崇敬あつく、現在の神戸発展の守護神と仰がれています。

一般に鬼は不吉なものとされていますが、長田神社の追儺式の鬼は神々に代わり災いを祓い清めるため、松明を手に舞い踊ります。7匹の鬼役は何度も井戸水をかぶり練習を重ね、当日早朝は須磨の海岸で海に入り、心身を清めて神の代理として鬼役を務めます。

絶対行きたい
オススメ神社 2

尼崎を見守る「尼のえべっさん」

全国的にも珍しい女性の宮司さんならではのアイデアあふれる御朱印や授与品が大人気です。

兵庫

尼崎えびす神社

【あまがさきえびすじんじゃ】

祭神は、古来「えべっさん」の愛称で親しまれてきた海の神様。その深い御神徳が尼崎の漁業人たちの生活を繁栄させ、現在の街の躍進につながったといわれています。優しいお顔の祭神に祈願すれば、商売繁盛&金運アップも夢じゃありません。こちらの宮司は、かつて客室乗務員を務めていたという異色の経歴の持ち主。参拝者参加型の企画や宮司のメッセージ付き御朱印を考案して評判を集めています。

主祭神

八重事代主大神《ヤエコトシロヌシオオカミ》

ほかにも商売繁盛、漁業航海守護などの御利益が……

みんなのクチコミ!!

勝負運を上げたいなら、勝ち馬さんの像に触れて。願いを神様に伝えてくださるそうです

願いを神様に届けるきつねさん

境内の高宝院稲荷に祀られている稲荷大明神の守り神はきつねさん。願い札に願いをひとつ記入する神事「願掛けきつね」で、きつねさんに願いを神様へ運んでもらいましょう。

阪神電車の高架沿いに立つ朱色の大鳥居は、尼崎のシンボル。高さ17m、柱の直径1.6mで、鳥居に掲げられている額面は、なんと畳3枚分の大きさがあります

石造のえびす様「しあわせえびす」。願いごとを言いながらえびす様の体を触り、次に自身の体を触ります。えびす様の顔がより笑顔に見えたら願いがかなう兆しとか

限定御朱印と御朱印帳はP.19・26で紹介!

墨書／福の神、尼崎えびす神社　印／三つ葉柏紋、尼崎戎宮、小判と福の袋、えびす様　●このほか、月替り御朱印や、宮司在室時のみ授与できるイラストとメッセージ付き「宮司の無絵心御朱印」なども頂けます

墨書／おいなりさん　印／高寶院、鳥居、尼崎戎神社、キツネと灯篭、駆けるキツネ　●高宝院稲荷の御朱印。毎月14日に新デザインに変わります

お守り

「金福萬縁」(800円)は、えびす様の姿がうっすら浮かび上がる金のお札。財布に入れて金運招福!

DATA

尼崎えびす神社

創建／不詳 ※醍醐天皇時代(885～930年)以前
本殿様式／大社造
住所／兵庫県尼崎市神田中通3-82
電話／06-6411-3859
交通／阪神「尼崎駅」から徒歩3分
参拝時間／自由
御朱印授与時間／10:00～12:00、13:00～16:00
URL https://www.amaebisu.com

神社の方からのメッセージ

当神社では、現代社会の状況を見つつ、人々の暮らしにおける幸福、変化、迷い、心配などの対応に焦点を当てた祈願やお守り、御朱印などを多数用意しています。日々の生活に疲れた際に、ぜひ一度ご参拝ください。

境内にある「月像石(つきいし)」は触れると心が落ち着き、日々のストレスや疲れが癒やされるとうわさの不思議な石。1969(昭和44)年7月20日、アポロ11号が月面着陸を果たした日に和歌山県で発見されたという奇岩で、翌年にこちらの神社に奉納されました。

金運も長生きも出世も思いどおりに

大河ドラマ「真田丸」で人気再燃の神社です。勝運をアップさせてリッチな未来をつかんで。

大阪

三光神社

【さんこうじんじゃ】

大阪城東南の真田山に鎮座。神社が位置するのは、大坂冬の陣において大坂城の出城「真田丸」の一部が築かれた場所とされます。今も境内には真田幸村公が大坂城から掘った地下道とされる遺構「真田の抜け穴」があります。歴史好きは要チェックです。また、末社には※長命富貴の神様や、相撲の神様がいらっしゃいます。リッチな生活を目指したい、負けられない勝負がある、そんなときはぜひお参りを！

※長生きで高い地位にあり、財産があること

主祭神

天照大神《アマテラスオオミカミ》

月読尊《ツクヨミノミコト》　素戔嗚尊《スサノオノミコト》

ほかにも長命富貴などの御利益が……

みんなのクチコミ!!

真田家の家紋「六文銭」は“三途の川の渡し賃”とされることから「決死の覚悟」を表していたとか

撤退経路も確保した？　真田の抜け穴

真田幸村公が設けたとされる地下道「真田の抜け穴」の入口脇には、幸村公のりりしい陣中指揮姿の銅像が。台座には、信州上田の真田家の菩提寺である長谷寺から運んだ石、通称「真田石」が使用されています。

御朱印帳はP.26で紹介！

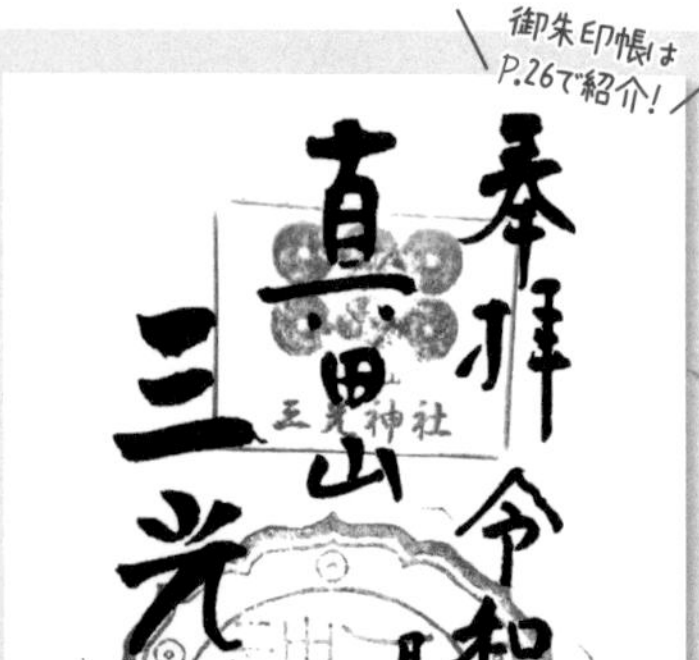

墨書／奉拝、真田山三光神社　印／六文銭紋、真田山三光神社、摂津國真田山三光神社　●「大阪七福神めぐり」の寿老神の御朱印も頂けます

絵馬

大ヒット大河ドラマ「真田丸」のタイトルと、真田家の家紋・六文銭のデザインが鮮やかな「六文銭絵馬」（800円）は、参拝記念に

お守り

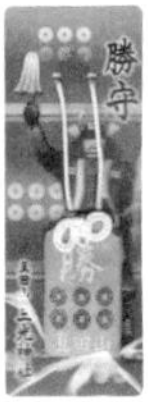

六文銭をモチーフにした布製の「勝守」（800円）。幸村公の力を感じられ、安心感絶大です

一番人気の「勝守」（800円）は、ていねいに手彫りした小型の竹製お守り。ここ一番の勝負には、ぐっと握りしめてもOK！

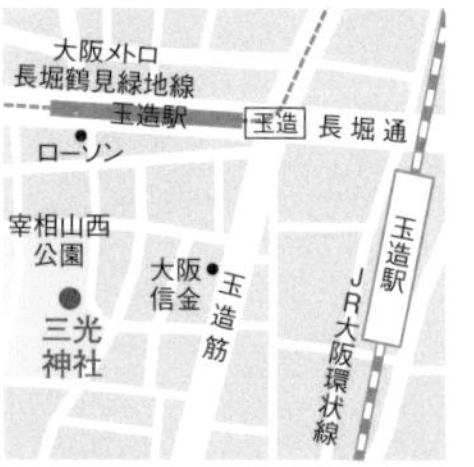

DATA

三光神社

創建／反正天皇時代

本殿様式／流造

住所／大阪府大阪市天王寺区玉造本町14-90

電話／06-6761-0372

交通／JR大阪環状線「玉造駅」から徒歩5分、または大阪メトロ長堀鶴見緑地線「玉造駅」2番出口から徒歩2分　参拝時間／自由

御朱印授与時間／9:00～15:00（土・日・祝～16:00）

URL https://www.sankoujinja.com

神社の方からのメッセージ

三光神社は、日本で唯一の中風除けの神様です。毎年恒例の神事として、6月1日を祈願の初日と定め、6月1～7日に中風除け大祭を、11月の第1日曜に真田まつりを開催。全国各地から参拝者が訪れます。

真田まつりは、普段は鍵がかかっていて、鉄格子を通してしか見ることができない「真田の抜け穴」を、1年に一度だけ開放する日となっています。もしかしたら当時、この地下道を真田勢が鎧兜（よろいかぶと）に身を固め、通り抜けたかもしれません。

狛犬の足をさすって高額当選も!

クチコミで話題になった一攫千金パワー!
大阪の佃と東京の佃島を結ぶ商売繁盛の御利益も。

大阪

田蓑神社【たみのじんじゃ】

祭神である住吉の4柱は、神道で最も重要な「祓い」を司る神様として信仰されています。草を敷かずに苗代を作る方法を教えたという伝説から五穀豊穣の神様、転じて産業や商業、貿易の神様ともいわれています。最近では毎日神社で祈願した人が、宝くじに2度当選。テレビ番組でその快挙が拡散され、御利益にあやかろうと遠方からの参拝者が増えたとか。熱心にお参りすれば、悪い気が祓われてハッピーな未来が待っているかも?

主祭神

底筒之男命《ソコツツノオノミコト》　中筒之男命《ナカツツノオノミコト》
表筒之男命《ウワツツノオノミコト》　神功皇后《ジングウコウゴウ》

ほかにも厄払い、航海・交通安全、学業成就、五穀豊穣、商売繁盛などの御利益が……

佃煮発祥の地・佃島とゆかりあり

徳川家康公の渡船を務めた縁で、佃の漁民が隅田川の河口に移住。故郷の名をとって佃島と定め、神社の御神霊を奉斎しました。「佃漁民ゆかりの地碑」は、佃煮で有名な東京の佃島と当地のご縁を示しています。

みんなのクチコミ!!

御垣内の狛犬は、1702(元禄15)年に奉納されたもの。浪速狛犬としては大阪府下で最古の石製狛犬と考えられているそう

印/田蓑神社、左三つ巴・三つ葉葵紋、難波八十島田蓑嶋、佃漁民ゆかりの地、西成郡佃村、住吉大明神、日野資枝の歌　●周年事業やご皇室の慶事に際しては臨時で限定御朱印を頂けます

宝くじに当選した人が必ず拝殿前の狛犬の足をなでてからお参りしていたことから、その所作が宝くじ当選祈願のお約束に

夏祭で曳かれるふとん太鼓は、いわば"布団の御神輿"。綿入り布団は当時庶民には貴重品で、神様が休まれるために布団を運んだのが由来といわれています

朱塗りの本殿には四柱の祭神が一柱ずつ祀られています

DATA
田蓑神社
創建/869(貞観11)年
本殿様式/住吉造
住所/大阪府大阪市西淀川区佃1-18-14
電話/06-6471-5416
交通/阪神本線「千船駅」から徒歩15分、または JR東西線「御幣島駅」から徒歩20分
参拝時間/自由
御朱印授与時間/10:00~17:00
URL https://www.tamino-jinja.com

神社の方からのメッセージ

大相撲三月場所の際、田蓑神社は玉ノ井部屋の宿舎となっています。場所の期間中は、一般の方も玉ノ井部屋の朝稽古の見学ができます。住宅街にありながら緑豊かな境内地は、静かな時間が流れています。

10月16日(宵宮)、17日(本宮)の例祭(秋祭)は神社で最も重要なお祭り。境内で子供相撲大会が奉納され、にぎやかに盛り上がります。また、夏祭は7月31日(宵宮)、8月1日(本宮)に開催され、氏地をふとん太鼓(大型の太鼓台)2基が曳行します。

恵美須様の御利益で狙いを一本釣り！

大阪の閑静な住宅街にある地元に愛される神社。福娘は、野田藤の花かんざしが優美なお姿です。

大阪

野田 恵美須神社

【のだ えびすじんじゃ】

地元では「野田のえべっさん（恵美須様）」の愛称で親しまれています。恵美須様といえば、商売繁盛そして財運を授ける福の神様。その姿は右手に釣り竿、左手に鯛で、狙った大物をバシッと釣り上げるイメージ。今、想っているあの人も、狙っているこのポジションも、がっちり〝一本釣り〟する御利益があります。創建は不詳ですが、神社の建石に「永久三乙未年三月」（1115年）と刻まれていることから、少なくとも900年以上の歴史があります。

正月より盛り上がる？　宝之市大祭

関西では「えべっさん」の愛称で呼ばれる恵美須様。お名前の“戎”の字にちなんで、1月9·10·11日に十日戎（とおかえびす）のお祭りである宝之市大祭を盛大に祝います。福娘から福笹やおみくじの授与が。

主祭神

事代主大神《コトシロヌシノオオカミ》

ほかにも商売繁盛、開運招福、海上交通安全などの御利益が……

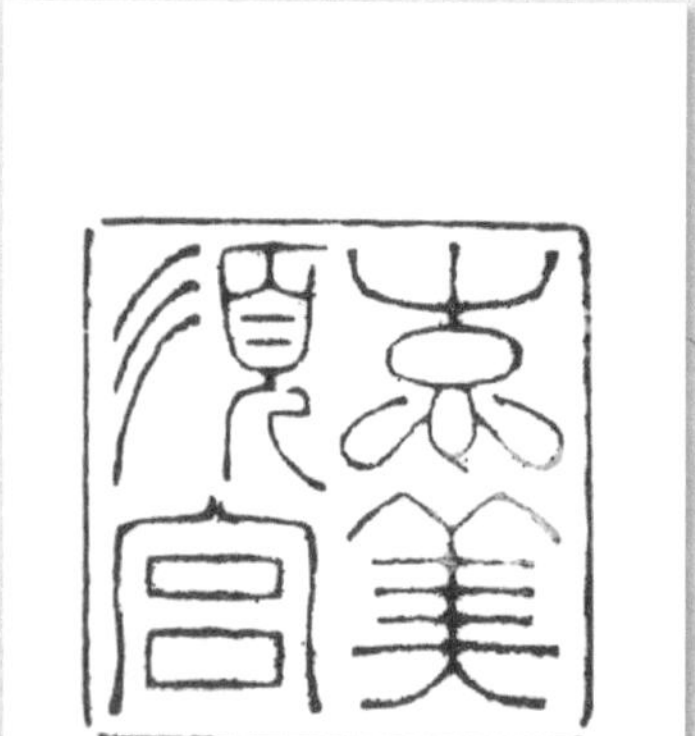

印／恵美須宮　●シンプルに社印のみです。御朱印帳のない場合、また御朱印帳に朱印をすることができない場合は、あらかじめ奉書紙に墨書と朱印を押した用紙に日付を記入して頂けます

夏祭は例年7月19·20日に開催。宮付の太鼓、地車、鯛鉾（たいほこ）が氏子地域を巡行し、地域の安全や発展を願います。大勢の参拝者でにぎわうお祭りです

大阪の街なかにありながら、閑静な住宅街にある神社。ひときわ大きな大鳥居は、日常と神社の境を隔てています

みんなのクチコミ!!

本殿の裏手に、古くから有名な「野田の藤」が。豊臣秀吉が見に来たこともあるとか。江戸時代には、「吉野の桜、高尾の紅葉」と並ぶ観光名所でした

DATA

野田 恵美須神社

創建／不詳 ※由緒より1113（永久元）年と推定
本殿様式／流造
住所／大阪府大阪市福島区玉川4-1-1
電話／06-6441-7084
交通／大阪メトロ千日前線「玉川駅」から徒歩5分、またはJR大阪環状線「野田駅」から徒歩7分
参拝時間／自由
御朱印授与時間／9:30～16:00
URL https://www.noda-ebisu.com

神社の方からのメッセージ

地域に根ざした神社で、特に宝之市大祭（十日戎）と夏祭はとてもにぎわいます。十日戎では、福娘が「打～ちましょ」「あーめでたいな」と声を揃え、神社に伝わる手打ち「えびす締め」を披露します。

十日戎の華である福娘は、福笹などの縁起物を参拝者に授与します。この福娘、ミスコンも開かれるほどの人気ぶりで、高額賞金を出すところも。その心得は、「朝から晩まで笑顔で働いて！」とのこと。アイドル並みの修練が必要ですが、一度はチャレンジしたい!?

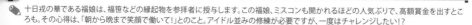

街を一望する境内でパワーチャージ

「宝塚」の地名は「幸福をもたらす土地」が由来。その名を冠した神社で、金運向上を願いましょう。

兵庫

宝塚神社【たからづかじんじゃ】

五穀豊穣を司る農耕神と「財宝を山積みにしてくれる」という神の2柱が祭神で、金運の御神徳があると伝わる神社です。宝塚の地名にちなみ、特に宝くじの当選祈願に訪れる参拝者があとを絶ちません。賽銭箱にはお礼の手紙が投げ込まれていることもあるそう。小高い丘の上に立つ神社で、境内までは坂道を上っていかなければなりませんが、金運向上のためと思い、がんばって。8社ある摂末社も、忘れずにお参りしましょう。

主祭神

大山祇尊《オオヤマツミノカミ》　素盞嗚尊《スサノオノミコト》

ほかにも子授け、安産、家内安全などの御利益が……

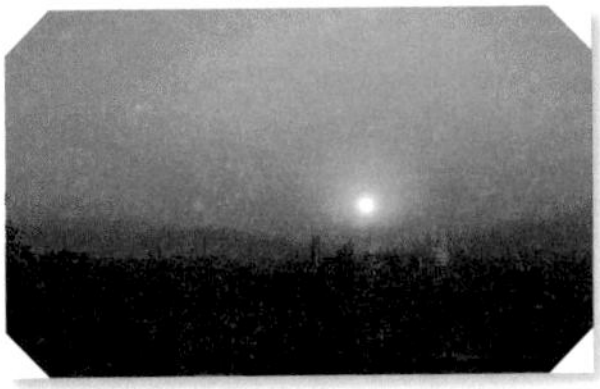

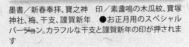

境内から見える初日の出を求めて

神社の境内からの眺望は阪神間の寺社では随一。宝塚の市街を一望でき、晴れた日には遠く奈良の生駒山が望めます。初日の出が見える神社として人気が高く、三が日はご来光を拝もうと訪れる人でにぎわいます。

みんなのクチコミ!!

「えびす願かけ守」は、ひとつの願いをかなえてくれるというクチコミで評判になったものなので絶対GETを！　願いがかなったらお礼参りも忘れずに

御朱印帳はP.25で紹介！

墨書／新春奉拝、寶之神　印／素盞嗚の木瓜紋、寶塚神社、梅、干支、謹賀新年　●お正月用のスペシャルバージョン。カラフルな干支と謹賀新年の印が押されます

商売繁盛のお祭り、えびす大祭では、福娘が飾り付けをした福笹や福サラエ（竹製のホウキ）が授与されます

左から「子供守」（600円）、「金運守」（600円）。どちらもかわいいデザインが◎

境内に祀られる「夫婦和合・子授けの石」。珍しい形の女石と石柱です

DATA
宝塚神社
創建／承和年間（834～848年）以前
本殿様式／権現造
住所／兵庫県宝塚市社町4-8
電話／0797-72-6329
交通／阪急今津線「逆瀬川駅」「小林駅」から徒歩10分
参拝時間／自由
御朱印授与時間／10:00～15:00
URL http://takarazuka-jinja.org

神社の方からのメッセージ

えびす大祭期間中限定で引ける「えびす鯛みくじ」は、鯛の形をしたおみくじを釣竿で釣り上げます。宝塚だけに「宝のえびす」と呼ばれる当社で、ぜひ皆さまも、大きな幸運を釣り上げてください。

境内には「子授け・夫婦和合の石」があります。昔、男児を出産したお礼にと寄進された石柱と、ハートの形をした「女石」と呼ばれる珍しい形をした石がふたつ仲よく並んでいます。子授けを望むならぜひ参拝したいパワースポットです。

兵庫

四宮神社

【よのみやじんじゃ】

慎ましくおしとやかな福の神を祀る

多芸多才で聡明な美しい祭神を詣で、豊かな「財」がもたらされるよう願いましょう。

七福神の1柱である祭神は「もし財を求むるならば、多財を与える」などの8つの誓願を立て、人々に福徳を与えてくださいます。古くは織田信長の命で建てられた花熊《はなくま》(隈)城《じょう》の鬼門守護の神として、この地域を見守ってきました。花隈の町は、神戸港の発展に伴い花街としても栄えました。花隈の芸妓はこの神社で襲名奉告をすることから「花隈芸者の名づけの神」としても有名です。文化人、芸能人からもあつく信仰されています。

主祭神

市杵島姫命《イチキシマヒメノミコト》(弁財天女《ベンザイテンニョ》)

ほかにも芸能、縁結びなどの御利益が……

境内に立つ「弁財天芸能塚」

崇敬者が建立した塚には、「諸人よ わが道つとめ 花開く 恵みあたえん知恵と宝を」と弁財天をたたえる歌が刻まれています。芸能の故郷とされ「扇供養」「三味線供養」「ギター供養」「筆供養」などの供養祭も行われています。

みんなのクチコミ!!

芸ごとの神様でもいらっしゃいます。芸能は毎日の暮らしを豊かに彩ります。心の面にも福運・財運をもたらしてくれることでしょう

墨書／奉拝、弁財天、四宮神社、季節の花　印／花菱紋、四宮神社　●八百万の神々から愛された美しい「弁天さま」を思わせる流麗な筆致が目を引きます

ビルの谷間にひっそりとたたずむ神社ながら、手入れが行き届きとてもすがすがしいと観光客にも人気があります

おみくじ

ヘビは祭神のお使いです。また金運のシンボルともされています。「巳みくじ」(500円)で、金運の行方をおたずねしましょう

お守り

「歌をうたえば美声」「喋れば筋の通ったことをわかりやすく話される」という祭神は、弁舌の御神徳でも知られています。「声守」(800円)は、声を出す職業や歌を習っている人に人気です

DATA

四宮神社

創建／不詳
本殿様式／不詳
住所／兵庫県神戸市中央区中山手通5-2-13
電話／078-382-0438
交通／JR神戸線「元町駅」から徒歩10分
参拝時間／自由
御朱印授与時間／9:00～17:00
URL https://www.shoko-dw.com/shrine8/4nomiya.html

神社の方からのメッセージ

才に長け、芸能、文学、何でも器用にこなされ、そして素直でお優しく、女性らしく美しい女神として八百万の神様に愛されました。まさに日本女性の象徴ともいうべき祭神に、この上ない「幸せ」をどうぞお祈りください。

末社の稲荷神社には、武富稲荷大明神・三義稲荷大明神・白嶽稲荷大明神が祀られています。2月には五穀豊穣を祈願する「初午祭」が斎行されます。福餅がふるまわれ、多くの参拝客でにぎわいます。

まだまだあります！

編集部オススメ！授与品

美容・健康&
仕事・学業&
レア御利益

勝運アップから合格祈願、登山の安全まで、神様が願いをサポートしてくれる授与品を紹介します。いつも身に付けていれば、心強い味方になるはず。

美容・健康

石切劔箭神社 P.104

「でんぼ（=腫れ物）の神様」で知られる神社には、ズバリ腫れ物を治すお守りのほか、女性を災難や悪漢から守ってくれるお守りも。悩みがあるならおみくじで神様の声を聞いて。

「香守」（800円）は雅な香り付きです

丸みのある
お馬さんが
かわいい♥

おみくじをくわえた「神馬みくじ」（500円）

吉川八幡神社 P.109

自然豊かな神社は近くに登山口があることから、週末は道中の安全を祈るハイキング客が多く訪れます。神様への祈願をしたあとに入手しておきたいのがこちらのお守りです。

さわやかな水色と緑色が映える「登山御守」（800円）

仕事・学業

厳島神社（淡路島弁財天） P.63

淡路島で地元の人に「弁天さん」と親しまれ、安産や商売繁盛、学業成就、技芸上達など、多彩な御神徳をもつ神様を祀ります。それだけに授与品の種類も豊富で迷ってしまいそう。

弁財天様の琵琶と「令和」の梅の花をあしらった「諸芸上達御守」（800円）

受験に必携！白地に金糸で社紋が織り込まれた「合格守」（800円）

赤穂大石神社 P.123

見事に主君の仇を討ち取った四十七義士の「物事を成し遂げる力」が込められたお守りが人気。なかでも、「勝守」は難局でも力強く「勝ち」をつかみとるパワーが頂けそうです。

「勝守」（各700円）は黒と白の２種類

兵庫縣姫路護國神社 P.126

護國の神様を祀る神社で、特に人気がある授与品のひとつが「仕事守」。ビジネススキルの向上や人間関係の改善など、仕事がうまくいくよう祈願したお守りです。

全５種から好きな色柄を選べる「仕事守」（各1000円）

レア

弓弦羽神社 P.130

お守りに描かれているのは、神社のシンボルである八咫烏。道案内で活躍したとされる神様の使いだけあって、人間関係やビジネスに悩む人を正しい方向へ導いてくれます。

名刺入れや財布に入れるのにぴったりなお守り「御守護」（800円）

まだまだあります！

編集部オススメ！授与品

絵馬コレクション

願いごとを書いて奉納する絵馬は、いわば神様へのメッセージカードです。
願いがかなったら、感謝の気持ちを届けに神社へ出かけましょう。

御神木は赤エイの化身!?

長田神社 P.94

絵馬に描かれているのは「赤エイ」。美味な赤エイを断てば願いがかなうと信仰され、特に痔病の快癒に御利益があるとされます。絵馬は御神木へ奉納を（500円）

廣田神社 P.50

関西といえばやっぱり外せない？スポーツに限らず勝利を祈願すれば、かなえていただけそうな迫力です（1300円）

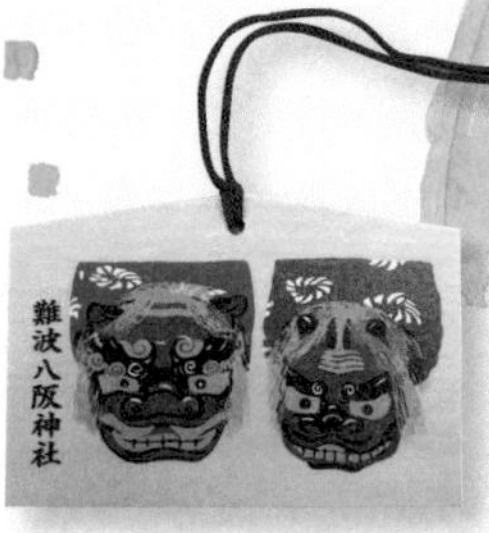

難波八阪神社 P.87

力強くカラフルな2体の獅子が描かれた絵馬。祭神の強力なパワーが宿っているよう（500円）

安倍晴明神社 P.131

安倍晴明公とその母と伝えられる葛之葉狐の姿を描いた絵馬と、シンプルに社紋の五芒星をモチーフにした神社ならではの絵馬（各700円）

賀茂神社 P.89

2本の榊が自然と1本に結ばれた御神木「連理の榊」が描かれています。絵馬は本殿向かいの絵馬堂へ奉納しましょう（500円）

厳島神社（淡路島弁財天） P.63

美しい祭神の姿を描いた絵馬（右／500円）。コウノトリが願いごとを運んでくれるかわいらしい「子宝安産守」付き絵馬（左／1000円）もあります

吉川八幡神社 P.109

鉄道の絵馬（800円）は種類が豊富。神馬「射詰（いづめ）」にまたがって流鏑馬をする様子を描いたイラスト入り絵馬も根強い人気です

張り子の絵馬なんです

弓弦羽神社 P.130

珍しい立体絵馬。その名も「ゆづ丸」くん。おなかに願いを書いた紙を入れて奉納します（800円）

第三章 御利益別！ 今行きたい神社

Part 4

美容・健康

すべての幸せは心と体の健康から。女性はもちろん、老若男女の強い味方になってくれる神様に会いに行きましょう。

- ★美容・健康★絶対行きたいオススメ神社2選
  石切劔箭神社（大阪）／少彦名神社（大阪）
- 阿倍王子神社（大阪）
- 辛國神社（大阪）
- 新屋坐天照御魂神社（大阪）／廣田神社（大阪）
- 吉川八幡神社（大阪）
- 石切劔箭神社 上之社（大阪）／石寶殿 生石神社（兵庫）
- 祇園神社（兵庫）
- 髙砂神社（兵庫）
- 日岡神社（兵庫）
- 六甲八幡神社（兵庫）

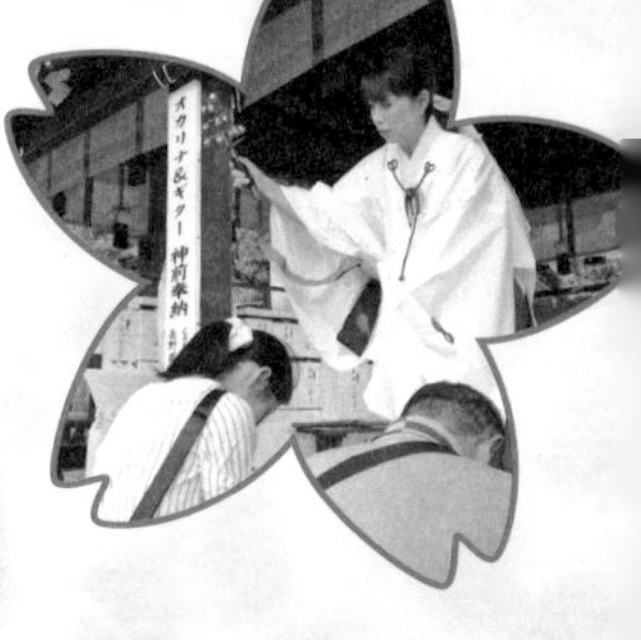

美容◆健康　絶対行きたいオススメ神社 2選

健やかで美しい心身をゲットして人生をハッピーに

幸せをつかむ魅力的な人になるには、心も体もヘルシーに保つことが大事。
特に病気平癒に絶大な信頼のある「石切劔箭神社」、ペットの健康祈願もできる
「少彦名神社」は、老若男女問わず参拝すべきパワフルな神社です。

絶対行きたい
オススメ神社 1

できもの・難病封じに信仰を集める

古来「石切さん」と呼ばれ親しまれてきた古社。病気平癒を願う参拝者が絶えず訪れます。

大阪

石切劔箭神社

【いしきりつるぎやじんじゃ】

主祭神
饒速日尊《ニギハヤヒノミコト》
可美真手命《ウマシマデノミコト》

ほかにも縁結び、家内安全などの御利益が……

関西で病気平癒といえば「石切さん」「でんぼの神様」の愛称で人々の心の拠りどころとなってきたこちらの神社。「でんぼ」とは腫れ物を指す言葉で、がん封じなど大病にも大きな御利益を頂けると参拝者が引きも切らず訪れます。有名なのが※お百度参り。雨でも雪でも、境内には熱心にお参りする人の姿が。体に悩みがある人には特におすすめです。

キュートな亀に願いを託して

願いごとを書いて祈亀（いのりがめ／左・500円）のおなかに納め、境内の池に放つと本人に代わって祈り続けてくれるそう。成就したらお礼亀（右・1000円）を納めることも忘れずに。

※お百度参りは、本殿前でお参りして入口に戻り、再び本殿前でお参りすることを100回くり返す参拝方法。強く願うことがあるときの祈りの手段として昔から伝わっています

限定御朱印と御朱印帳はP.19・24で紹介！

墨書／奉拝、石切劔箭神社　印／敬神崇祖、石切劔箭神社　●正月や年3回の大祭時、毎月の祭礼日および土・日曜、祝日には限定御朱印あり

お守り

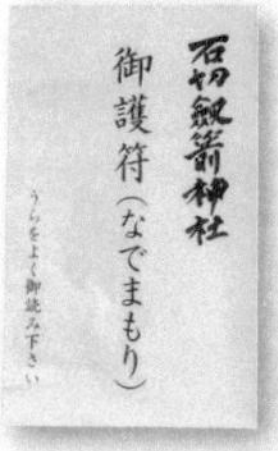

腫れ物を治してくれると有名な、「なでまもり」（200円）。袋の中にはお守りと御供米（ごくまい）入り。「石切大神（いしきりおおかみ）」と唱えながらお守りで患部をなで、7粒のお米を毎朝1粒ずつ頂きます

みんなのクチコミ!!

水を司る神様を祀り、安産や子育てに御神徳がある水神社など、境内には多くの摂末社や関係社があります

DATA
石切劔箭神社
創建／神武天皇紀元2年
住所／大阪府東大阪市東石切町1-1-1
電話／072-982-3621
交通／近鉄けいはんな線「新石切駅」から徒歩7分、または近鉄奈良線「石切駅」から徒歩15分
参拝時間／自由
御朱印授与時間／8:00～16:30
URL https://www.ishikiri.or.jp

お守り

恋愛だけでなく友人関係や仕事においても良縁を結べます。「縁結び守」（800円）

神社の方からのメッセージ

駅から神社へと続く参道界隈を含め、古きよき日本の風情を色濃く残しています。忙しい日々のなかでも、当社へ参詣されるひとときが心休まる時間であるようにと祈りながら職務にあたっています。

毎月1・15・22日は「御湯神楽（おゆかぐら）」という神事が斎行されており、誰でも見学OKです。神前で沸かしたお湯で身を清め、家内安全・無病息災を祈ります。毎月3度もある神事は全国的にも珍しいのだとか。

絶対行きたい
オススメ神社２

ダブルの御利益で長寿と健康祈願

京都から招いた日本医薬の祖神と中国医薬の祖神「神農さん」に病気平癒と健康成就をお願い！

大阪

少彦名神社【すくなひこなじんじゃ】

主祭神
少彦名命《スクナヒコナノミコト》
神農炎帝《シンノウエンテイ》

ほかにも商売繁盛、五穀豊穣、良縁祈願、起業成就の御利益が……

豊臣時代頃から薬種業者が集まり、現在も多くの製薬会社が集まるエリアで、ビルの谷間にひっそりとたたずむ神社です。祀られているのは健康と医薬の神様で、病気平癒などの御利益が頂けます。そのなかでもひときわ目を引くのが、飼い主とペット両方の健康祈願！「飼い主が健康でないとペットのお世話もできませんよね」と宮司さん。ビジネス街の癒やしスポットです。

ズラリと並んだ絵馬掛け
ペットの健康祈願や病気平癒、ドクターや薬剤師を目指す人の合格祈願などジャンル別に掛けられていてわかりやすい！

ペット祈願絵馬（1000円）

墨書／神農さん、神心、少彦名神社　印／定給療病方咸蒙 其恩頼、少彦名神社　●上の印は「やまいをおさむるのりをさだめたまひ、みなそのみたまのふゆをかがふれり」という『日本書紀』の一節

御朱印帳

神農祭の笹と神虎を描いた表に、裏面は薬の文字を意匠化。黒とオレンジの2色（1800円）

みんなのクチコミ!!

直書きの神職御朱印「神心」のほか、降雨の場合のみ頂ける宮司夫婦手彫りの「雨ふり御朱印」もあります

絵馬

右が医薬と農耕の神様神農さん

祭神を描いた絵馬と神社のシンボルである神虎の絵馬（各1000円）

ビルの谷間にあって、うっかり通りすぎてしまわないように、神社入口の高いところに看板を設置

DATA
少彦名神社
創建／1780（安永9）年
本殿様式／切妻造
住所／大阪府大阪市中央区道修町2-1-8
電話／06-6231-6958
交通／大阪メトロ「北浜駅」から徒歩5分、または大阪メトロ「淀屋橋駅」から徒歩10分
参拝時間／6:30～18:30
御朱印授与時間／10:00～16:00
URL https://www.sinnosan.jp

＼神社の方からのメッセージ／

ご参拝に来られる方との触れ合いを大切にしています。早朝、宮司自ら境内を掃除していて、通りがかった人に気軽に声をかけるようにしています。それをきっかけに、こちらの神社に足を運んでいただければ、何よりうれしいです。

神社併設の「くすりの道修町（どしょうまち）資料館」は、江戸時代の医学書や薬の商いの貴重な資料、町ゆかりの人々の紹介、家庭薬の展示など、道修町の歴史がギュッと詰まっています（入館無料、開館時間／10:00～16:00、日曜、祝日休み ※臨時休館の場合あり）。

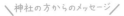

朝廷に認められた疫難退散パワー

古くは熊野三山の遥拝の場。また実際に足を運ぶ参拝者に癒やしと安らぎを与える神社でした。

大阪

阿倍王子神社

【あべおうじじんじゃ】

仁徳天皇の夢に熊野の神使が現れ「我を祀れば天下は泰平となる」とのご神託が。祀る場を求めたところ、熊野の使いである八咫烏がこの土地にいたのです。さっそく神社を創建し、災いを収めたのが興りです。それから何百年もあと、826（天長3）年に疫病が流行。天皇の勅命により空海がこの神社で疫難退散の祈祷を行い、無事これを収めたことで、朝廷から「疫病を治癒する寺」を意味する痾免寺《あめんでら》（通《つう》阿《あ》部《べ》）の額を贈られました。

総合末社は国の有形文化財に指定

天照皇大神をはじめ、9柱の祭神を祀る総合末社と、葛之葉稲荷大神など同じく9柱の祭神を祀る葛之葉稲荷神社は、2019年に国の有形文化財に指定されました。

主祭神

伊邪那岐命《イザナギノミコト》　伊邪那美命《イザナミノミコト》
速素盞鳴命《ハヤスサノオノミコト》　応神天皇《オウジンテンノウ》

ほかにも厄除けなどの御利益が……

墨書／熊野権現第二王子社、阿倍王子神社　印／牛王宝、熊野第二王子旧跡、阿倍王子神社　●中央上に押された「牛王宝印（ごおうほういん）」は厄除けの印。押されている印は熊野本宮大社の熊野牛王神符と同じものです

授与品

「御烏御幣（みからすごへい）」（700円）の御幣は、願いごとを成就に導くと古くより伝わる、藍色をしています

絵馬

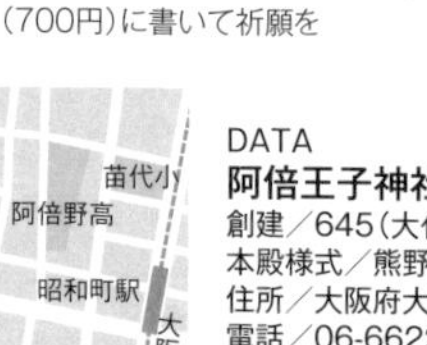

特にかなえたい願いは、八咫烏の焼き印が施された「八咫烏絵馬」（700円）に書いて祈願を

みんなのクチコミ!!

例年10月14・15日に行われる秋季例大祭では、境内に「あべの王子みのり市」が開かれ、手作り雑貨などが並びます

おみくじ

SNSで「かわいい!」と人気になった「やたがらすみくじ」（500円）は手作り。八咫烏は持ち帰って、家にも福を招きましょう

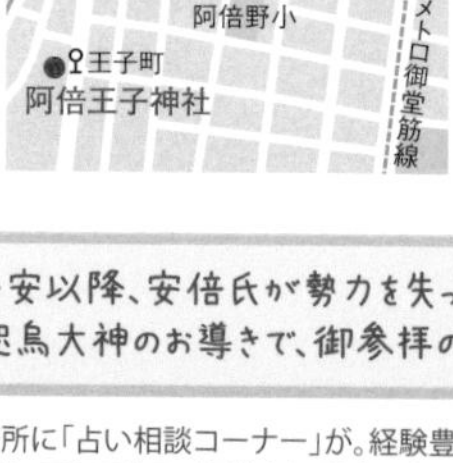

DATA

阿倍王子神社

創建／645（大化元）年
本殿様式／熊野造
住所／大阪府大阪市阿倍野区阿倍野元町9-4
電話／06-6622-2565
交通／大阪メトロ御堂筋線「昭和町駅」から徒歩15分、または大阪シティバス「王子町」から徒歩1分
参拝時間／自由
御朱印授与時間／9:00～17:00
URL https://abeouji.tonosama.jp

神社の方からのメッセージ

もとは阿倍野の豪族・安倍氏の氏神社でした。平安以降、安倍氏が勢力を失っても王子社に引き立てられ、現在は大阪府下で唯一の旧地現存の王子社です。八咫烏大神のお導きで、御参拝の方がますます繁栄されますように。

「占い事の神様」としても信仰されていて、なんと境内の社務所に「占い相談コーナー」が。経験豊富な占い師の先生が人生のアドバイスをしてくださるので、悩みごとがあるならば参拝にあわせて立ち寄ってみては？　現状を打破するきっかけになるかもしれません。

人生100年時代を元気に過ごす！

古くから呆け除けの神様として信仰されています。いつまでも若々しく過ごしたいならマスト参拝！

大阪

辛國神社

【からくにじんじゃ】

天孫降臨よりひと足早く地上に降り立った饒速日命は、授かった天璽《あまつみしるし》の瑞宝十種《みずのたからとくさ》について「若し痛む処あらば、この十宝を一《ひ》二《ふ》三《み》四《よ》五《い》六《む》七《な》八《や》九《こ》十《とお》と唱え振れ、此《か》くなさば死人《まかれるひと》も生き反《かえ》らん」と伝えたそう。河内国の豪族、物部氏の祖神として信仰されてきましたが、この言い伝えから、健康の守護神、特に「呆け除けの神」の御神徳で崇敬を集めています。超高齢社会を、病知らずで楽しく元気に過ごすために参拝しましょう。

主祭神

饒速日命《ニギハヤヒノミコト》

天児屋根命《アメノコヤネノミコト》　素戔嗚尊《スサノオノミコト》

ほかにも呆け防止、諸産業繁栄、家庭円満などの御利益が……

「大阪みどりの百選」に選出の神社

木立に包まれた長い参道。境内では椿、桜、藤、紫陽花、紅葉など四季折々の草花が楽しめ、その美しさから「大阪みどりの百選」に選ばれるほど。手入れが行き届き、訪れた人の心を癒やすような心遣いが感じられます。

節分の日の夕方から行われる「星まつり燈火会」で「神と人が交流するために欠かせなかった」という炎をともした境内の様子。「みんなの願いが届くように」と献灯も用意されます

みんなのクチコミ!!

本殿近くのお参り「垣内（かきうち）参拝」が可能（初穂料2000円～）。神様にこれぞという願いをひとつだけ祈りましょう

墨書／春日山、式内辛國神社　印／上り藤紋、辛國神社
●「春日山」は神社鎮座地の古い名称です。神紋の印は、花に合わせて藤色で押していただけます。特別な祝祭時には、限定御朱印も頂けますよ

お守り

「子どもカエル守」（1000円）は、袋守りのポケットから、カエルのマスコットが顔を出すかわいいデザイン！

DATA

辛國神社

創建／470（雄略天皇14）年頃
本殿様式／三間社流造
住所／大阪府藤井寺市藤井寺1-19-14
電話／072-955-2473
交通／近鉄南大阪線「藤井寺駅」から徒歩5分
参拝時間／7:00～17:00
御朱印授与時間／9:00～16:00
URL http://www.karakunijinjya.jp

＼神社の方からのメッセージ／

皆様が神社にお越しになるのはどんなときですか？　うれしいとき、不安なとき、決心したとき……。参拝では感謝して祈る「心」がとても大切です。参拝の作法はその「心」を表すためのもの。心穏やかにお参りください。

春には野点、夏にはお祭り、秋には奉納コンサートと参拝者が楽しめる行事がたくさん行われています。長い参道で深呼吸をすれば、気持ちも穏やかに。ゆっくり自分を見つめ直すにはぴったりの場所といえます。何度も訪れたくなる美しい神社です。

心身再生の神様を祀る

大阪

新屋坐天照御魂神社【にいやにますあまてるみたまじんじゃ】

同名の神社が宿久庄、西河原の地にも鎮座しているのは、神功皇后がこの神社から荒魂と幸魂をそれぞれの地に祀り、戦勝祈願したからと伝わっています。祭神はアマテラスとは別の神格。天上も地上も平等に明るく照らす思慮深い神で、鎮魂や病気平癒の御利益で崇敬されています。

墨書／創建二千百余年、式内名神大社、新屋坐天照御魂神社　印／矢車草と十六菊紋、新屋坐天照御魂神社、新屋神社社掌之印　●神職が不在の場合もあるため事前に電話確認を

本殿（写真上）に向かって境内の左側には摂社の須賀社が。社名はスサノオが「この地に来て、私の心はすがすがしい」と言葉を残したのが由来と伝わります

二の鳥居は2本の円柱の上に円柱状の笠木（かさぎ）を載せ、下に貫（ぬき）を入れた神明鳥居です。伊勢神宮と同じ形式で、神格の高さがうかがえます

DATA

新屋坐天照御魂神社

創建／紀元前91（崇神天皇7）年

本殿様式／一間社流造

住所／大阪府茨木市西福井3-36-1

電話／072-643-0139

交通／阪急バス「福井宮の前」から徒歩5分

参拝時間／自由

御朱印授与時間／8:00～16:00

主祭神

天照御魂大神《アマテルミタマノオオカミ》

ほかにも農耕、鎮魂などの御利益が……

つらくてたまらないあの病に

大阪

廣田神社【ひろたじんじゃ】

神社の使いは「アカエ（アカエイ）」。エイの尾には鋸状の鋭いトゲが並び、刺されれば毒が回って激痛となります。まるでエイのトゲが刺さったかのような「辛い病」をなくしてくれると、疾病平癒、特に、痔の快復の御利益で信仰されています。病の悩みがあれば一度お参りしてみては？

墨書／奉拝、攝津國、廣田神社　印／廣田神社　●かつて港湾都市として栄えた摂津國。廣田神社は古くは「廣田の杜」と呼ばれ、社地に紅白の萩が咲いていたとか

ぱっちりとした目がかわいらしい「アカエの土鈴」（1200円）。アカエは漢方薬としても、珍重されています

江戸時代頃の版画。右の版画には、かつて神社の脇にあった「萩之茶屋」の様子が描かれています。「萩之茶屋」は神社南の町名としても残っています

主祭神

天照皇大神荒魂《アマテラスオオミカミアラタマ》

ほかにも痔病治癒、家内安全、商売繁盛などの御利益が……

DATA

廣田神社

創建／不詳

本殿様式／神明造

住所／大阪府大阪市浪速区日本橋西2-4-14

電話／06-6641-1771

交通／南海高野線「今宮戎駅」から徒歩3分、または大阪メトロ堺筋線「恵美須町駅」から徒歩6分

参拝時間／5:00～17:00

御朱印授与時間／9:00～16:30

みんなのクチコミ!!

十日戎で有名な今宮戎神社（→P.53）から北へ100mほどの所にあります

豊かな自然で心も体も健やかに

広大な敷地には川が流れ、滝もしぶきをあげます。鉄ちゃん垂涎の〝のせでん〟車両が境内に。

大阪

吉川八幡神社【よしかわはちまんじんじゃ】

主祭神
応神天皇《オウジンテンノウ》

ほかにも登山安全、健康長寿、厄除け、安産などの御利益が……

平安時代に源頼仲公が吉川地域に在住した際に創建したと伝えられています。御神馬《ごしんめ》を伸び育てられるほど広大な敷地を誇る境内は自然にあふれ、週末は多くのハイキング客でにぎわいます。最近の研究によると、森や林を30分散歩するだけでストレスが半減するとか。都会で忙しい毎日を過ごしているなら、ぜひお参りを。お肌はふっくら、気分がさわやかになる、美容と健康にすばらしい効果が得られるかもしれません。

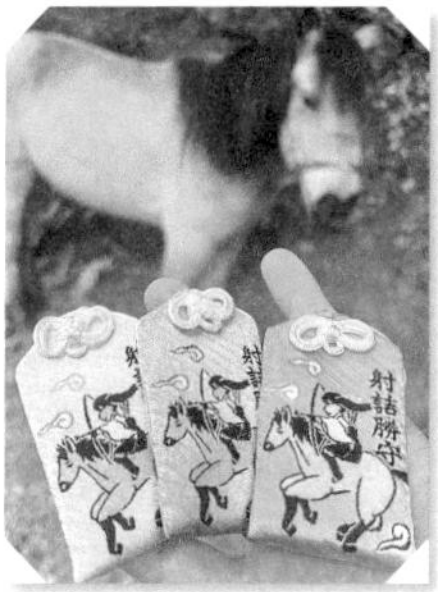

御神馬の「射詰《いづめ》」が目指すは流鏑馬《やぶさめ》

令和の元号制定と、天皇陛下ご即位を記念して神社に迎えた御神馬の「射詰」。和種日本馬で、昔の合戦馬の血統です。調教を重ね、将来は流鏑馬で活躍する馬に育てたいのだとか。「射詰勝守」（各1000円）にもイラストが。

墨書／吉川八幡神社　印／吉川八幡神社、御神馬いづめ（イラスト）　●イラストは創建主・源頼仲公が流鏑馬を行う様子です。平日などは置き書き、土・日曜・祝日および1・15日の巫女・神職執務時は御朱印帳への押印書入

境内別宮及び神楽殿として新設された、艮金光明（うしとらこんこうみょう）神社

能勢電鉄（通称「のせでん」）の1500系（1552）車体の先頭部分が社有地に復元保存。新たに阪急電車の第1号車両 550系が加わりました

みんなのクチコミ!!

約1万平方メートルの広大な敷地は自然が豊富で、森林や竹林、洞穴、滝なども楽しめます。椎茸で有名なツブラ椎が自生する最北端とも。ハイキングに最高です！

お守り

1番人気の「通勤・通学守り」（1000円）は、のせでんの車体をデザイン。鉄ちゃん必携です

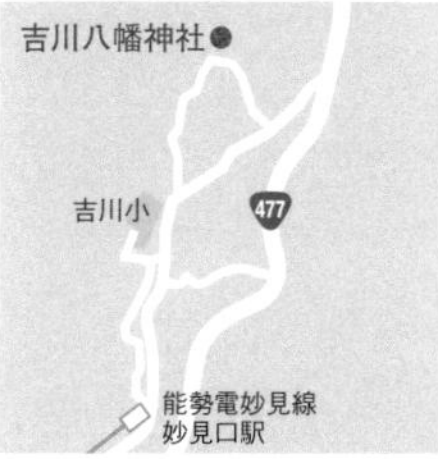

DATA

吉川八幡神社

創建／治暦年間（1065～1069年）
本殿様式／総欅造
住所／大阪府豊能郡豊能町吉川936
電話／080-3775-2050
交通／能勢電妙見線「妙見口駅」から徒歩16分
参拝時間／自由
御朱印授与時間／9:00～17:00
URL http://www.yoshikawahachiman.com

神社の方からのメッセージ

吉川八幡神社では、湯立神事・神社神楽などの伝統行事の存続活動を積極的に行っています。「開く」という文字は、門構えの中に「鳥居」と書きます。伝統を守り、地域に開かれた神社でありたい、との思いがあります。

伝統行事の湯立神事は「湯立神楽（ゆだてかぐら）」「湯神楽」とも呼ばれる神事で、日本古来の伝統神事のひとつ。巫女が、釜で煮えたぎらせた湯を使って無病息災・五穀豊穣を願う大迫力の神事です。広い境内だからこそ行える神事かもしれません。

加持祈祷などで有名な「いしきりさん」の上之社

大阪

石切劔箭神社 上之社

【いしきりつるぎやじんじゃ かみのしゃ】

古くから「でんぼの神様」と親しまれてきました。「でんぼ」とは関西の方言で腫れ物のこと。肌の悩みがあれば、ぜひ参拝を。社号の「石切劔箭」は、祭神の御神威が「強固な岩をも切り裂き、貫くほど偉大である」ことを表しています。上之社は生駒山の中腹に鎮座しています。

満願成就の折には「御礼亀」をここ「御礼池」に放ち、御神徳に感謝を。たくさんの御礼亀が並ぶ姿はかわいらしい！

主祭神

饒速日尊《ニギハヤヒノミコト》 荒御魂《アラミタマ》

可美真手命《ウマシマデノミコト》 荒御魂《アラミタマ》

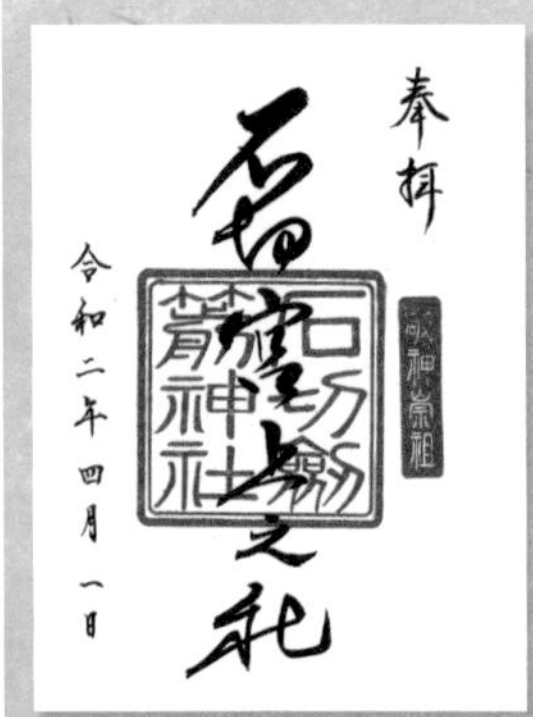

墨書／奉拝、石切宮上之社　印／敬神崇祖、石切劔箭神社　●大祭の折には限定御朱印も。オリジナルの御朱印帳は、本社でのみ取り扱いがあります。本社は歩いて20分ほどの距離にあるので一緒に参拝しましょう

DATA

石切劔箭神社 上之社

創建／紀元2年　本殿様式／春日造

住所／大阪府東大阪市上石切町2-34

電話／072-982-3621（石切劔箭神社）

交通／近鉄奈良線「石切駅」から徒歩5分

参拝時間／自由

御朱印授与時間／9:00～15:00（毎月9、19、29日除く）※祭事などの都合で、時間が変更になる場合あり。詳細は本社（P.104）に問い合わせを

URL https://www.ishikiri.or.jp

ほかにも勝利祈願、清祓などの御利益が……

みんなのクチコミ!!

本殿はガラスの壁に囲まれ、大切に保存しつつ参拝者から見えるよう配慮されています

巨大なパワーストーンに活力を頂く

兵庫

石寶殿 生石神社

【いしのほうでん おうしこじんじゃ】

御神体の「石乃宝殿《いしのほうでん》」は、現代人の常識・科学では仕組みが解明できない古来の建造物、「日本三奇」のひとつとして知られる神秘の巨岩。周囲のどこから見ても、まるで浮いているように見えて不思議です。そばにある分岩の「霊岩」を全身で力を込めて押すと、偉大な力を授かれるそう。

お守り

石乃宝殿と同じ竜山石を祈祷した願い石。身に付ければ気を穏やかに、握りしめることで集中力アップ（各1500円）

御神体の足元の池には、今まで涸れたことがないという御神水が。万病を癒やすという御利益が頂けます

墨書／奉拝、日本三奇　印／勾玉の中に「生石神社」の印、播磨國石寶殿　●神社名がメインではない珍しい御朱印。「日本三奇」の文字が目を引きます。オリジナル御朱印帳は（2500円）

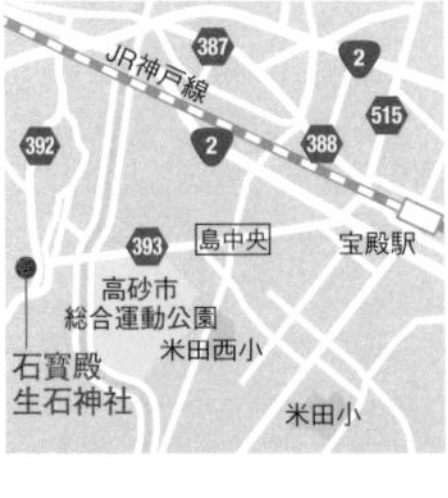

DATA

生石神社

創建／崇神天皇時代（前97～前30年）

本殿様式／なし

住所／兵庫県高砂市阿弥陀町生石171

電話／079-447-1006

交通／JR神戸線「宝殿駅」から徒歩20分（タクシー約5分）

参拝時間／日の出～日の入り

御朱印授与時間／9:30～16:30

拝観料／100円

URL http://www.ishinohouden.jp

主祭神

大穴牟遅命《オオアナムチノミコト》 少毘古那命《スクナヒコナノミコト》

ほかにも必勝祈願、厄除け、安産などの御利益が……

疫病退散ならこの神社!

祭神と御霊のダブルのパワーがふりかかる災難を祓ってくださいます。

兵庫

祇園神社【ぎおんじんじゃ】

平安時代末期、京都では疫病が流行して多くの人が亡くなり、自然災害にも見舞われました。

これらを政治などで失脚したり、災害で被害にあったりした人々の祟りと考え、その御霊《ごりょう》を鎮め、逆にその力を頂くという御霊信仰が生まれました。また御霊の祟りを鎮める力をもつ祭神も、姫路の広峰神社から勧請しともにお祀りすることに。疫病退散のほか、八岐大蛇《やまたのおろち》を退治した祭神にちなみ、水難除けなどの御神徳でも崇敬されています。

主祭神

素盞鳴尊《スサノオノミコト》

ほかにも厄除け、水難除け、家内安全などの御利益が……

みんなのクチコミ!!

祇園まつりは例年7月13~20日の8日間斎行されます。市内外からの参拝者で大にぎわい! 連日巫女さんによるお神楽が奉納され、郷愁を誘います

願いをひとつだけかなえる霊石

創建以来、境内の一角に鎮座している「一願石(いちがんいし)」は、「ひとつだけ、真心を込めた願いをかなえてくれる」と、あつく信仰されています。

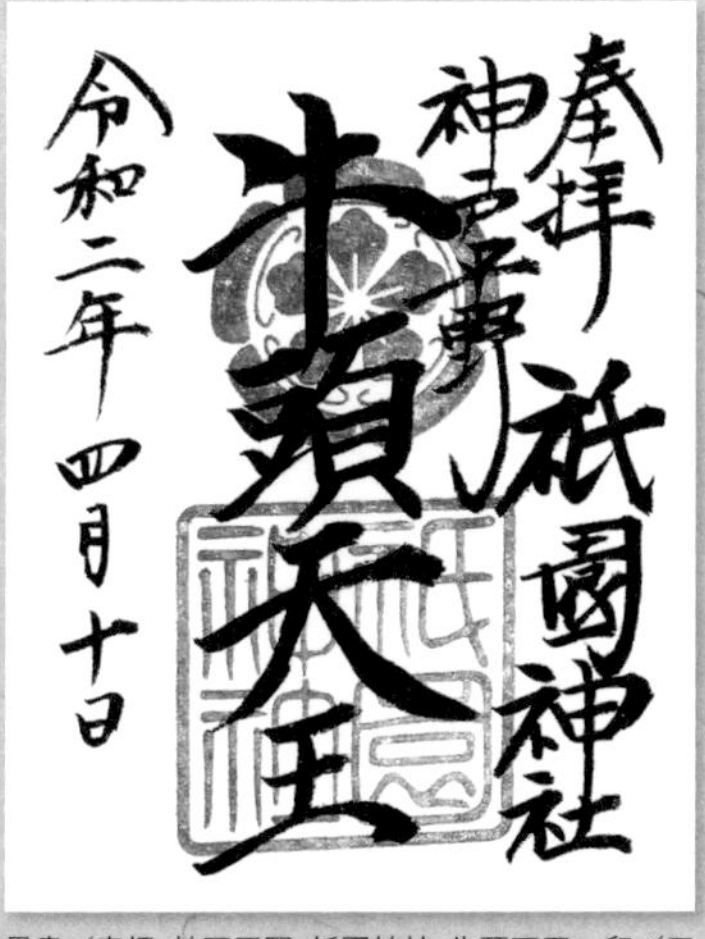

墨書/奉拝、神戸平野、祇園神社、牛頭天王　印/五ツ木瓜紋、祇園神社　●神紋がキュウリを輪切りにしたときの形に似ていることから、祇園まつりにキュウリをお供えし、厄除けや無病息災を祈念する風習があります

疫病や水難から逃れ、厳しい夏を健康に過ごせるよう祈願する「祇園まつり」は、神戸の夏の風物詩。多くの露店が立ち並び、約8万人が訪れます

境内からは海沿いのポートタワーまで望めます。心が洗われるようなすがすがしい眺めです

お守り

祭神が一夜の宿を願ったときに、蘇民将来という人物が貧しいながらも歓待したという言い伝えにちなんだ「蘇民将来こけし守り」(1500円)。疫病除けや邪気退散の御利益があるそう

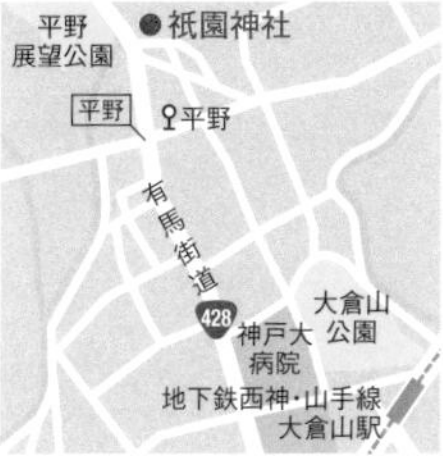

DATA

祇園神社

創建/869(貞観11)年
本殿様式/春日造
住所/兵庫県神戸市兵庫区上祇園町12-1
電話/078-361-3450
交通/市バス「平野」から徒歩10分
参拝時間/9:00~17:00
御朱印授与時間/9:00~16:30
URL https://www.kobe-gionjinjya.com

神社の方からのメッセージ

祭神の別名が牛頭天王のため、神職は祭典期間中、牛肉を食べません。またキュウリも神紋の形にならないよう、斜めに切っています。ちなみにキュウリは熟すと中が空洞になるので、そこに邪気を封じ込められるんですよ。

祇園山の中腹にある神社で、約90段の石段を上らなければなりません。「上りきったそこは、都会の喧騒から離れた異空間が広がる」といわれますが、まさにそのとおりのすがすがしさです。裏には坂道もあるので、石段を上るのが難しい方はそちらから参拝しましょう。

縁結び・和合長寿をお願いするならこちらへ

疫病をたちまち治めたと伝わる神社は結婚式の発祥の地。夫婦の健康を祈りましょう。

兵庫

高砂神社【たかさごじんじゃ】

主祭神

大己貴命《オオナムチノミコト》

素盞嗚命《スサノオノミコト》　奇稲田姫命《クシイナダヒメノミコト》

ほかにも縁結び、疫病除けなどの御利益が……

もともと国家鎮護のために大己貴命が祀られていた神社でした。平安時代に疫病が流行し、ご神託により素盞嗚命と奇稲田姫命をこの神社に夫婦合わせて祀ったところ、たちまちその疫病が治まったと伝わっています。世阿弥の謡曲『高砂』が生まれた地であり、結婚式で新郎新婦が座る場所を「高砂」と呼ぶのもこの神社に由来するもの。病気平癒や夫婦和合のパワースポットとして地元でも評判です。

高砂や～♪この浦船に帆を上げて♪

「高砂や～」で始まる能の代表的な祝言曲『高砂』の地だけあり、境内には「神遊殿(しんゆうでん)」という能舞台が。「地域に能文化を根付かせたい」という思いから、1996(平成8)年より不定期にて観月能を開催。

限定御朱印はP.20で紹介！

墨書／奉拝、播州高砂　印／高砂神社　●祝いの場に欠かすことのできないめでたい言葉「高砂」が書かれた御朱印です

「世に夫婦の道を示さん」と、イザナギとイザナミが神霊を宿したと伝わる「相生松」。現在5代目です

御朱印帳

短辺開きの「西陣織御朱印帳」です。ローマ字で、enmusubi,Takasago Jinjaと入っています(2000円、御朱印含む)

みんなのクチコミ!!

戦乱にまぎれ行方不明になった高砂神社の神像が200年後、江戸時代に京都のお寺で見つかりました。そのお寺で神像は「寿命神」として崇敬されていたそうです

今では当たり前に執り行われる結婚式ですが、高砂神社の相生松の前で、庶民が婚姻の礼を行ったことが発祥です

DATA

高砂神社

創建／約1700年前
本殿様式／三間社入母屋造
住所／兵庫県高砂市高砂町東宮町190
電話／079-442-0160
交通／山陽電車「高砂駅」から徒歩15分
参拝時間／8:00～17:00
御朱印授与時間／9:00～16:00
URL https://takasagojinja.takara-bune.net

神社の方からのメッセージ

御朱印は、月によって替わります。詳細はInstagram「高砂神社.Official」でご確認ください。当日限定御朱印の前日情報告知も発信しています。

境内には、本殿以外にも婦人病からお守りくださる粟嶋社や、女性をお守りくださるという技芸と美の神様、弁財天をお祀りするひょうたん池があります。広くはないですが、歴史を感じる見どころがたくさんあります。時間をかけてゆっくりと参拝しましょう。

播磨地域有数の安産の神

母子とも健康な出産を……との願いなら
大和政権とも関わりの深い伝統の神社で御祈願を。

兵庫

日岡神社
【ひおかじんじゃ】

約1300年前に創祀したと伝わる神社。第12代景行天皇の皇后の出産の際、祭神が安産祈願をされて無事に双子の皇子を出産しました。このことから祭神は安産の守り神として大勢の参拝者から親しまれています。特殊神事「亥巳籠《いみごもり》」は、旧暦の初午を過ぎた亥の日から巳の日まで、神職が神社に籠り、いくつもの禁忌を守りながら平和と繁栄を祈ります。景行天皇の皇后の御陵は、神社横の日岡山にあり、地元の人から大切にされています。

主祭神
天伊佐佐比古命《アメノイササヒコノミコト》

ほかにも厄除け、家内安全などの御利益が……

大和朝廷時代の重要地に位置

神社から15分ほど歩けば加古川が流れています。加古川は吉備や出雲へとつながり、大和朝廷時代には特に、重要な河川であったようです。祭神は同時代に活躍し、桃太郎のモチーフとなった吉備津彦命と同一視されています。

みんなのクチコミ!!

安産祈願の際に頂き「帰宅後にすぐ食べるよう」にいわれる御神供（ごしんく）の中に入っている米粒が、奇数だと男児、偶数なら女児が生まれると伝わります

墨書／奉拝、日岡神社　印／日岡神社之印、式内社、日岡神社　●「式内社」とは、927（延長5）年にまとめられた『延喜式 神名帳（えんぎしき じんみょうちょう）』に社名が載る神社のこと。長い歴史のある神社がもつ称号です

鳥居の脇のジャンボ絵馬は、干支にちなんで毎年設置しているもの。翌年の干支に切り替わる12月になると「年賀状用に……」と撮影に訪れるファンが多いそう

絵馬

生まれたばかりの双子の皇子が描かれた「絵馬」（800円）。「産湯に使った」と伝わる石のたらいは、加古川町美乃利の民家の軒先に残っています

御朱印帳

神馬と左三つ巴の神紋が描かれた「御朱印帳」（1300円、御朱印含む）

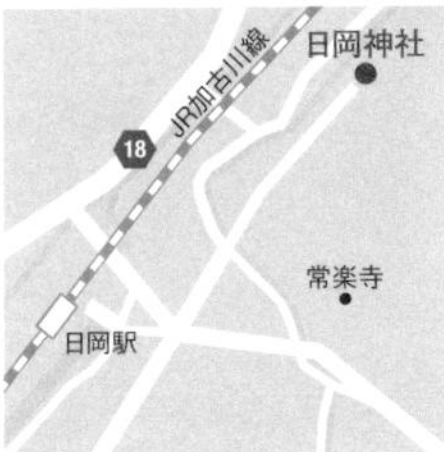

DATA
日岡神社
創建／730（天平2）年
本殿様式／権現流造
住所／兵庫県加古川市加古川町大野1755
電話／079-422-7646
交通／JR加古川線「日岡駅」から徒歩5分
参拝時間／9:00〜16:00
御朱印授与時間／9:00〜16:00
URL https://www.hiokajinja.jp

神社の方からのメッセージ

子供は「授かる」といいます。これは「神様からの恵みである」と考えられてきたからです。当社では、安産祈願に始まり、初誕生祭、七五三詣など健やかな成長を祈る儀式を行っております。どうぞお参りください。

安産祈願を含め、すべての御祈祷後に頂ける「御神供」のお米は、特殊神事の「亥巳籠（いみごもり）」の折に、すべて奉製されているそう。たくさんのパワーが秘められていそうです。真摯なお願いや悩みがあれば、御祈祷もぜひ受けたいですね！

六甲の森のエネルギーを浴びて

『太平記』に登場する「八幡林」はこちらのこと。緑豊かな参道を歩めば、心も安らぎます。

兵庫

六甲八幡神社

【ろっこうやはたじんじゃ】

毎年1月18～19日に「やくじんさん」と呼ばれる厄除大祭が執り行われます。1年の無病息災や、家内安全を願ってたくさんの参拝者が訪れる盛大なお祭りです。古くから、身に罪や穢れがあると、病や災難に悩まされるといわれます。また、「厄年」は「体の不調が出やすいことに由来する」とも。厄祓いの御利益で有名なこの神社で参拝、御祈願をすれば、身心が清められ、健やかで明るい毎日が送れることでしょう。

主祭神

天照大御神《アマテラスオオカミ》

春日大神《カスガノオオカミ》　八幡大神《ヤハタノオオカミ》

ほかにも厄除けなどの御利益が……

無病息災を願う「湯立ての神事」

厄除大祭の神事。神事の終わりには、巫女が湯の沸いた釜に笹の束を入れ、災難を祓うとされる湯玉（水しぶき）を参拝者に振りかけてくれます。儀式の場を囲う「福笹」は魔除けとされ、参拝者は持ち帰ることができます。

印／一國一社、三つ巴と橘紋、六甲八幡神社

●印にある「一國一社」とは、廃藩置県前の律令国で、国府近くに創建された八幡宮のことです

「オリジナル焼き印入り御朱印帳」（1500円、御朱印含む）には、社名、社紋と拝殿をモチーフにしたイラストの焼き印が

御朱印帳

国民的な人気を誇るキャラクターをデザインした「HELLO KITTY御朱印帳」（1500円、御朱印含む）

みんなのクチコミ!!

「リラックマのお守り」（500円）や「ゲゲゲの鬼太郎のおみくじ」（200円）など、人気キャラクターをデザインした授与品がたくさん揃っています！

お守り

小さくてかわいらしい「厄除桃鈴」（500円）は、お財布に付けても◎

DATA

六甲八幡神社

創建／諸説あり
本殿様式／春日造
住所／兵庫県神戸市灘区八幡町3-6-5
電話／078-851-7602
交通／阪急神戸線「六甲駅」からすぐ
参拝時間／自由
御朱印授与時間／9:00～17:00
URL https://www.rokko.or.jp

神社の方からのメッセージ

現在の社殿は、奈良にある春日大社の旧社殿を移したものと伝わります。また、本殿は神戸市の重要文化財に指定されています。駅前から当社まで続くのは原生林です。六甲の自然を感じながらどうぞご参拝ください。

阪神淡路大震災で、西の鳥居が倒壊しました。その後、復興ボランティアに訪れた仏師へその壊れた鳥居を寄贈すると、鳥居はお地蔵さんの石仏としてよみがえりました。今、そのお地蔵さんは近くの大黒公園で子供たちを見守っています。

第三章

御利益別！ 今行きたい神社

Part5

仕事・学業

受験やビジネスの成功、キャリアアップなど、夢の実現を神様があと押し！ 新たな道を進むパワーを頂きましょう。

★仕事・学業★絶対行きたいオススメ神社3選
- 大阪天満宮（大阪）／豊國神社（大阪）／鹿嶋神社（兵庫）
- 開口神社（大阪）／桑津天神社（大阪）
- 千里天神（上新田天神社）（大阪）
- 綱敷天神社御旅社（大阪）
- 水無瀬神宮（大阪）
- 赤穂大石神社（兵庫）
- 一宮神社（兵庫）／櫻井神社（兵庫）
- 多田神社（兵庫）
- 須磨 綱敷天満宮（兵庫）／兵庫縣姫路護國神社（兵庫）

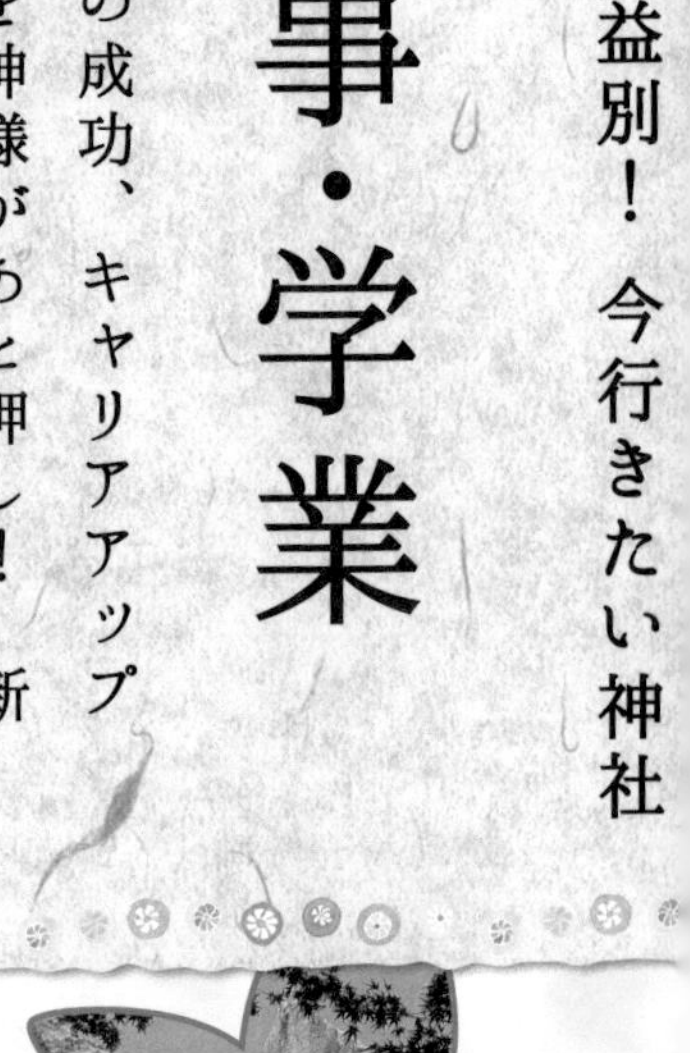

会社や学校でがんばる人に突破力を授ける!

壁を乗り越えたい、仕事や勉強に全力投球したいと願う人に神様は困難に打ち勝つ力を授けてくださるはずです。学力向上やビジネス成功にパワーを頂けるおすすめの神社をご紹介します。

絶対行きたいオススメ神社 1

努力する正直者にほほ笑む守り神

祭神は平安きっての文化人。試験や受験など人生の一大イベントに挑む人の強い味方です。

大阪

大阪天満宮【おおさかてんまんぐう】

主祭神
菅原道真公《スガワラノミチザネコウ》

1000年以上の歴史をもつ由緒ある神社。学問の神様・菅原道真公を祀っています。道真公は真面目に努力する人を必ず見てくださっているそうです。境内がにぎわえば、神様もテンションアップ! そのため、天神祭や梅まつりなど、1年を通じて人が集まる神事や祭事をあえて増やしているのだとか。「神社がパワースポットといわれるには、人の力も必要なんですよ」と神職の方に教えていただきました。

お守り

合格守や就職守もスタンバイ(御守・御札・絵馬のセットで3000円)

毎年2~3月に行われる梅まつりは、大盆梅展が開催されるほか、梅酒など梅にまつわる物産を販売。御能や講談の奉納も

御朱印帳はP.27で紹介!

墨書/奉拝、大阪天満宮　印/斧越菊紋、大阪天満宮印　●書き置きで頂ける色紙の御朱印。枝垂れ梅を思わせる模様がグラデーションで描かれています

赤は良縁、緑は学業、金は満願成就の願いを込めて

木で造られた願い玉(3個500円)

願いを込めて一玉入魂

天満宮裏、良縁祈願の名所「星合池」に浮かんだ梅の的めがけ、かなえたい願いを心に浮かべながら「願い玉」を投げ入れて。願いごとで花の色が違うのもポイントです。

ほかにも商売繁盛、厄除け、工事安全などの御利益が……

みんなのクチコミ!!

境内の東端にある梅花殿は、1928(昭和3)年に建てられた国の登録文化財。伊勢神宮の古材が使われています

お守り

冷静な判断力を高める「青」、成長する力を与える「緑」、求心力を高める「紫」という3色3つの力を込めたお守り「仕事力守」(1000円)

DATA
大阪天満宮
創建/949(天暦3)年
本殿様式/権現造
住所/大阪府大阪市北区天神橋2-1-8
電話/06-6353-0025
交通/JR東西線「大阪天満宮駅」から徒歩2分、大阪メトロ「南森町駅」から徒歩3分
参拝時間/自由
御朱印授与時間/9:00~17:00
URL https://osakatemmangu.or.jp

神社の方からのメッセージ

毎年7月24、25日の天神祭は、大阪天満宮が創祀された翌々年、951(天暦5)年よりある神事から始まった祭り。天満宮近くの大川に打ち上げられる花火や100隻もの大船団が航行する船渡御(ふなとぎょ)が有名で、大阪の夏の風物詩です。

道真公が大宰府へ向かう途中、この地にあった大将軍社で旅の無事を祈願。太宰府において道真公が亡くなってから50年後、一夜にして大将軍社に7本の松が生え、夜ごと梢を光らせたことから、時の村上天皇が神社創建の勅命を出したという言い伝えも。

絶対行きたい
オススメ神社 2

秀吉公の出世マインドを注入!

自らの才能で日本の歴史上でも稀有な立身出世を遂げた出世開運の神様が仕事を成功に導きます。

大阪
豊國神社【ほうこくじんじゃ】

関西では親しみを込めて「太閤さん」と呼ばれる豊臣秀吉公は、自らの才覚で百姓から天下人に登りつめたスゴイ経歴の持ち主。そんな強力な出世パワーにあやかろうと参拝するビジネスマンの姿も多く見られます。秀吉公を祭神とする全国の豊國神社のなかでも、天下統一を果たした、最も縁が深い大阪城のまさにおひざ元にあります。

主祭神
豊臣秀吉公《トヨトミヒデヨシコウ》
豊臣秀頼公《トヨトミヒデヨリコウ》
豊臣秀長卿《トヨトミヒデナガキョウ》

ほかにも商売繁盛、必勝祈願、会社隆昌などの御利益が……

秀吉公が出迎えてくれます
文化勲章を受章した日本彫刻界の第一人者が制作した秀吉公の銅像は2代目。一の鳥居のすぐ近くにあり、堂々たる全長5・2mの大きさはランドマークにもなっています。

御朱印帳はP.24で紹介!

墨書／参拝、大阪城、豊國神社　印／豊國神社　●「豊」の文字が力強い御朱印です。大阪城内の神社であることもしっかり明記されています

みんなのクチコミ!!

秀吉公の命日である8月18日に太閤祭が斎行されます。62歳で亡くなられた祭神の御神霊を慰める祭礼です

神社は大阪城のすぐそば。周辺は官公庁や企業などが軒を連ねるため、観光客に混じってスーツ姿の人も。大阪城へは神社正面の桜門からどうぞ

絵馬

狩野山楽筆の秀吉公は社宝の掛軸から。開運祈願の絵馬(800円)

お守り

出世・開運の「出世天然瓢箪守」(各800円)。豊國神社の木札付きです

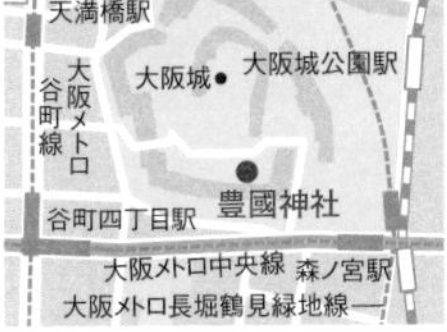

DATA
豊國神社
創建／1880(明治13)年
本殿様式／流造
住所／大阪府大阪市中央区大阪城2-1
電話／06-6941-0229
交通／大阪メトロ「谷町四丁目駅」、またはJR大阪環状線・大阪メトロ「森ノ宮駅」から徒歩15分
参拝時間／自由
御朱印授与時間／9:00～16:50
URL https://www.osaka-hokokujinja.org

神社の方からのメッセージ

ただお願いするだけの神頼みではなく、成就に向かって努力することで神様は助けてくれます。そして人に何かをしてもらったとき、「ありがとう」と伝えるのと同じで、神社でも願いごとが成就したら、神様へのお礼参りを忘れずに。

本殿横にあるビッグサイズの絵馬は、十二支がモチーフになっています。毎年12月上旬に行われる奉納式で新しい年の干支絵馬に入れ替えられ、年賀状の題材にしたいと、わざわざ絵馬を撮影に来る方も多いそうです。

絶対行きたい
オススメ神社 3

霊験あらたかな"一願成就の神"

受験など「負けられない勝負」の前には「勝つぞ!」という強い気持ちで参拝しましょう。

兵庫

鹿嶋神社【かしまじんじゃ】

主祭神
武甕槌命《タケミカツチノミコト》
経津主神《フツヌシノミコト》

ほかにも勝利、武運、厄除けなどの御利益が……

どうしてもかなえたい願いごとをひとつ定め、心を込めてお参りすれば、それをかなえてくださるという「一願成就の神」として知られています。なかでも合格祈願が有名で、全国各地から高校や大学受験のほか、国家資格や昇進試験を控えた参拝者が訪れます。祭神は2柱とも、剣にまつわる必勝祈願、勝利の神様です。学業や仕事で「ここぞ」という正念場が訪れたら、勝ち抜く決意をもってお参りしましょう。

「永久の輝き」の願いを込めた大鳥居

大鳥居は1998(平成10)年に建立されたもの。軽くて強く、耐熱性に優れていることから、航空機にも使用されるチタン製です。古きよき伝統をつなぎ、未来へ大きく羽ばたくことを象徴しています。大きさは日本最大級!

みんなのクチコミ!!

夏の暑い時期になると、参道にミストや風車を設置してくださいます。参拝者を思いやる、神社の心遣いが感じられます

御朱印帳はP.26で紹介!

墨書/奉拝、鹿嶋神社　印/播磨乃国鎮座、左三つ巴紋、鹿嶋神社　●神紋は、3つの力が渦巻いている、または拮抗している様子と考えられています

鹿嶋大神と刻まれた「一願成就石」の石碑です。願掛けする際には、本殿の周りを年齢の数だけ回って参拝します

お守り

わらじがデザインされた「足・腰お守り」(500円)。足腰がしっかりしていると、気持ちもどっしりと落ち着きます

参拝のあとは「勝守」(各500円)を頂いて。勝利に向けて、日々の努力も続けましょう

DATA
鹿嶋神社
創建/742(天平14)年
本殿様式/入母屋造
住所/兵庫県高砂市阿弥陀町地徳279
電話/079-447-4676
交通/JR神戸線「曽根駅」から徒歩30分、または神姫バス「鹿島神社」から徒歩8分
参拝時間/自由
御朱印授与時間/8:00〜16:00
URL http://www.kashimajinja.or.jp

神社の方からのメッセージ

武士は出陣に臨むときに、当社に詣で武運長久を祈念しました。その際、兜に香を焚きこめ勇ましく出陣したという故事をもとに、現在も神前では香を焚き、灯明を点じていただきます。ここぞというときにお参りください。

1月最後の日曜日は「学神祭」が執り行われ、たくさんの受験生が参拝に訪れます。七五三のときには「子供が碁盤の上から飛び降りると『碁盤の目のように筋目正しく、勝負強く育つ』」という皇室の儀にならった「碁盤の儀」が行われています。

恋も仕事も学業も狙うなら

大阪

開口神社

【あぐちじんじゃ】

堺の町の中心部にあり、堺を守り、その繁栄を支えてきました。祭神は物知りの神として知られることから仕事や学業の成就にパワーを頂けそうです。さらに、芸能の神様を祀る扇塚は、芸事の上達祈願に最適。恋の悩みには、愛らしい「晶子恋歌みくじ」が的確なアドバイスをくれます。

御朱印帳はP.27で紹介!

墨書/泉州堺大寺、開口神社、奉拝　印/三つ茄子紋、開口神社　●珍しい社紋は三つナスの印。氏子からナスを奉納されたことに由来します

御朱印帳

境内にある豊竹稲荷神社の「御朱印帳」(3000円)は、イラストレーター夏雪さんによるデザイン

おみくじ

「晶子恋歌みくじ」(300円)は堺出身の歌人、与謝野晶子が詠んだ歌で恋を占うオリジナルみくじ

主祭神

シオツチノオジノカミ
塩土老翁神

DATA

開口神社

創建/2世紀初頭

本殿様式/流造

住所/大阪府堺市堺区甲斐町東2-1-29　電話/072-221-0171

交通/南海本線「堺駅」から徒歩10分、または阪堺電軌阪堺線「大小路駅」「宿院駅」から徒歩5分

参拝時間/自由

御朱印授与時間/9:00~17:00

URL https://aguchi.jp

ほかにも安産、開運厄除けなどの御利益が……

みんなのクチコミ!!

境内には年に一度の扇祭で芸能・習いごとの上達を願う「扇塚」があります

古代の美女を元気にした神様

大阪

桑津天神社

【くわづてんじんしゃ】

仁徳天皇の妃である日向髪長媛《ひむかのかみながひめ》が病気になり、天皇が病気平癒の神様に祈願したところ無事に快癒。そのご縁でこの地に祭神をお祀りしました。昔も今も、愛する人の病気は本当に心配ですね。病気平癒から転じて「懸命な働きが実を結ぶ」御利益も。仕事も学業もコツコツが大切です。

限定御朱印はP.19で紹介!

墨書/桑津、天神社　印/鳳凰紋、摂津久わつ、天神社印、干支　●金色の社紋が豪華です。表紙が木製で鳳凰とザクロのカラーデザインの御朱印帳も

ころんとしたフォルムがかわいらしい「学業守」(500円)

応神天皇と髪長媛をともにお祀りしているのは、全国でもこちらと宮崎県の早水神社のみ。縁結びの御神徳があると信仰されています

お守り

主祭神

スクナヒコナノミコト
少彦名命

DATA

桑津天神社

創建/不詳　本殿様式/流造

住所/大阪府大阪市東住吉区桑津3-4-17

電話/06-6719-3959

交通/近鉄南大阪線「河堀口駅」、またはJR阪和線「美章園駅」から徒歩10分

参拝時間/6:00~20:00

御朱印授与時間/9:00~18:00

ほかにも縁結び、夫婦円満、商売繁盛、家内安全、厄除けなどの御利益が……

みんなのクチコミ!!

パグ系のなんとも愛らしいお姿の狛犬。ほんわかしたニッコリ笑顔が人気です

現状からの独立&突破にパワー充電

大阪では「千里の天神さん」の名で親しまれ、合格祈願の受験生がたくさん訪れます。

大阪

千里天神（上新田天神社）

【せんりてんじん（かみしんでんてんじんじゃ）】

神社が建つ千里中央は、約400年前から新田開発が行われ、戦後は日本初の試みだった千里ニュータウンの造成に成功した街です。このような風土から、起業や新規開発・開拓に御利益を求めて多くの参拝者でにぎわいます。ビジネスだけではなく、親や組織からの独立、フリーターから正社員として就職するなど、現状打破を考えている人にも大きなパワーを与えてくださいます。

御神火を焚いて無病息災を祈る

大阪とんど祭りは、1月14日にその年の豊作や無病息災を祈って行われる火焚きの行事です。中心に松を立て、周囲を丸竹や藁で円形に包んだ高さ15mの櫓に松明で火をつけます。火が真上に上がると豊作になるといわれています。

主祭神

菅原道真公《スガワラミチザネコウ》

ほかにも家内安全、交通安全、厄除け開運などの御利益が……

墨書／奉拝、千里天神　印／梅鉢紋、千里天神　●祭神に菅原道真公を祀ることから、社紋は菅原氏が使用していた家紋と同じ梅鉢紋が採用されています

お守り

学業守としても人気がある「天神さまの鷽（うそ）守り」（500円）。鷽は古くから災難を除き、福を招くといわれる鳥です

数ある桜のお守りのなかでは珍しく冬の桜をモチーフにした「冬桜守」（1000円）。木枯らしに耐え開花する冬桜のように、困難を乗り越え開花してほしいと祈念されています

みんなのクチコミ!!

現在の本殿は1686（貞享3）年に再建されたもの。柱や梁に唐獅子や猿などの図絵が施され、江戸中期の面影を今に残し、市の文化財に指定されています

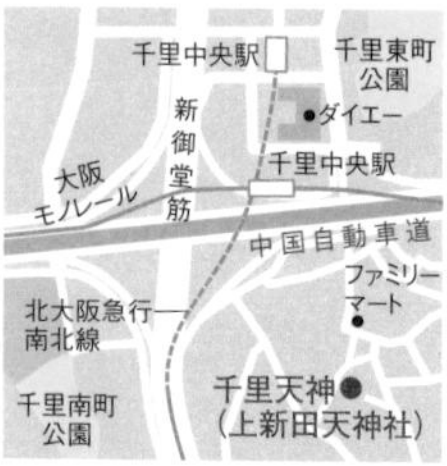

DATA

千里天神（上新田天神社）

創建／1616（元和2）年
本殿様式／一間社流造
住所／大阪府豊中市上新田1-17-1
電話／06-6834-5123
交通／大阪モノレール、または北大阪急行南北線「千里中央駅」から徒歩8分
参拝時間／自由
御朱印授与時間／9:00〜17:00
URL http://senritenjin.com

神社の方からのメッセージ

古来、新規開拓の神様として尊崇されております。新規の事業や商売を始める際や、新生活の開始に際してお参りされ、よりよいスタートをきられることをおすすめします。年末から飾られる翌年の干支の大絵馬も評判です。

境内社の千里稲荷神社には稲荷大明神が祀られています。商売繁盛の御利益があり、本殿とあわせてビジネスなどの成功を祈願すればさらに強力なサポートを得られそうです。毎年2月の初午（はつうま）日に千里稲荷初午祭が斎行されます。

梅田の発展を見守ってきた天神様

成績アップ、仕事運向上ならおまかせ！テンパリ防止のお守りまであって至れり尽くせり。

大阪
綱敷天神社御旅社
【つなしきてんじんしゃおたびしゃ】

天神様を祀るご縁で、学業成就はもちろん、大阪経済の中心・梅田のど真ん中に鎮座しているため、周辺企業からの信仰もあつく、仕事運にもバッチリ御利益が。「成績をがっつり上げたい！」「テキパキ仕事をしたい！」そんな方に、ぴったりの神社です。御旅社とは、神様の別荘のようなもの。神社名に「旅」の字が入っていること、また旧街道に近く、鉄道ターミナル・梅田駅の氏神様でもあることから、旅の守り神様としても人気です。

主祭神
菅原道真公《スガワラノミチザネコウ》

ほかにも往来安全（旅行安全）、女性守護、縁結び、宥恕和楽（ゆうじょわらく／イライラ封じ）などの御利益が……

八重の紅梅は道真公の「難波の梅」
天神様ゆかりの香り高い紅梅「難波の梅（または梅田の梅）」が今も境内に残り、毎年八重の美しい紅梅を咲かせます。太宰府の飛梅、京都北野の紅和魂梅（べにわこんばい）に次ぐ、天神信仰の重要な梅とされています。

「菜種守」（700円）は、菜の花の咲く時期限定のお守り。神社のある茶屋町は近世まで菜の花畑であり、天神様の心をなだね（菜種）たという信仰があります。菜の花はイライラ封じの花なのだとか

みんなのクチコミ!!

末社には女性の守り神としてファンの多い玉姫稲荷大神様が。女性経営者や女性芸能人など、働く女性がたくさん参拝に訪れるそうです

お守り

「歯神守」（500円）は飛地末社である歯神社のお守り。歯痛に御利益あり！　御旅社でのみ授与していただけます

墨書／奉拝、綱敷天神御旅社　印／喜多埜（きたの）、梅紋、綱敷天神社御旅社印　●「喜多埜」は御本社の氏地・旧北野村の旧名です。御本社の綱敷天神社や、末社の歯神社の御朱印もこちらで頂くことができます

墨書／奉拝、綱敷天神社　印／喜多埜、梅紋、十六菊紋、綱敷天神社印

墨書／奉拝、歯神社　印／喜多埜、綱敷天神社末社、抱き稲に梅紋、歯神社印

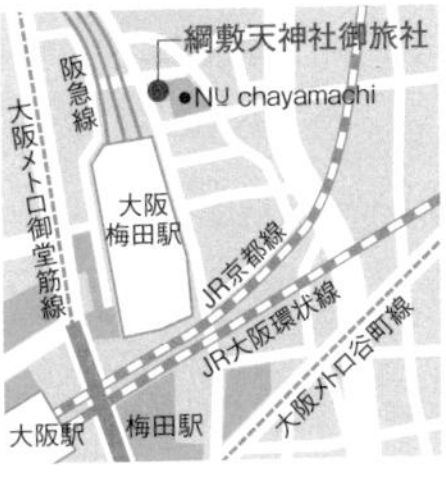

DATA
綱敷天神社御旅社
創建／843（承和10）年
本殿様式／権現造
住所／大阪府大阪市北区茶屋町12-5
電話／06-6371-1586
交通／阪急線「大阪梅田駅」茶屋町口から徒歩3分
参拝時間／6:00～18:00
御朱印授与時間／土・日曜13:00～17:00
URL http://tunashiki.com

神社の方からのメッセージ

綱敷天神社御旅社は、梅田の神山町に鎮座する綱敷天神社の御旅社です。一般的な御旅社は仮設で設けられることが多いですが、当宮は社殿も境内地もあります。小さいながら、梅田の歴史を見守り続けてきた神社です。

天神様もご覧になられ、梅田の梅の字の由来になった紅梅が毎年境内を彩ります。また、春には「菜の花や月は東に日は西に」と詠まれた菜の花などが咲き、まさに梅田の古の姿を今に伝える場所です。勉強の合間にほっとひと息ついて、成績アップを目指して。

文武両道パワーでデキる人を目指す

文武に長けた神様を祀ることから、御神徳は学業成就にスポーツ上達、なんでもござれ！

大阪

水無瀬神宮

【みなせじんぐう】

主祭神

後鳥羽天皇《ゴトバテンノウ》

土御門天皇《ツチミカドテンノウ》　順徳天皇《ジュントクテンノウ》

ほかにも盗難除け、スポーツ上達、安産などの御利益が……

主祭神である後鳥羽天皇といえば『新古今和歌集』を編んだり、流鏑馬《やぶさめ》や蹴鞠《けまり》に秀でていたりと「何でもできる」多芸多才で知られたオールマイティな人物。文武両道の御利益も授かれると、受験やスポーツに取り組む人たちからあつい信仰を集めています。もともとは後鳥羽天皇の離宮（別荘）があった土地で、境内は今も緑豊かです。

珍しい「盗難除け」の御利益も

盗賊・石川五右衛門が神宝の名刀を盗もうと7日7晩様子をうかがっていたものの、神威で門内にすら入れず、改心の証を表した手形が神門の右柱に残っています。

石川五右衛門の手形

みんなのクチコミ!!

御神水「離宮の水」は、かの千利休も好んで使用したという名水。多くの人が水を頂きに訪れます

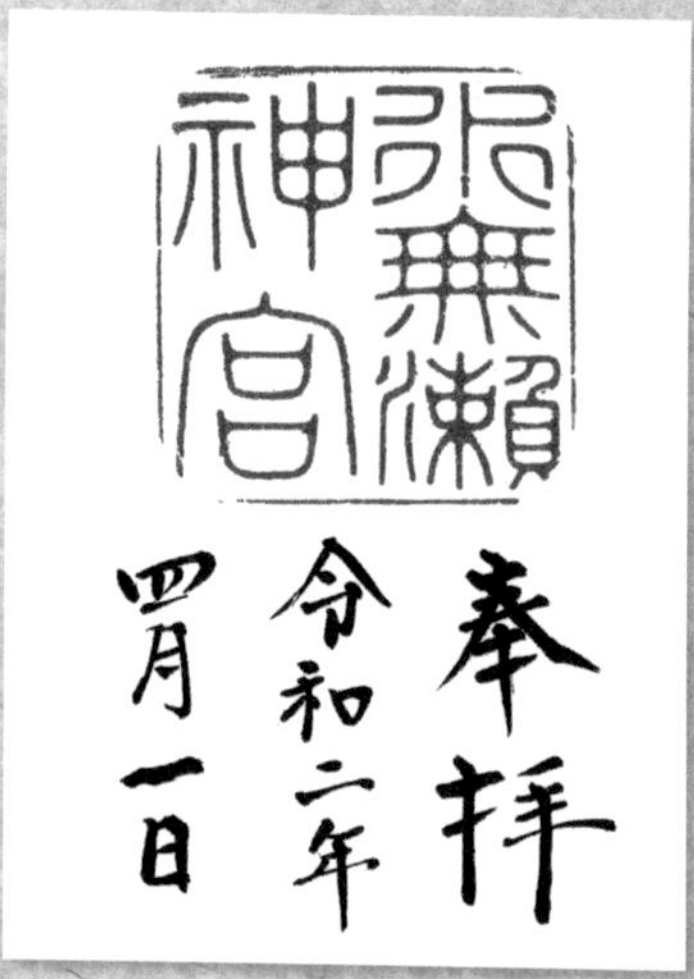

墨書／奉拝　印／水無瀬神宮　●神社印のみのすっきりシンプルで見た目が深い。水無瀬川と淀川の合流点付近である水無瀬の地は平安時代、皇族や貴族たちの狩猟や行楽地として人気がありました

お守り

「守袋」（各800円）には社紋の十六弁菊花紋を織り込んで。青と朱の2色

石川五右衛門の故事から生まれた盗難除けの護符（500円）。玄関の内側、目線より少し高い所に貼り付けると防犯に御利益があるそうです

本殿の奥にある、雰囲気のよい茅葺きの茶室「燈心席」は国指定重要文化財。申し込めば見学もできるそう（1人500円、事前予約5名以上）

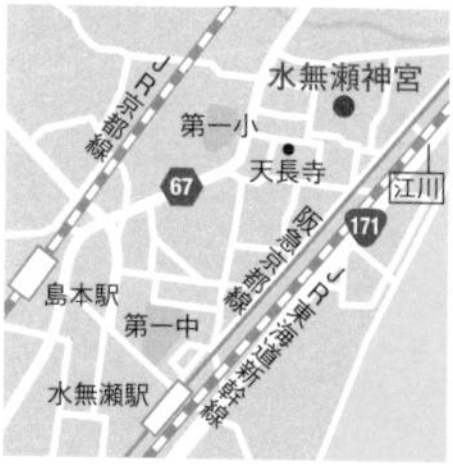

DATA

水無瀬神宮

創建／1240（仁治元）年
本殿様式／入母屋造
住所／大阪府三島郡島本町広瀬3-10-24
電話／075-961-0078
交通／阪急京都線「水無瀬駅」から徒歩10分、またはJR京都線「島本駅」から徒歩15分
参拝時間／9:00～17:00
御朱印授与時間／9:00～17:00
URL https://minasejingu.jp

＼神社の方からのメッセージ／

手水舎の井戸から湧き出ているのは、環境省の名水百選にも選定された「離宮の水」です。すぐ近くに蛇口を取り付けていますが、これはあくまでも身を浄めるための御神水ですので「神様のものをお借りしている」という気持ちで頂いてください（取水時間／6:00～17:00）。

「見渡せば 山もと霞む水無瀬川 夕べは秋と 何思ひけむ」は、『新古今和歌集』に収められている後鳥羽天皇の歌。山と川、風雅で自然豊かな水無瀬の風景を見事に詠んでいて、天皇がいかにこの地を気に入っていたかがわかります。

3段上の大願成就を願うなら

前代未聞の仇討ち本懐を遂げた赤穂浪士があなたの大きな願いをそっと後押ししてくれます。

兵庫

赤穂大石神社

【あこうおおいしじんじゃ】

平和な江戸時代を揺るがせた大事件が、赤穂浪士の討ち入りです。主君の仇を、藩を取り潰された47人の浪士が見事討ち取りました。当時、歌舞伎や浄瑠璃で演じられ、現在も討ち入りのあった12月はドラマが作られるほど。今でも大願を成就させた浪士を崇敬する参拝者が後を絶ちません。受験合格も、仕事の昇進も、新規事業成功も、「今は無理に見えるけど、どうしても成し遂げたい思い」を、義士たちが応援してくださいます。

主祭神
大石内蔵助《オオイシクラノスケ》

ほかにも大願成就、心願成就、子宝などの御利益が……

江戸庶民の涙を絞った義士の木像

義士たちが本懐を遂げ、切腹してから満250年目の1953（昭和28）年に、超一流の木彫家がひとり1体ずつ、49体（浅野長矩、萱野三平含む）の木像を制作し、義士木像奉安殿に奉納しました。（入館料／大人500円、中学生以下無料）

限定御朱印と御朱印帳はP.20・25で紹介！

墨書／大石神社　印／大願成就、右二つ巴紋、播州赤穂、大石神社　●金色の「大願成就」印に力強さを感じます。祭り限定の御朱印も頂けます

義士宝物殿では、大石内蔵助の愛刀「備前長船清光・康光」の大小刀をはじめ、義士の書状や暇乞状などを展示しています

みんなのクチコミ!!

拝殿向かって右側に「一文字流し」が。"嫌なこと、忘れてしまいたいこと"を漢字1文字で記入して水鉢につけると、文字が溶け、悩みもなくなるとか

大石内蔵助の長男の通称「主税（ちから）」と、「ここ一番に"力"が出るように」という祈りをかけた「力守」（700円）

お守り

このまま使えそうな「陣太鼓守」（1000円）は、"シャンシャン"と勢いのある音がします

DATA

赤穂大石神社

創建／1912（大正元）年
本殿様式／流造
住所／兵庫県赤穂市上仮屋東組131-7
電話／0791-42-2054
交通／JR赤穂線「播州赤穂駅」から徒歩15分
参拝時間／8:00〜17:00
御朱印授与時間／8:00〜17:00
URL https://www.ako-ooishijinjya.or.jp

神社の方からのメッセージ

赤穂浪士の討ち入りで有名な12月14日は、赤穂市を挙げてのお祭り・義士追慕大祭を開催します。また、春の義士祭は、桜が満開のなかを女性ばかりの義士行列が市内を行進。春らしい、華やかなお祭りです。

隠れファンが多い「子宝陰陽石」。大石内蔵助は、三男二女の子だくさん。その子宝運にあやかろうと、居宅であった庭園にある「子宝陰陽石」をなでると、子宝に恵まれるという言い伝えが。夫婦で1体ずつ持つペアの「子宝御守」もあり、夫婦の愛が深まります。

有能な経営手腕で仕事運向上

兵庫

一宮神社【いちのみやじんじゃ】

祭神は大国主命の后として夫婦で日本の国土開発と経営に尽力しました。参拝すればパートナーと取り組む仕事や、チームで挑戦する研究などに御利益が期待できそうです。日本国内で神戸だけの、一宮神社から八宮神社までをめぐる「八社めぐり」（→P.138）のスタート地点でもあります。

主祭神

田心姫命《タゴリヒメノミコト》

ほかにも商売繁盛、縁結び、厄除け、交通安全などの御利益が……

墨書／奉拝、一宮神社　印／神戸北野鎮座、桜、一宮神社　●桜の季節に預ける桜の御朱印（書き置き）など、限定御朱印もあります

お守り

「寿（ことほぎ）」（1000円）は、令和元年を祝して作成された、縁起のよい市松模様のお守り

「縁むすび」（800円）は、ちりめんを結んだかわいらしいお守り。恋愛、仕事、金運、人とのよいご縁を結べます

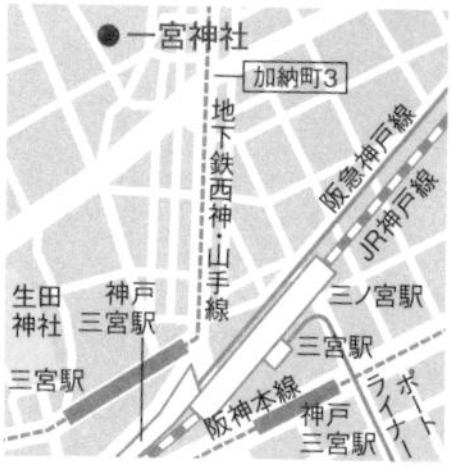

DATA

一宮神社

創建／不詳 ※一説には4世紀頃とも
本殿様式／流造
住所／兵庫県神戸市中央区山本通1-3-5　電話／078-221-1281
交通／JR「三ノ宮駅」、阪急・阪神「神戸三宮駅」から徒歩10分、または地下鉄西神・山手線「三宮駅」から徒歩7分
参拝時間／8:00～17:00（夏季は～18:00）
御朱印授与時間／9:00～17:00

みんなのクチコミ!!

手水舎は旧大和郡山城主・本多忠直公の御門を移築したもの。1716（正徳6）年築造です

ライブチケット当選祈願！

兵庫

櫻井神社【さくらいじんじゃ】

国民的アイドルグループのメンバーの名前にちなんで、ファンの参拝が急増。遠方からもお参りがあるほど。「ライブチケット当たりました！」など、たくさんのお礼の絵馬が奉納されています。お賽銭箱や拝殿の軒瓦の桜紋（ピンク）が愛らしく、境内での〝桜紋〟探しは、盛り上がること間違いなし。

主祭神

櫻井信定公《サクライノブサダコウ》より櫻井忠興公《サクライタダオキコウ》まで16柱

ほかにも芸能上達、縁結び、学問向上、病気平癒などの御利益が……

御朱印帳はP.26で紹介！

墨書／尼崎城史跡、櫻井神社　印／櫻井櫻、櫻井神社　●御朱印の桜印など、その名のとおり桜がいっぱいの神社。春には美しい桜が咲き誇ります

お守り

「復活守（ふっかつまもり）」（800円）は、おめでたい象徴の"鳳凰"の尾羽が鮮やかな五色で織られています

絵馬

「絵馬（桜の社紋）」（500円）は、ピンクのグラデーションが美しいデザイン

DATA

櫻井神社

創建／1882（明治15）年
本殿様式／切妻造
住所／兵庫県尼崎市南城内116-11
電話／06-6401-6643
交通／阪神「尼崎駅」から徒歩8分
参拝時間／7:30～20:00
御朱印授与時間／9:00～17:00

みんなのクチコミ!!

授与品の「伍色珠御守」（1000円）は、推しメンバーの色を選ぶのがファンのお約束

源氏と武士団発祥の地はこちら!

全国に名をはせた源氏の武将はすべて祭神の子孫。大いなる成功と繁栄の御神徳を授かりましょう。

兵庫

多田神社【ただじんじゃ】

祭神は清和天皇の曾孫で、源頼朝につながる※清和源氏の「繁栄の祖」です。藤原家に仕え摂関政治の確立を担い、また、武家政権の先駆けとなる武士団を初めて結成しました。晩年多田院を建立し仏門に入ると、国家守護武運長久の霊場としました。これが神社の前身です。「仕事で成功したい」「もっと評価されたい」という思いがあれば、主君を支えながらも、子孫や武家の繁栄の礎を築いた祭神に祈願しお力を頂きましょう。

※天皇を祖として生まれた源氏二十一流のひとつ

主祭神

源満仲公《ミナモトノミツナカコウ》

ほかにも勝運祈願、家内安全、家運隆昌などの御利益が……

楽しい地域づくり「多田の市」

地域の交流と触れ合いをテーマに2023年6月から開催している定期市。勝負の神様にあやかり川西市名産のイチジクを使った人気菓子「かちだま」は毎回完売となります。

みんなのクチコミ!!

現在の建物は、徳川4代将軍家綱が再建したものだそう。古くから武家に信仰されていた神社なんですね

お守り

勇ましい武将が描かれた「鬼切勝守」(1500円)。祭神の子である頼光公は、大江山に現れた酒呑童子を退治したと伝わります。宝物殿には、鬼の首を切った源家の宝刀「鬼切丸」が収蔵されています

お守り

ここで手にしたいのはやはり「勝運」。お参りが終わったらカード型の「勝運御守」または「勝運守」(各1200円)を頂きましょう

墨書/奉拝、源家祖廟　印/多田神社　●祭神をはじめ、頼光、頼信、頼義、義家の五公を祀っていることから「源家祖廟」と書かれています

墨書/奉拝　印/多田神社　●季節を感じるカラフルな限定御朱印、5月手水舎と藤。月ごとに図柄が変わる限定御朱印を授与しています(500円)

DATA

多田神社

創建/970(天禄元)年
本殿様式/堂社造
住所/兵庫県川西市多田院多田所町1-1
電話/072-793-0001
交通/能勢電妙見線「多田駅」から徒歩15分、または阪急バス「多田神社前」から徒歩2分
参拝時間/6:00〜17:00
御朱印授与時間/9:00〜17:00
URL https://tadajinjya.or.jp

神社の方からのメッセージ

毎月第1日曜に「誰もが住んでいて楽しい地域づくりを目指して交流とふれあい」をテーマに多田の市を開催しています。限定御朱印や多田神社でしか買えないお菓子もあります。ぜひ、お越しください。

祭神は「亡くなったあとも鳴動によって国が安全か危険かを知らせよう」と遺言しました。室町時代などに「多田院鳴動」がたびたびあったという記録が残っています。多田院鳴動は特に、吉事の前兆を知らせてくれたといわれています。

学業&仕事がいい波に乗る

兵庫

須磨 綱敷天満宮

【すま つなしきてんまんぐう】

祭神が大宰府へ向かう際、須磨の浦で波が高くなり航海を中断することに。そのとき、祭神は漁師たちが網の大綱で作った円座を敷いてお休みになりました。このエピソードに由来して建立された神社です。学問の神様に安らぎの時を与えたこの場で、心静かに学業成就と開運招福を願いましょう。

主祭神

菅原道真公《スガワラノミチザネコウ》

ほかにも開運招福などの御利益が……

限定御朱印はP.21で紹介！

墨書／奉拝　印／梅鉢紋、綱敷天満宮、実を結ぶ、ナス、ナスの花　●御朱印は月替りでほかに150種類以上あります。一つひとつに素敵な記念品付きます

道真公がお休みになられたとされる、漁網の円座を模した縁起物の「綱敷の円座」。実際に座ることができます

清め鈴（各2000円）。玄関にお祀りし、出かける前と帰宅の際に鈴を鳴らし、1日の清め祓いをするお守り

DATA

須磨 綱敷天満宮（須磨の天神さま）

創建／979（天元2）年

本殿様式／流造

住所／兵庫県神戸市須磨区天神町2-1-11　電話／078-734-0640

交通／JR神戸線「須磨駅」から徒歩8分、または山陽電車「須磨寺駅」から徒歩3分

参拝時間／9:00〜16:30

御朱印授与時間／9:00〜16:30

URL https://www.tsunashikitenmangu.or.jp

みんなのクチコミ!!

境内に向かう坂に「人生の波にうまく乗れる」というサーフボード形の石畳がありますよ

国難に挑んだ祭神に祈りを

兵庫

兵庫縣姫路護國神社

【ひょうごけんひめじごこくじんじゃ】

鳥居をくぐると、姫路城前の喧騒がうそのように静謐な境内が広がります。国の安寧を願い、地域や子孫を守ろうと尽力した方々のうち、戊辰の役以降、国難に殉ぜられた播州、但馬地区出身のご英霊をお祀りしています。勤勉な祭神に学業や仕事を全うできるよう後押しを受けましょう。

御朱印帳はP.27で紹介！

墨書／祈 安寧、兵庫縣姫路護國神社　印／姫路城大手門東、桜紋、護國神社　●「祈 安寧」の墨書から5万を超える祭神の願いが感じられます

明治維新150年、鎮座80年を記念して建てられた東屋は、お社と姫路城、四季の花々を撮影できる絶好のフォトスポット

主祭神

英霊《エイレイ》 56988 柱

「勇気守」（1000円）は、身に付けた人が加護を受け、勇気をもって苦境や困難を乗り越えられるよう祈願されています

ほかにも国家鎮護、家内安全などの御利益が……

DATA

兵庫縣姫路護國神社

創祀／1893（明治26）年

本殿様式／流造

住所／兵庫県姫路市本町118

電話／079-224-0896

交通／JR「姫路駅」または山陽電車「山陽姫路駅」から徒歩15分

参拝時間／5:00〜17:00

御朱印授与時間／9:00〜17:00

URL http://www.himeji-gokoku.jp

みんなのクチコミ!!

激動の時代を生き、今の日本をつくってくださったご先祖様が祭神なので身近に感じます

第三章

御利益別！ 今行きたい神社

Part6

レア御利益

空や旅の安全を司る神様から油の神様まで、珍しい神様を祀る神社をご紹介。悩みや願いに合った神様を見つけて。

★レア御利益★絶対行きたいオススメ神社3選
愛宕神社（大阪）／日根神社（大阪）／弓弦羽神社（兵庫）

- 安倍晴明神社（大阪）
- 坐摩神社（大阪）
- 大鳥大社（大阪）／呉服神社（大阪）
- 泉州磐船神社（大阪）
- 服部天神宮（大阪）
- 方違神社（大阪）
- 五宮神社（兵庫）／走水神社（兵庫）
- 神戸八社めぐりで厄除け祈願

レア御利益　絶対行きたいオススメ神社　3選

ピンポイントのお願いなら個性派神社が強い

航空安全や書道上達、足の心配ごとなど、ツボを突いた願いごとがあるなら
珍しい御利益が頂ける神社へ！　なかでも強力な防火パワーをもつ愛宕神社、
眠りを守護する日根神社、導きの神様がいる弓弦羽神社をピックアップ。

絶対行きたい
オススメ神社 1

火難除け、防火の御利益ならココ！

勇ましい火祭りが名物の神社ながら、普段の神社の境内はとても静かです。

大阪

愛宕神社

【あたごじんじゃ】

その昔、池田の霊山、五月山の山頂に火がともりました。その火を見た人々が「池田に愛宕さんが来はった」と集まって、神社を建立したのが興りであると伝わっています。「愛宕さん」は、京都の愛宕山を総本社とし、古くから火伏せや防火の御利益で信仰され、さらに発展、繁栄の御神徳でも知られています。「火を粗末にすれば、愛宕さんの御神徳に沿えぬ」といわれ、夏には雄々しい火祭りが行われます。

主祭神

火之迦具土大神《ヒノカグヅチオオカミ》
佐伯部祖神《サエキベノオヤガミ》
武甕槌大命《タケミカヅチノオオカミ》
愛宕大権現《アタゴダイゴンゲン》(勝軍地蔵《ショウグンヂゾウ》)

長さ4m、重さ100kgの大松明がすごい！

拝殿の壁には、江戸時代から続く火難除けのお祭り「がんがら火祭り」で用いられる大松明が。五月山の斜面に「大一文字」と「大文字」の文字をともしながら下山し、街中を練り歩きます。

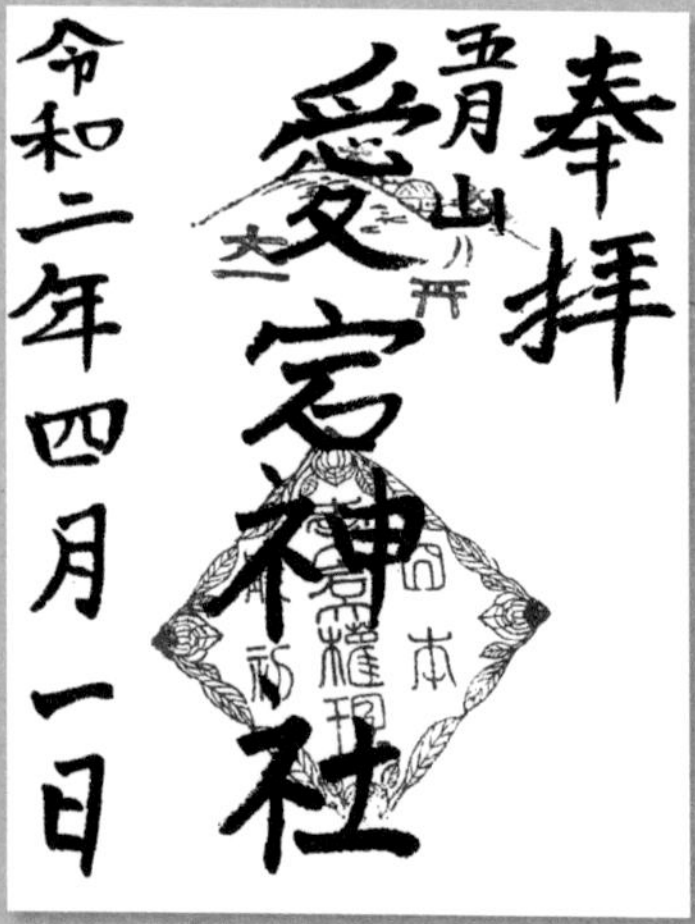

墨書／奉拝、五月山、愛宕神社　印／五月山、日本愛宕権現神社　●まるで昔話の絵本の挿絵のように、かわいらしくデザインされた五月山の印を押していただけます。山裾には「がんがら火祭り」でともされる「大一」の文字が！

神変大菩薩（じんぺんだいぼさつ）を祀るお社。神変大菩薩は修験道の開祖、役行者のこと。役行者が、京都にある愛宕山に登ったことで愛宕信仰が起こりました

ほかにも厄除けなどの御利益が……

みんなのクチコミ!!

山の上にある神社です。境内近くの眺めのよい場所からは市街地を見渡せます

火は大きな力をもちますが、同時に怖いものでもあります。「火難除肌守」（800円）で身を守りましょう

お守り

ペンダント形の「厄除水晶守り」(1000円)

DATA

愛宕神社

創建／不詳
本殿様式／不詳
住所／大阪府池田市綾羽2-20 五月山公園内
電話／072-751-1019
交通／阪急宝塚線「池田駅」から徒歩30分
参拝時間／5:00～17:00
御朱印授与時間／9:00～17:00

神社の方からのメッセージ

毎年8月24日に行われる「がんがら火祭り」は、大阪府の無形民俗文化財です。「がんがら」は、大松明とともに練り歩く鉦の音に由来するもの。地元の皆様は、燃え尽きた松明を持ち帰ると御利益があるとおっしゃいます。

神社までの参拝ルートは、ハイキングコースにもなっています。新猪名川大橋、通称「ビッグハープ」が望める場所があり、眺めも抜群。道の途中には、古い道標である「丁石（ちょういし）」がところどころにあり、歴史が感じられますよ。

絶対行きたい
オススメ神社 2

日本でここだけ！ 枕と安眠の神様

最近よく眠れない、眠りが浅い……そんなお悩みを解消するのにぴったりの神様です。

大阪

日根神社【ひねじんじゃ】

主祭神
鵜葺草葺不合命《ウガヤフキアヘズノミコト》
玉依毘売命《タマヨリヒメノミコト》

ほかにも子授け、安産などの御利益が……

祭神は神武天皇の両親で4人の子供をもうけた夫婦神。これにあやかり、村人が子宝祈願に枕を奉納したことが「まくら祭り」の由来とされます。江戸時代頃から長い竹ざおに飾り枕を付けて練り歩くお祭りになりました。枕が眠りを連想させることから、不眠解消や病気平癒、悪夢退散など、安眠を求める人の参拝が増えたのだとか。寝室の守護札や安眠を授けてくれるお守りがあります。

のぼりに枕を付けて練り歩く珍しい祭り

「まくら祭り」は、村の娘たちが子宝祈願に奉納した枕をのぼりに付けて練り歩いたことが始まり。毎年5月5日に開催される町の伝統です。

みんなのクチコミ!!

まくら祭りでは、約5mの竹ざおに25個の色とりどりの飾り枕を付けた枕幟（まくらのぼり）を背負った行列が町内を歩きます。枕は地域の女性の手作りです

墨書／奉拝、日根神社　印／まくら祭りの幟、菊の紋、式内社・和泉国五ノ宮、日根神社、まくら　●和泉国五ノ宮は、日根神社が和泉国（大阪府南西部）の主要神社であることを指します

お札

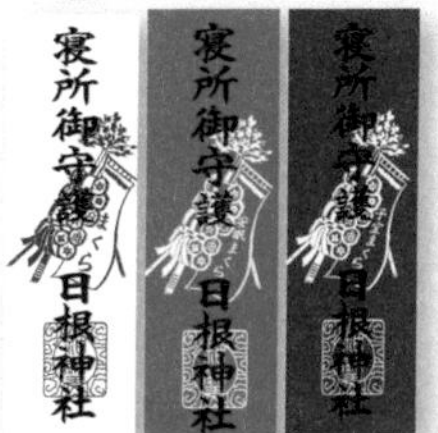

枕元に置く「まくら札」（各800円）。白は寝室守護、緑は安眠、赤は子宝祈願に御利益があります

まくら祭りで渡御するのぼりに飾られる枕の図案が織り込まれ、心地よい眠りが得られるよう祈願が込められた「安眠守」（700円）

お守り

「枕御守」（800円）は枕をモチーフにしたお守り

DATA
日根神社
創建／674（白鳳2）年
本殿様式／春日造
住所／大阪府泉佐野市日根野631
電話／072-467-1162
交通／南海ウイングバス南部「東上」からすぐ
参拝時間／自由
御朱印授与時間／9:00～16:00
URL https://hine-jinja.jp

神社の方からのメッセージ

当社は静かな郊外にあり、お参りの方とのんびりお話を楽しませていただいています。遠慮なく声をかけていただければ幸いです。普段使用している枕を持参していただきお祓いをする、不眠解消の御祈祷もあります。

「枕」は「真座（まくら）」あるいは「魂蔵（たまくら）」が語源といわれています。「真座」の「真」は神霊、「座」は神様が座る場所を示し、神様をお招きするために頭を乗せる場所という意味があります。「魂蔵」は「魂」を納めるための「蔵」を意味するとか。

絶対行きたい
オススメ神社 3

兵庫

弓弦羽神社【ゆづるはじんじゃ】

ヤタガラスが人生を勝利に導く

弓から放たれた矢に乗り一直線に目標へ向かう「導きのヤタガラス」が願いの成就をサポート。

神社のシンボルであるヤタガラスは熊野大神様の使いで、日本神話で神武天皇東征の道案内をしたとされる三本足のカラスです。日本サッカー協会のシンボルマークにも採用されているため、プロサッカー選手や熱心なファンの聖地としてあつく信仰されています。御利益はもちろん必勝！　受験や仕事、恋愛など、さまざまな成就の道をヤタガラスが導き示してくれます。

主祭神

伊弉冉尊《イザナミノミコト》

事解之男命《コトサカノオノミコト》　速玉之男命《ハヤタマノオノミコト》

ほかにも厄除け開運、家内安全、交通安全良縁などの御利益が……

くるくる回る御影石のサッカーボール

地元のJリーグプロサッカークラブ「ヴィッセル神戸」が奉納した、横に回転するサッカーボール。御影石は神社のある御影のかつての特産品です。

御朱印帳はP.25で紹介！

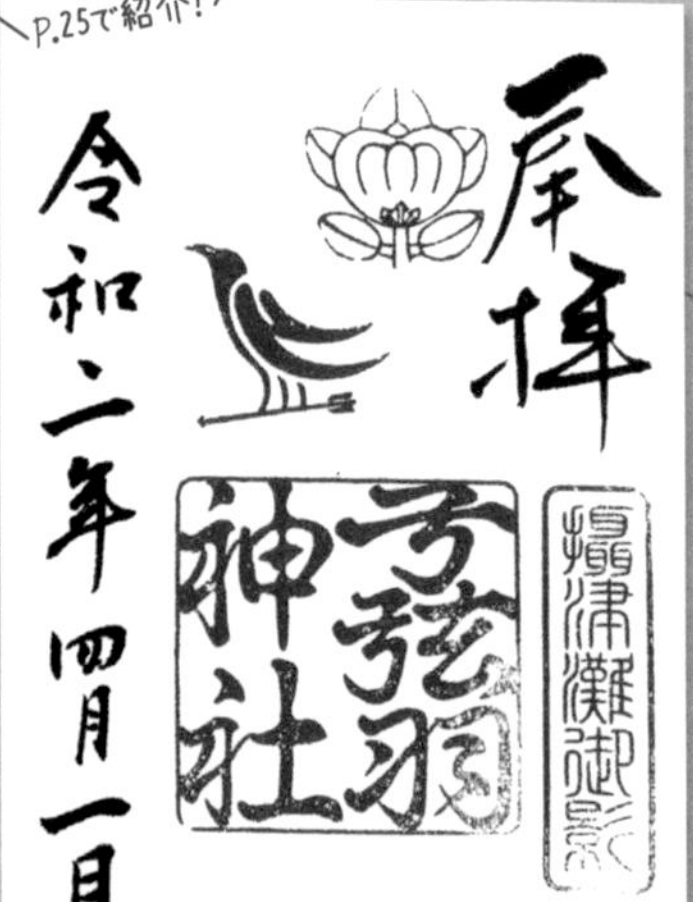

墨書／奉拝　印／摂津灘御影、橘、弓弦羽八咫烏（ゆづるはやたがらす）、弓弦羽神社　●矢に乗った３本足のヤタガラスの印はここだけのオリジナル。橘の花は古くから伝わるこちらの社紋です

導きの神様ヤタガラスは屋根の上にも♪

社務所の屋根の上にヤタガラスの姿が。神武天皇を道案内したように、参拝者を最良の方向へ導いてくれるかもしれません

雲と弓矢柄の「勝守」（各1000円）

お守り

ふんわりした「サッカーボール型守」（大・小各1000円）。表には赤いキラキラするヤタガラスを刺繍。裏は神社名入りです

みんなのクチコミ!!

鳥居の近くにある樹齢370年の椋（むく）の木は、「努力がむくわれる」御利益があると手を添える参拝者が多いとか

DATA

弓弦羽神社

創建／849（嘉祥2）年
本殿様式／流造
住所／兵庫県神戸市東灘区御影郡家2-9-27
電話／078-851-2800
交通／阪急神戸線「御影駅」から徒歩5分、JR神戸線「住吉駅」から徒歩10分
参拝時間／自由
御朱印授与時間／9:00～17:00
URL https://yuzuruha-jinja.jp

神社の方からのメッセージ

弓弦羽の森に囲まれていた当社は、日本酒の名産地である灘五郷（なだごごう）にあるため、氏子には酒造メーカーもたくさんいらっしゃいます。新年には奉納された菊正宗、白鶴、剣菱の樽酒が振る舞われるほか、各メーカーの醸造祈願祭も行われます。

羽生結弦選手や織田信成さんも参拝したことがニュースでも取り上げられて話題に。「ヴィッセル神戸」や女子サッカークラブ「INAC神戸 レオネッサ」の選手や監督から、ちびっこサッカー選手まで、有名無名を問わず多くのアスリートが祈願に訪れます。

陰陽師・安倍晴明の生誕の地！

五芒星がいたるところに配置され、今でも祭神が息づいているかのような神秘を感じます。

大阪

安倍晴明神社

【あべせいめいじんじゃ】

主祭神

安倍晴明《アベノセイメイ》

ほかにも災難除け、学業成就、技芸上達などの御利益が……

祭神が亡くなった際に、時の上皇がこれを悼んで建立した神社です。祭神は母である霊狐・葛之葉姫より知恵の玉を授かり、天下無双の陰陽師として京都で活躍しました。小説や映画で近年描かれているとおり、勉学に励み、占いの大家として「百占奇中《ひゃくせんきちゅう》神の如し」と称されました。陰陽師として星を読み、暦をひもといて災厄から主君を守った祭神を詣でれば、思いがけず降りかかる邪気や災厄を祓っていただけそうです。

安倍晴明、産湯の井戸跡

江戸時代の絵図にも記されているという、祭神が産湯を使ったと伝わる井戸が残されています。不思議な伝承のためか、フィクションの人物のように思えてしまいますが、実在していたことが感じられる貴重な史跡です。

墨書／安倍晴明生誕伝承地、安倍晴明神社　印／二重五芒星紋、安倍晴明神社　●祭神のシンボルともいうべき五芒星が二重になった印が頂けます

安倍晴明公銅像は、2005（平成17）年の一千年祭斎行に合わせて建立奉納されました。高さ1.7m、700kgという重厚な造り。威厳のあるお姿です

みんなのクチコミ!!

多才で超人的な力をもつという祭神の伝承や小説、映画の影響もあり、多くの人が神社を訪れます。参拝すれば人気運も上がっちゃうかも？

おみくじ

祭神の母にちなんだ「葛の葉きつねおみくじ」（500円）は、「知恵の玉」という水晶を抱えたデザインです

お守り

水晶に五芒星が彫りつけられ、約60cmの鎖が付いた「丸形水晶五芒星ペンダント守」（3800円）。身に付ければ、不思議なパワーが得られるかも!?

DATA

安倍晴明神社

創建／1007（寛弘4）年
本殿様式／権現造
住所／大阪府大阪市阿倍野区阿倍野元町5-16
電話／06-6622-2565
交通／阪堺電軌上町線「東天下茶屋駅」から徒歩5分、または大阪シティバス「王子町」から徒歩3分
参拝時間／自由
御朱印授与時間／11:00〜16:00
URL https://abeseimeijinja.info

神社の方からのメッセージ

偉大な力をもつ安倍晴明公のご神徳は、学業技芸上達、試験合格、火難病難除災、方除け、子授け安産など、多岐にわたります。崇敬する多くの方々をその強いパワーでお守りくださるに違いないでしょう。

キツネが女性に化身した葛之葉姫は、大阪府和泉市に鎮座する信太森神社（→P.86）に祀られています。どうしてキツネが母親になったのかなど、晴明公誕生にまつわる詳しいエピソードはそちらをご参照ください。

宮域《きゅういき》を守る神に住居守護を祈る

町人文化「大坂」の中心地として栄えた船場《せんば》地区の氏神様として慕われています。

大阪

坐摩神社

【いかすりじんじゃ】

平安時代の神道の資料『古語《こご》拾遺《しゅうい》』には、神武天皇が即位された際、お告げにより、宮中を守るために祀られたのがこちらの祭神とあります。社名の坐摩《いかすり》の語源は、土地や居住地を守ることを意味する「居所知《いかしり》」が転じたものという説が有力。そのことから、居住地をお守りくださる住居守護の神として信仰されています。また『万葉集』に、防人が旅立ちに際して祭神に行路の安全を祈願した歌が残ることから、旅行安全の神様としても知られています。

主祭神
坐摩大神《イカスリノオオカミ》

ほかにも旅行安全、安産守護などの御利益が……

4月の例祭の別名は「献花祭」

神功皇后が出産する際に、花を懸けて祭神を祀ったという故事があります。それに由来し、現在の例祭では、華道小原流によるいけばなの献花が御神前で行われます。祭事中の本殿は豊かな花の香りに包まれます。

みんなのクチコミ!!

地元では通称の「ざまさん」と呼んでいます。毎年秋には、大阪の中心部から新しい文化芸術を発信する目的の「ざまさん音楽祭」が開催されていますよ

御朱印帳はP.24で紹介!

墨書／奉拝、坐摩神社　印／摂津國一宮、白鷺紋、坐摩神社　●神紋は神功皇后が松枝に白鷺の群がる所を選んで祭神を奉斎されたことに由来します

都会の真ん中にオアシスのように鎮座する境内。上方落語寄席発祥の地の碑もあります

6月の夏越の大祓では、知らないうちについてしまった半年の厄や穢れを、人間を模した人形(ひとがた)に移して祓い清めます

授与品

古くは神功皇后が、近くは明治天皇ご生誕の折に、宮中より祈願があったことから安産祈願でも有名です。安産祈願のお守り「鈴守」(1000円)と、子を岩のように丈夫に生み育てるという「岩田帯」(2000円)を頂いて祈願を

DATA

坐摩神社

創建／約1800年前
本殿様式／入母屋造
住所／大阪府大阪市中央区久太郎町4丁目渡辺3号
電話／06-6251-4792
交通／大阪メトロ「本町駅」15番出口から徒歩3分
参拝時間／9:00～17:30(土･日曜、祝日は～17:00)
御朱印授与時間／9:00～17:30(土･日曜、祝日は～17:00)
URL http://www.ikasuri.or.jp

神社の方からのメッセージ

節分に行う鎮魂祭(ちんこんさい)は全国でも珍しい特殊神事です。鎮魂筥(ばこ)に玉を結び留め、ゆり動かすことで、魂をふるい起こし体の中に鎮め安定させ、身心の健康・延命長寿を祈念します。

神社があるのは「久太郎町４丁目渡辺３号」。もともと「東区渡辺町」だった住所が、地区統合で「中央区久太郎町」に変更されることに。坐摩神社は「全国の渡辺姓発祥の地」。その事情が考慮され、氏子崇敬者の働きかけもあり地名に「渡辺」が残ったのです。

日本最強武神の勝運を頂く！

大阪

大鳥大社【おおとりたいしゃ】

祭神は日本神話のスーパースター。東西の地を平定後、若くして亡くなりました。その魂が白鳥となり、最後に舞い降りた地に創建されたと伝わるのがこちらの神社。連戦連勝を誇った武神の御利益は、最強ともいえる勝運！　織田信長公や徳川家康公などが武運長久を祈った名社です。

墨書／和泉國一之宮、大鳥大社
印／鳳紋、大鳥大社　●金印の社紋は鳳。全国の大鳥神社および鳳信仰の総本社らしく、その風格を物語ります

「先が見通せる御守」（1500円）。仕事、恋愛、学業などすべて先が見通せ、大鳥の大神様のお導きを頂けるお守りです

境内は「千種の森」と呼ばれる神域で、霊気を放つパワースポット。みなぎる力が頂けます

主祭神
日本武尊《ヤマトタケルノミコト》

DATA
大鳥大社
創建／113年（景行天皇43）年
本殿様式／大鳥造（切妻造･妻入社殿）
住所／大阪府堺市西区鳳北町1-1-2　電話／072-262-0040
交通／JR阪和線「鳳駅」から徒歩8分
参拝時間／5:30～18:00
御朱印授与時間／9:00～16:30
URL https://www.ootoritaisha.jp

ほかにも厄除け、交通安全、開運などの御利益が……

みんなのクチコミ!!

4月の花摘祭では華やかな衣装を着た行列が見られます

織物や染色関係の仕事の守り神

大阪

呉服神社【くれはじんじゃ】

応神天皇の御代に中国の呉から渡来した織姫、呉服《くれはとり》を祀る神社。昼夜問わず機織りを続け、機織縫製の技術をこの国に広められたその功績を称えこの神社が建立されたと伝わります。海を渡り、大きな技術をもたらしてくれた祭神は、服飾関連の願いに特に力をくださるはず。

墨書／奉拝、呉服神社　印／福徳成就、呉服神社、呉服神社　●福徳成就は「善行によってもたらされる福利」の意。日々の努力も大事です。境内社のえびす神社の御朱印も頂けます

中国では鳳凰は吉兆のしるし。中国から日本にいらした祭神にちなんで、拝殿の壁面にあしらわれた鳳凰のステンドグラスは一見の価値あり！

織物の神様にちなんだ「組紐守」（700円）。上品な色合いで和装にぴったり

主祭神
仁徳天皇《ニントクテンノウ》　呉服《クレハトリ》

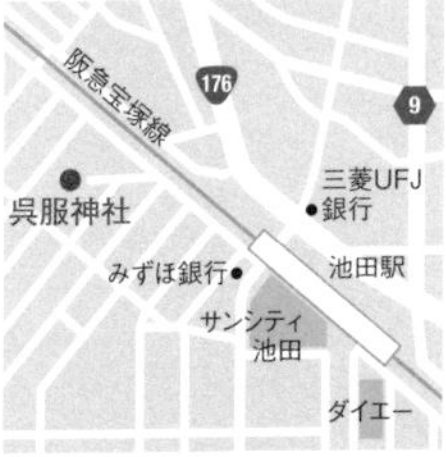

DATA
呉服神社
創建／389（仁徳天皇77）年
本殿様式／不詳
住所／大阪府池田市室町7-4
電話／072-753-2243
交通／阪急宝塚線「池田駅」から徒歩3分
参拝時間／自由
御朱印授与時間／9:00～17:00
URL https://kureha-shrine.com

ほかにも商売繁盛などの御利益が……

みんなのクチコミ!!

通称「池田の下の宮さん」。同市五月山で織姫の綾織を祀る伊居太神社が上の宮さんです

大空にまつわる願いごとはこちらで

空の旅の安全祈願には、抜群の御利益あり！
飛行機好きの方はぜひ参拝しましょう。

大阪

泉州磐船神社 【せんしゅういわふねじんじゃ】

通称は「航空神社」。神戸北野天満神社（→P.57）に生まれた佐藤匡英氏が、新設される空港の守護神社の創建を志し、構想・準備に10年を経て嗜ケ峰《いかるがのみね》にある磐船神社（大阪府交野市）から御分霊を頂くことで、創建に至りました。1985（昭和60）年に起きた痛ましい御巣鷹山の航空機墜落事故の折、この神社の「航空安全守護」を持っていた4名がキャンセルや乗り遅れにより難を逃れたそう。比較的新しい神社ながら、霊験あらたかです。

主祭神
饒速日命《ニギハヤヒノミコト》

ほかにも武勇、試験合格などの御利益が……

「航空資料館」は必訪スポット

境内にある航空資料館は、約4000点の資料と展示物があり、大人も子供も楽しめるスポット。社務所受付で頼めば無料で見学ができます。ただし、社務所が不在の場合もあるので、必ず事前に問い合わせをしましょう。

9月20日の例大祭でお茶席が開かれる茶室「飛雲庵」。茶室名は第15世裏千家家元の鵬雲斎（ほううんさい）氏の命名です

みんなのクチコミ!!

大空を守護するとともに「少年少女の夢とロマンが育まれるように」という願いも込められているそう。子供が夢をかなえ大空に羽ばたくよう祈願してみては

御朱印帳はP.25で紹介！

墨書／奉拝、泉州磐船神社　印／泉州、八咫烏、飛行機、泉州磐船神社　●書道教室も開かれている神社だけあって、墨書は達筆。丸いフォルムをした飛行機の印がとてもかわいいと人気です

墨書／奉拝、航空神社　印／飛翔、飛行機、八咫烏、泉州磐船神社　●通称の「航空神社」で墨書を頂くことも可能。正式名版とは押印される八咫烏が異なります

お守り

空の旅には必ず携行したい「航空安全守護」（左：1000円）と、袋のカラーリングがさわやかな「天空（みそら）守」（右：1000円）

絵馬

空を飛びたいという、人類の長年の悲願の結晶である飛行機を描いた「絵馬」（1000円）には、ぜひ大きな願いを記して

DATA
泉州磐船神社
創建／1983（昭和58）年
本殿様式／流造
住所／大阪府泉佐野市上瓦屋392-1
電話／072-462-5900
交通／JR阪和線「熊取駅」、南海本線「井原里駅」から徒歩15分、または南海バス「上瓦屋町」から徒歩5分
参拝時間／9:00～17:00
御朱印授与時間／9:00～17:00
URL http://www.senshuiwafune.jp

神社の方からのメッセージ

空の玄関口、関西国際空港のおひざ元に鎮座しています。祭神は天孫降臨の際、岩のように丈夫な天磐船（あまのいわふね）で空を飛び、天照大神を案内されました。鉄鋼の神、武勇の神としても信仰される神様です。

「航空安全守護」のお守りは、「落ちない」という御利益が転じて合格守として受ける人も増えています。「少年少女の夢をかなえたい」という願いも込めて創建された神社なので、受験生の強い味方になってくださることでしょう。

「足」にまつわる御利益アリ！

足の病だけでなく、サッカーやマラソンなどの足を使うスポーツの勝利や上達祈願でも人気です。

大阪

服部天神宮

【はっとりてんじんぐう】

道真公は大宰府への道中、この付近で脚気のため動けなくなりました。村人のすすめにより、医薬の神様の少彦名命を祀るこの神社で祈願することに。境内の近くに供養塔があり、聞けば、百年ほど昔、大宰府へ左遷される途中この地で亡くなった藤原魚名公《ふじわらのうおなこう》のものだとか。道真公は足病治癒の祈願に合わせその魂も弔いました。やがて不思議と足の痛みが治まりました。祭神にあやかり、日々健脚で元気に生活できるよう祈願しましょう。

主祭神

少彦名命《スクナヒコナノミコト》　菅原道真公《スガワラノミチザネコウ》

ほかにも病気平癒、学業成就などの御利益が……

色とりどりの鼻緒がついた下駄回廊

カランコロンと鳴り響く下駄の音に耳を傾けながら、下駄につるされた短冊に願いごとを書き「足の神様」へ願いを届けます。短冊は桃や桜など季節の花の色を装飾しています。

みんなのクチコミ!!

境内には、履物を脱ぎ、座ってお参りできる「足踏み石」という祈願台座がありますよ。踏み石で足のツボが絶妙に刺激されます（笑）

靴ひもに通せる「足守」（1000円）のモチーフになっているのは梅の花。一人ひとりの願いが花開くようにとの思いが込められています

御朱印帳はP.25で紹介！

墨書／足の神様、服部天神宮　印／服部天神宮、草鞋　●道真公ゆかりの神社ならではの梅鉢紋と、足の守護の象徴ともいえる草鞋の印がかわいらしい御朱印です

金書／福の神　墨書／豊中えびす　印／柏紋、豊中戎神社、下駄　●境内にある「豊中えびす神社」の御朱印。えびす祭に欠かせない、福娘発祥の地です

お守り

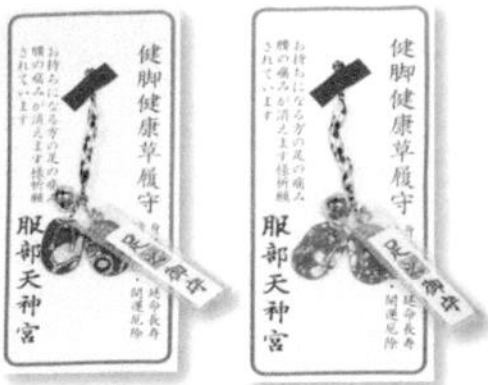

草鞋の飾りが付いた「健脚健康草履守」（1000円）。境内には祈願により病の治った人が新しい草履を奉納するための「草履堂」があります

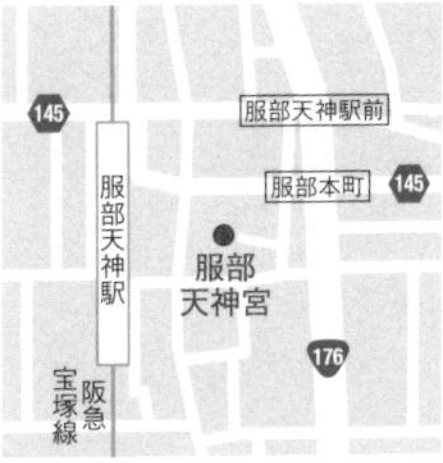

DATA

服部天神宮

創建／不詳

本殿様式／不詳

住所／大阪府豊中市服部元町1-2-17　電話／06-6862-5022

交通／阪急宝塚線「服部天神駅」からすぐ

参拝時間／8:00〜18:00

御朱印授与時間／9:00〜17:00

URL https://hattoritenjingu.or.jp/

神社の方からのメッセージ

足を大切にする方、足でお悩みの方の気持ちに寄り添うことで、神様にお祈りをささげ、人々の希望や生きる力を支えていきたいと願っています。

豊中えびす祭限定で、金運が上がるという「一億円札」を頂けます。一億円札は、粗末にならないような場所で、南か東向きに逆さまで飾るとよいとされています。毎年600〜700名の応募がある福娘には「留学生枠」もあるんです。国際交流にも貢献されています！

向かう方向が全部よい方角に!?

方位除け・厄除けで2000年以上の伝統ある神社。堺の地名の由来になった清らかな土地にあります。

大阪

方違神社【ほうちがいじんじゃ】

神社の境内地は、かつての摂津・河内・和泉の三国の境目（堺の地名はこれに由来）、つまりどの国にも属さず、方位のない清らかな地にあります。神社に参詣して、粽《ちまき》の神符や清めの御砂《おすな》などを受けると、方位の災いが大きくなる前に身を守り、幸福を得られると伝えられてきました。方位が気になる家の新築やリフォーム、引っ越し、楽しみな旅行や出張の際も、お参りすればすべての災厄から逃れられるかもしれません。

主祭神

方違幸大神《カタタガエサチオオカミ》

ほかにも厄除けなどの御利益が……

稚児に神様が降臨する聖なる神事

毎年5月31日に粽祭を斎行。粽の神符を御神前に奉る特殊神事です。その後の御砂持（おすなもち）神事では、5歳までの女の子が稚児となり、天秤棒で御砂を運びます。稚児の純真無垢な心身に神様が降臨するのだとか。

墨書／方除、厄除　印／方災除の粽、方違神社、すみれの花　●月ごとに咲く花の図柄を配した御朱印。印で登場する「方災除の粽」は人気の授与品です

御朱印帳

「御朱印帳」（1500円）は錦織製で、表紙は2色。黒色は四つ菱紋に緑と青の本粽柄、桃色は本粽柄のリボンと花柄

みんなのクチコミ!!

授与品の「幸鶏の鈴（さちがけのすず）」は、神功皇后が手飼いの金鶏を鈴山古墳に埋め、「人々に夜明けを告げよ」と命じたところ毎朝鳴いて知らせたとの故事に由来します

授与品

方位除けに欠かせない清めの「御砂」（500円）。新築や引っ越しの際に敷地の四隅や家の周囲の気になるところにまいて、お清めを

「本粽」（1000円）は、凶方位（運勢に悪影響のある方角）の災いを打ち消す特別な神符

お守り

「方除守（ほうよけまもり）」（1000円）は、旅行や出張に手軽に持っていけます

DATA

方違神社

創建／紀元前90（崇神天皇8）年
本殿様式／住吉造
住所／大阪府堺市堺区北三国ヶ丘町2丁2-1
電話／072-232-1216
交通／南海高野線「堺東駅」北東口から徒歩5分、またはJR阪和線「堺市駅」から徒歩15分
参拝時間／自由
御朱印授与時間／9:00～16:00
URL http://www.hochigai-jinja.or.jp

＼神社の方からのメッセージ／

2月3日の節分祭では、護摩焚神事を斎行。火焚串（ほたぐし）に方除や厄除などの願いを書き、焚き上げて邪気を祓い清め、皆様の願いがかなうよう祈念します。また、1年間の除災招福を願い、福豆まきを行います。

自然災害が多い日本。「方位除け」を気にかけ、環境を清潔に整えるのは生活の知恵です。神様は一定の法則で移動され、凶方位もどんどん変わります。「大事な日なのに、凶方位だ!」そんな際に頼りになるのが、2000年以上の歴史ある方違神社です。

新たなスタートの前に参拝を

兵庫

五宮神社

【ごのみやじんじゃ】

生田神社(↓P.56)を囲むように点在する一から八までの「宮」が社号に付く神社のひとつ。アマテラスとスサノオの誓約《うけい》の際に生まれた神々が祀られています。祭神は、日本国土の開発に関わり、国の発展と経営に尽力されました。新しいことを始めるときに参拝するのがおすすめです。

墨書/奉拝、五ノ宮神社　印/右三つ巴紋、五宮神社　●神職が不在の場合、スタンプ式の御朱印を押せますが、500mほど先にある祇園神社(→P.111)の社務所でも御朱印を頂けます

かつては温泉地の有馬へ荷物を運ぶ人や花街の芸者たちでにぎわいました。古の人々も神社やその裏に広がる山々に心を癒やされたことでしょう

1995(平成7)年の阪神淡路大震災で多くの犠牲者を出した神戸。その御霊を慰める碑には「あの日、あの人たちを忘れない」と刻まれています

DATA

五宮神社

創建/不詳

本殿様式/流造

住所/兵庫県神戸市兵庫区五宮町22-10

電話/078-361-3450

交通/市バス「五宮町」から徒歩5分

参拝時間/9:00～17:00

御朱印授与時間/9:00～16:30

URL https://www.kobe-gionjinjya.com/gonomiya.html

主祭神

天穂日命《アメノホヒノミコト》

ほかにも厄除け、国家安穏、家内安全、五穀豊穣などの御利益が……

みんなのクチコミ!!

神社では「新しい自分を発見したい」と思った人にも参拝をすすめていますよ

水を走るようにスイスイ走る

兵庫

走水神社

【はしうどじんじゃ】

地元の人からは「神戸元町の天神さん厄神さん」と親しまれています。1000年以上の歴史をもち、約150年前の神戸開港以来、社名と、港神戸に近いことから、特に海運業・港湾業の企業の崇敬を集めてきました。参拝後は、〝水の上を走るように〟問題解決!難関突破!

印/神戸元町の天神さん厄神さん、走水神社、神紋、菅原道真公、紅梅白梅、角なし狛牛　●印は全て手作り。毎月1日に替わる限定御朱印です

お参りの際、少し見上げると笑顔で迎える「懸魚(げぎょ)」が心を和ませてくれます

明治時代まで、走水村(はしうどむら)の鎮守様「天満神社」だった名残から、狛犬ではなく「狛牛(こまうし)」を祀ります

DATA

走水神社

創建/平安時代中期

本殿様式/三方流造

住所/兵庫県神戸市中央区元町通5-6-1　電話/078-341-2028

交通/阪神神戸高速線「西元町駅」、地下鉄海岸線「みなと元町駅」から徒歩3分、または阪急神戸高速線「花隈駅」から徒歩5分

参拝時間/自由　御朱印授与時間/9:30～16:30(書き置きもあり)

主祭神

天照皇大神《アマテラススメオオカミ》

応神天皇《オウジンテンノウ》　菅原道真公《スガワラノミチザネコウ》

ほかにも家内安全・健康・無病息災・厄除災除開運・商売繁盛・社業繁栄の御利益が……

みんなのクチコミ!!

お世話になった財布などに感謝する「感謝供養祭」を例年1月20日に行います

所要時間は
徒歩で
約3時間!

コンプリートすれば運気UP間違いなし!?

神戸八社めぐりで厄除け祈願

縁結びで有名な生田神社（→P.56）の氏子地に、社名に「一」から「八」までの数字を冠した神社が鎮座。古来、節分の日に八社を巡拝して厄祓いを願う風習があり、今では国内外から参拝者が訪れます。神戸の街歩きを楽しみながら、神社めぐりをしてみませんか？

DATA→P.124

こちらから巡礼開始！

【いちのみやじんじゃ】

一宮神社

JR「三ノ宮駅」から歩いて10分。縁結びや交通安全に御利益のある女神様が祀られています。末社に商売繁盛の神様を祀る伊久波《いくは》神社があり、こちらの御朱印も頂けます。

DATA→P.76

負けられない戦いを応援

【にのみやじんじゃ】

二宮神社

最強の勝負神がいらっしゃり、その御利益は勝運アップを筆頭に財運向上、就職、結婚、安産など多種多様。境内の椋白龍社《むくのきはくりゅうしゃ》は、強力なパワースポットとして話題になっています。

DATA→P.100

目指せ！　女子力アップ

【よのみやじんじゃ】

四宮神社

絶世の美神でありながら、聡明で楽器もおまかせ！という才色兼備の女神「弁天さま」がいらっしゃいます。心身ともに美しくなりたいなら、御神徳にあやかりに行きましょう。

DATA→P.137

再出発の前に参拝したい

【ごのみやじんじゃ】

五宮神社

祭神は日本の国土開発に力をそそいだ神様。新しいことを始める前に参拝して、お力を借りてみては。神社の背後には緑茂る山々が重なり、参拝者の心を癒やしてくれます。

こちらも Check!

＼大阪市内の聖地巡礼／

なにわ七幸《しちこう》めぐり

大阪を代表する神社仏閣を参拝して7つの御利益が頂けます。

【モデルコース】

今宮戎神社（→P.53）▶
住吉大社（→P.46）▶
大念佛寺（大阪市平野区）▶
四天王寺（大阪市天王寺区）▶
太融寺（大阪市北区）▶
大阪天満宮（→P.116）▶
四條畷神社（→P.72）

勝運上昇に期待大！

【ろくのみやじんじゃ】

六宮神社

主祭神

天津彦根命《アマツヒコネノミコト》

応神天皇《オウジンテンノウ》

祭神は、天照大御神《あまてらすおおみかみ》が素盞嗚命《すさのおのみこと》と剣玉を交換して誓約された際に生まれた五男神のうちの1柱で、天照大御神の第三子に当たります。武運長久（勝運）のパワーに優れていることから厄除守護の御利益が頂けます。1909（明治42）年に八宮神社（本ページ下記参照）と合祀されたため、御朱印は八宮神社で頂けます。八社めぐりは、六宮神社と八宮神社を参拝してから七宮神社を訪れるのがおすすめです。

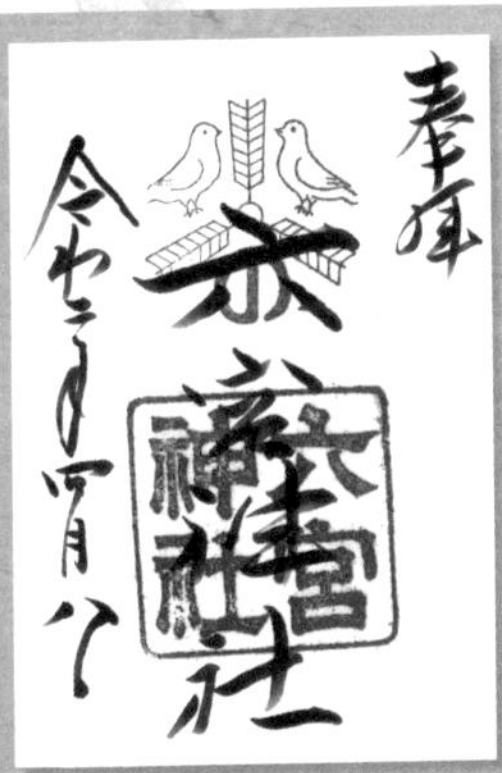

DATA

六宮神社

創建／不詳

本殿様式／不詳

住所／兵庫県神戸市中央区楠町3-4-13

電話／078-341-6920

交通／地下鉄西神・山手線「大倉山駅」または市バス「大倉山」から徒歩すぐ

参拝時間／自由

御朱印授与時間／9:00～17:00

墨書／奉拝、六宮神社　印／社紋、六宮神社　●社紋は向かい合う2羽の鳩「向かい鳩」と三ツ矢の組み合わせ

神話級のモテパワー

【しちのみやじんじゃ】

七宮神社

主祭神

大己貴尊《オオナムチノミコト》

国道2号線沿いの交差点南側というわかりやすい場所にありながら、境内には静寂な雰囲気が漂っています。祭神の大己貴命は『因幡の白ウサギ』の説話や国造りの神話に登場する神様です。神社の名前は、祭神がもつ7つの御名をたたえて「七」宮になったのだとか。日本神話随一のモテ男として知られ、さまざまな女神と多くの子供をもうけていることから、縁結びや家内安全などに強力な御利益があります。

DATA

七宮神社

創建／不詳

本殿様式／大社造

住所／兵庫県神戸市兵庫区七宮町2-3-21

電話／078-671-3338

交通／JR「神戸駅」から徒歩15分、阪急・阪神・神戸電鉄「新開地駅」から徒歩10分、または市バス「七宮町」からすぐ　参拝時間／自由

御朱印授与時間／9:00～16:30

URL https://shitinomiya.com

墨書／奉拝、七宮神社　印／桜の花、七宮神社　●神職の方が不在の場合は、書き置きの御朱印が頂けます

厄を祓って平和な生活

【はちのみやじんじゃ】

八宮神社

主祭神

熊野杼樟日命《クマノクスビノミコト》

素盞嗚尊《スサノオノミコト》

六宮神社と合祀で、本殿南側に八宮神社、北側に六宮神社がお祀りされています。細い路地側にある鳥居をくぐると、八宮神社側へ参拝することができます。鳥居前にたくさん並んだ石灯籠が目印です。素盞嗚尊と一緒に祀られている神様は、天照大神の第五子。厄除け守護神として御利益があります。本殿左側には境内社の白髭《しらひげ》稲荷大神が鎮座していますので、あわせて参拝して加護を頂きましょう。

DATA

八宮神社

創建／不詳

本殿様式／八幡造

住所／兵庫県神戸市中央区楠町3-4-13

電話／078-341-6920

交通／地下鉄西神・山手線「大倉山駅」または市バス「大倉山」から徒歩すぐ

参拝時間／自由

御朱印授与時間／9:00～17:00

墨書／奉拝、八宮神社　印／社紋、八宮神社　●社紋は六宮神社と同じ。御朱印は拝殿に向かって右手の社務所で

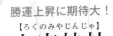

読者の皆さんからのクチコミを一挙公開！

御朱印＆神社 Information

『地球の歩き方 御朱印シリーズ』の編集部には愛読者の皆さんから、
神社の御朱印や御利益について、さまざまなクチコミが寄せられています。
本書掲載の神社や掲載できなかった神社のリアルな情報をご紹介します。

本書掲載神社のクチコミ！

安倍晴明神社【あべせいめいじんじゃ】

こぢんまりとした宮内に晴明公の像などゆかりのものが多数ありました。御朱印は書き置きで少し残念でしたが、隣の阿倍王子神社（→ P.106）で直書きもしていただけます。
40 代・女性

サムハラ神社（→ P.48）、堀越神社（→ P.74）と並んで「大阪３大パワースポット」といわれているそうです。
50 代・女性

神社の詳細は▶P.131

ほかクチコミ多数

姫嶋神社【ひめじまじんじゃ】

季節のカラフルな御朱印が頂けたり、願掛けの赤玉を投げたりするなど、とっても印象の強い神社でおすすめ。ホタテ貝の絵馬が珍しいです。
40 代・女性

「やりなおし神社」の別名があります。カラフルな御朱印がたくさんあり、４時間待って頂きました。
60 代・女性

神社の詳細は▶P.49

坐摩神社【いかすりじんじゃ】

御朱印の力強い字がすてき！　パワーをもらえます！　地元では「ざまさん」と呼ばれているそうです。
20 代・女性

神社の詳細は▶P.132

サムハラ神社【さむはらじんじゃ】

毎年参拝していますが、願いごとがかなっています。すごいパワースポットとして有名です。
10 代・女性

神社の詳細は▶P.48

三石神社【みついしじんじゃ】

御朱印に神功皇后の青い印が押されます。見た目がきれいです。
40 代・女性

神社の詳細は▶P.91

天之宮神社【てんのみやじんじゃ】

毎月替わる手書きの限定御朱印が頂けます。御朱印とは思えないほどかわいいです！
30 代・女性

神社の詳細は▶P.79

少彦名神社【すくなひこなじんじゃ】

雨の日に行ったら傘の印を押してくれました。神職の方が気さくに話してくれてうれしかったです。
40 代・女性

神社の詳細は▶P.105

生國魂神社【いくたまじんじゃ】

悪縁切りで有名な神社です。参拝したら本当に縁が切れたので、人生をイチからやり直しています。
30 代・女性

神社の詳細は▶P.82

難波神社【なんばじんじゃ】

銀杏で作られた珍しいお守りがあっておもしろかったです。

50代・女性

神社の詳細は▶P.52

四宮神社【よのみやじんじゃ】

御朱印を頂くと、その月の花を描いていただけました。うれしさが増しました。

60代・女性

御朱印にその場で色付きの梅の挿し絵を描いていただけました。

40代・男性

神社の詳細は▶P.100

ほかクチコミ多数

神戸八社めぐり

神戸市街に一宮神社から八宮神社まであります。いずれも小さな神社ですが、全部めぐると御利益がありそうです。神戸市交通局で案内をもらえます。

50代・女性

節分の日に1日でめぐると御利益があるといわれています。

50代・女性

神社の詳細は▶P.138

瓢箪山稲荷神社【ひょうたんやまいなりじんじゃ】

御朱印をとてもていねいに書いてくださいました。「恋の辻占」として知られる辻占の総本社で、あぶりだしの占いがあります。

50代・女性

神社の詳細は▶P.54

本書未掲載神社のクチコミ！

播磨国総社 射楯兵主神社【はりまのくにそうしゃ いたてひょうずじんじゃ】

神様のお使いの「みみづく」がかわいい神社です。縁結びプレートが並ぶ「ひめじ縁結び通り」があります。
40代・女性
兵庫県姫路市総社本町190

越木岩神社【こしきいわじんじゃ】

越木（こしき）岩という巨大な岩の御神体は、高さ10m、周囲40mの花崗岩。パワーがものすごいです。御朱印もすてき。
40代・女性
兵庫県西宮市甑岩町5-4

伊弉諾神宮【いざなぎじんぐう】

淡路島にある式内社、淡路国一宮。祭神が一流、格が違います！ 1954（昭和29）年に昭和天皇が「神宮号」を宣下され、兵庫県下唯一の「神宮」に昇格したそうです。
60代・女性
兵庫県淡路市多賀740

磐船神社【いわふねじんじゃ】

船形の巨石「天の磐船（あまのいわふね）」が御神体。巨岩の下に広がる地下空間へ入る「岩窟めぐり」も有名です。
60代・男性
大阪府交野市私市9-19-1

歯神社【はじんじゃ】

「歯神さん」とも呼ばれる小さい神社。なかなか神社の方に会えず、御朱印は入手困難です。
50代・女性
大阪府大阪市北区角田町2-8
※歯神社の御朱印は綱敷天神社御旅社（→P.121）で頂けます。

片山神社【かたやまじんじゃ】

小さいけれど立派な神社で、御朱印は無料といわれました。桃の印がかわいい！ ついでに向かいのアサヒビールで工場見学も。
40代・女性
大阪府吹田市出口町3-3

素盞嗚神社【すさのおじんじゃ】

甲子園球場の近くにある神社です。星野仙一さん自筆の「夢」という字が刻まれた石碑があります。
50代・女性
兵庫県西宮市甲子園町2-40

伊和都比売神社【いわつひめじんじゃ】

鳥居越しに瀬戸内海が広がっていて、とにかく気持ちいい！ 縁結びの神様として知られています。
40代・女性
兵庫県赤穂市御崎1

＼週末はお寺や神社で御朱印集め♪／

御朱印めぐりをはじめるなら 地球の歩き方 御朱印シリーズ

地球の歩き方
御朱印シリーズ

『地球の歩き方　御朱印シリーズ』は、2006年に日本初の御朱印本として『御朱印でめぐる鎌倉の古寺』を発行。以来、お寺と神社の御朱印を軸にさまざまな地域や切り口での続刊を重ねてきた御朱印本の草分けです。御朱印めぐりの入門者はもちろん、上級者からも支持されている大人気シリーズです。

※定価は10%の税込です。

神社シリーズ

御朱印でめぐる
東京の神社
週末開運さんぽ　改訂版
定価1540円(税込)

御朱印でめぐる
関西の神社
週末開運さんぽ
定価1430円(税込)

御朱印でめぐる
関東の神社
週末開運さんぽ
定価1430円(税込)

御朱印でめぐる
全国の神社
開運さんぽ
定価1430円(税込)

寺社シリーズ

寺社めぐりと御朱印集めが
より深く楽しめる
情報が充実。
期間限定御朱印なども
たくさん掲載

御朱印でめぐる
東海の神社
週末開運さんぽ
定価1430円(税込)

御朱印でめぐる
千葉の神社
週末開運さんぽ　改訂版
定価1540円(税込)

御朱印でめぐる
九州の神社
週末開運さんぽ　改訂版
定価1540円(税込)

御朱印でめぐる
北海道の神社
週末開運さんぽ　改訂版
定価1540円(税込)

御朱印でめぐる
埼玉の神社
週末開運さんぽ　改訂版
定価1540円(税込)

御朱印でめぐる
神奈川の神社
週末開運さんぽ　改訂版
定価1540円(税込)

御朱印でめぐる
山陰 山陽の神社
週末開運さんぽ
定価1430円(税込)

御朱印でめぐる
広島 岡山の神社
週末開運さんぽ
定価1430円(税込)

御朱印でめぐる
福岡の神社
週末開運さんぽ　改訂版
定価1540円(税込)

御朱印でめぐる
栃木 日光の神社
週末開運さんぽ
定価1430円(税込)

御朱印でめぐる
愛知の神社
週末開運さんぽ　改訂版
定価1540円(税込)

御朱印でめぐる
大阪 兵庫の神社
週末開運さんぽ　改訂版
定価1540円(税込)

御朱印でめぐる
京都の神社
週末開運さんぽ　改訂版
定価1540円(税込)

御朱印でめぐる
信州 甲州の神社
週末開運さんぽ
定価1430円(税込)

御朱印でめぐる
茨城の神社
週末開運さんぽ
定価1430円(税込)

御朱印でめぐる
四国の神社
週末開運さんぽ
定価1430円(税込)

御朱印でめぐる
静岡 富士 伊豆の神社
週末開運さんぽ　改訂版
定価1540円(税込)

御朱印でめぐる
新潟 佐渡の神社
週末開運さんぽ
定価1430円(税込)

御朱印でめぐる
全国の稲荷神社
週末開運さんぽ
定価1430円(税込)

御朱印でめぐる
東北の神社
週末開運さんぽ　改訂版
定価1540円(税込)

お寺シリーズ

御朱印でめぐる
関東の百寺
〈坂東三十三観音と古寺〉
定価1650円(税込)

御朱印でめぐる
秩父の寺社
〈三十四観音完全掲載〉改訂版
定価1650円(税込)

御朱印でめぐる
高野山
三訂版
定価1760円(税込)

御朱印でめぐる
東京のお寺
定価1650円(税込)

御朱印でめぐる
奈良のお寺
定価1760円(税込)

御朱印でめぐる
京都のお寺
改訂版
定価1650円(税込)

御朱印でめぐる
鎌倉のお寺
〈三十三観音完全掲載〉三訂版
定価1650円(税込)

御朱印でめぐる
全国のお寺
週末開運さんぽ
定価1540円(税込)

御朱印でめぐる
茨城のお寺
定価1650円(税込)

御朱印でめぐる
東海のお寺
定価1650円(税込)

御朱印でめぐる
千葉のお寺
定価1650円(税込)

御朱印でめぐる
埼玉のお寺
定価1650円(税込)

御朱印でめぐる
神奈川のお寺
定価1650円(税込)

御朱印でめぐる
関西の百寺
〈西国三十三所と古寺〉
定価1650円(税込)

御朱印でめぐる
関西のお寺
週末開運さんぽ
定価1760円(税込)

御朱印でめぐる
東北のお寺
週末開運さんぽ
定価1650円(税込)

テーマシリーズ

寺社の凄い御朱印を
集めた本から鉄道や船の印を
まとめた1冊まで
幅広いラインアップ

御朱印でめぐる
東京の七福神
定価1540円(税込)

日本全国
この御朱印が凄い！
第弐集 都道府県網羅版
定価1650円(税込)

日本全国
この御朱印が凄い！
第壱集 増補改訂版
定価1650円(税込)

一生に一度は参りたい！
御朱印でめぐる
全国の絶景寺社図鑑
定価2497円(税込)

日本全国
日本酒でめぐる酒蔵
&ちょこっと御朱印〈西日本編〉
定価1760円(税込)

日本全国
日本酒でめぐる酒蔵
&ちょこっと御朱印〈東日本編〉
定価1760円(税込)

鉄印帳でめぐる
全国の魅力的な鉄道40
定価1650円(税込)

御船印でめぐる
全国の魅力的な船旅
定価1650円(税込)

関東版ねこの御朱印&
お守りめぐり
週末開運にゃんさんぽ
定価1760円(税込)

日本全国ねこの御朱印&
お守りめぐり
週末開運にゃんさんぽ
定価1760円(税込)

沿線シリーズ

人気の沿線の
魅力的な寺社を紹介。
エリアやテーマ別の
おすすめプランなど
内容充実

御朱印でめぐる
東急線沿線の寺社
週末開運さんぽ
定価1540円(税込)

御朱印でめぐる
中央線沿線の寺社
週末開運さんぽ
定価1540円(税込)

聖地シリーズ

山・森・水・町・島の
聖地として
お寺と神社を紹介

御朱印でめぐる
全国の聖地
週末開運さんぽ
定価1430円(税込)

御朱印でめぐる
関東の聖地
週末開運さんぽ
定価1430円(税込)

www.arukikata.co.jp/goshuin/ 検索

地球の歩き方　御朱印シリーズ 23

御朱印でめぐる大阪 兵庫の神社　週末開運さんぽ　改訂版

2024年7月16日　初版第1刷発行

著作編集 ● 地球の歩き方編集室

発行人 ● 新井邦弘

編集人 ● 由良暁世

発行所 ● 株式会社地球の歩き方
〒141-8425　東京都品川区西五反田 2-11-8

発売元 ● 株式会社Gakken
〒141-8416　東京都品川区西五反田 2-11-8

印刷製本 ● 開成堂印刷株式会社

企画・編集 ● 株式会社カピケーラ（佐藤恵美子・野副美子）、大盛敏伸

執筆 ● 株式会社カピケーラ、川口裕子、大倉愛子

デザイン ● 又吉るみ子〔メガスタジオ〕

イラスト ● ANNA、湯浅祐子〔株式会社ワンダーランド〕

マップ制作 ● 齋藤直己〔株式会社アルテコ〕

撮影 ● 村岡栄治

校正 ● ひらたちやこ

監修 ● 株式会社ワンダーランド

編集・制作担当 ● 保理江ゆり

●本書の内容について、ご意見・ご感想はこちらまで
〒141-8425 東京都品川区西五反田 2-11-8
株式会社地球の歩き方
地球の歩き方サービスデスク「御朱印でめぐる大阪 兵庫の神社 週末開運さんぽ 改訂版」
投稿係
URL ▶ https://www.arukikata.co.jp/guidebook/toukou.html
地球の歩き方ホームページ（海外・国内旅行の総合情報）
URL ▶ https://www.arukikata.co.jp/
ガイドブック『地球の歩き方』公式サイト
URL ▶ https://www.arukikata.co.jp/guidebook/

※本書は基本的に 2024 年 3 月～ 5 月の取材データに基づいて作られています。発行後に初穂料や参拝時間などが変更になる場合がありますのでご了承ください。
更新・訂正情報：https://www.arukikata.co.jp/travel-support/

●この本に関する各種お問い合わせ先
・本の内容については、下記サイトのお問い合わせフォームよりお願いします。
URL ▶ https://www.arukikata.co.jp/guidebook/contact.html
・在庫については　Tel ▶ 03-6431-1250（販売部）
・不良品（落丁、乱丁）については　Tel ▶ 0570-000577
学研業務センター　〒354-0045　埼玉県入間郡三芳町上富 279-1
・上記以外のお問い合わせは　Tel ▶ 0570-056-710（学研グループ総合案内）

※本書は株式会社ダイヤモンド・ビッグ社より 2020 年 9 月に初版発行したものの最新・改訂版です。

学研グループの書籍・雑誌についての新刊情報・詳細情報は、下記をご覧ください。
学研出版サイト　https://hon.gakken.jp/
地球の歩き方　御朱印シリーズ　https://www.arukikata.co.jp/goshuin/